政治科学研究丛书

# 乡村治理的中国根基与变迁

徐勇 著

中国社会科学出版社

图书在版编目(CIP)数据

乡村治理的中国根基与变迁 / 徐勇著. —北京：中国社会科学出版社，2018.12（2023.4 重印）
ISBN 978-7-5203-3157-9

Ⅰ.①乡… Ⅱ.①徐… Ⅲ.①农村—群众自治—研究—中国 Ⅳ.①D638

中国版本图书馆 CIP 数据核字（2018）第 214961 号

| 出 版 人 | 赵剑英 |
|---|---|
| 责任编辑 | 冯春凤 |
| 责任校对 | 张爱华 |
| 责任印制 | 张雪娇 |

| 出　　版 | 中国社会科学出版社 |
|---|---|
| 社　　址 | 北京鼓楼西大街甲 158 号 |
| 邮　　编 | 100720 |
| 网　　址 | http://www.csspw.cn |
| 发 行 部 | 010-84083685 |
| 门 市 部 | 010-84029450 |
| 经　　销 | 新华书店及其他书店 |
| 印　　刷 | 北京君升印刷有限公司 |
| 装　　订 | 廊坊市广阳区广增装订厂 |
| 版　　次 | 2018 年 12 月第 1 版 |
| 印　　次 | 2023 年 4 月第 3 次印刷 |
| 开　　本 | 710×1000　1/16 |
| 印　　张 | 20.75 |
| 插　　页 | 2 |
| 字　　数 | 338 千字 |
| 定　　价 | 88.00 元 |

凡购买中国社会科学出版社图书，如有质量问题请与本社营销中心联系调换
电话：010-84083683
**版权所有　侵权必究**

"如将不尽，与古为新。"

——司空图

"人们自己创造自己的历史，但是他们并不是随心所欲地创造，并不是在他们自己选定的条件下创造，而是在直接碰到的、既定的、从过去承继下来的条件下创造。"

——马克思

"历史是至关重要的。它的重要性不仅仅在于我们可以向过去取经，而且还因为现在和未来是通过一个社会制度的连续性与过去连接起来的。"

——道格拉斯·C. 诺斯

# 目　录

自　序 …………………………………………………………（1）

## 上篇　乡村治理的中国根基

**第一章　中国家户制传统与农村发展道路** …………………（3）
　一　对"传统""东方"的再认识 ……………………………（4）
　二　两种东方传统：村社制与家户制 ……………………（7）
　三　家户经营传统与农业经营组织 ………………………（12）
　四　农工商结合传统与农工商互补经济 …………………（18）
　五　家户互助合作传统与农村合作道路 …………………（22）
　六　家国共治传统与农村治理体系 ………………………（26）

**第二章　历史制度底色下土地改革进程与成效** ……………（31）
　一　土地改革及农村社会组织制度 ………………………（31）
　二　东亚土地改革及其家户制底色 ………………………（33）
　三　俄国土地改革及其村社制底色 ………………………（36）
　四　拉美与南非土地改革及其庄园制底色 ………………（39）

**第三章　农村集体经营与家庭经营的根基与机理** …………（42）
　一　问题的追问及区域社会视角 …………………………（42）
　二　集体经营与家庭经营的区域社会根基 ………………（47）
　三　集体化与个体化的区域社会机理 ……………………（56）
　四　集体经营与家庭经营结果的区域差异 ………………（65）

**第四章　农村集体经济的不同产业绩效及动因** ……………（69）
　一　集体经济＋国家计划：农业领域的低效益 …………（69）

二　集体经济+国内市场：乡镇企业的异军突起……………（73）
　　三　集体经济+世界市场：乡村工业的全球化………………（77）

第五章　农村基本组织制度变迁的内在机理……………………（81）
　　一　"有效率缺公平"的家户制……………………………（81）
　　二　"强公平弱效率"的公社制……………………………（86）
　　三　"强效率弱公平"的家庭承包制………………………（92）
　　四　"提效率增公平"的现代家户制………………………（95）

第六章　阶级、集体、社区：国家对乡村的社会整合……………（98）
　　一　"阶级化"：家族社会到阶级社会……………………（98）
　　二　"集体化"：个体社会到集体社会……………………（106）
　　三　"社区化"：家庭社会到社区社会……………………（111）

第七章　农民与现代化：平等参与和共同分享…………………（118）
　　一　农民与现代化：分析视角………………………………（118）
　　二　农民与现代化：国际比较………………………………（121）
　　三　农民与现代化：中国进程………………………………（126）

# 中篇　乡村治理的中国变迁

第八章　"根"与"飘"：城乡中国的失衡与均衡……………（133）
　　一　城镇化：将乡土社会"连根拔起"……………………（133）
　　二　城乡中国的失衡与人的"飘浮"………………………（135）
　　三　在城乡一体中获得历史的均衡…………………………（137）

第九章　深化对农村城镇化的认识………………………………（140）
　　一　农村城镇化的目标定位…………………………………（140）
　　二　农村城镇化的路径方式…………………………………（144）

第十章　新农村建设的合力与互动机制…………………………（148）
　　一　历史困境：新农村建设动力不足………………………（148）
　　二　上下求索：新农村建设形成合力………………………（150）
　　三　深化链接：新农村建设互动机制………………………（153）

第十一章　乡村文化振兴与文化供给侧改革……………………（158）
　　一　从"文化重建"到乡村文化振兴………………………（158）

二　以文化供给侧改革促进乡村文化振兴 ………………… (163)

**第十二章　城乡一体化进程中的乡村治理创新** ……………… (168)
　　一　以城镇为中心的乡村治理 ……………………………… (168)
　　二　以社区为单元的乡村治理 ……………………………… (169)
　　三　增强服务能力的乡村治理 ……………………………… (170)
　　四　激发自治活力的乡村治理 ……………………………… (171)
　　五　创造性利用传统的乡村治理 …………………………… (172)

**第十三章　对集体经济有效实现形式的探索** ………………… (174)
　　一　集体经济的内在价值及其实现形式 …………………… (174)
　　二　集体经济实现形式的三个阶段及其特点 ……………… (177)
　　三　集体经济有效实现形式的条件与基础 ………………… (182)
　　四　探索集体经济有效实现形式的价值 …………………… (186)

**第十四章　与市场相接的集体经济有效实现形式** …………… (190)
　　一　集体经济与市场经济的对接与相融 …………………… (190)
　　二　集体经济在市场经济中生成与发展 …………………… (195)
　　三　集体经济与市场经济对接中的转型与挑战 …………… (199)

**第十五章　对村民自治有效实现形式的探索** ………………… (203)
　　一　自治与村民自治的内在价值 …………………………… (203)
　　二　村民自治实现形式的三个波段及特点 ………………… (207)
　　三　建构多层次多类型的村民自治实现形式体系 ………… (214)

**第十六章　重达自治：连结传统的尝试与困境** ……………… (218)
　　一　发现传统的背景与基础 ………………………………… (218)
　　二　重达自治的尝试 ………………………………………… (220)
　　三　重达自治的困境 ………………………………………… (225)
　　四　地方尝试与普遍价值 …………………………………… (226)

**第十七章　厘清农村基层组织单元的划分标准** ……………… (229)
　　一　"政社合一"下的基层组织划分标准 ………………… (229)
　　二　政社分开后农村基层组织的划分标准 ………………… (232)
　　三　行政村之下基层组织划分标准 ………………………… (236)
　　四　对农村基层组织划分标准的检视 ……………………… (238)

**第十八章　村民自治的伟大创造与深化探索** ………………… (241)

一　民主：村民自治的伟大创造 …………………………（241）
二　治理：村民自治的深化探索 …………………………（245）

# 下篇　乡村治理的研究方法

第十九章　范式转换：村民自治研究回顾与反思 …………（251）
　　一　村民自治制度化：价值—制度范式 …………………（251）
　　二　村民自治制度落地：形式—条件范式 ………………（258）
　　三　对村民自治研究范式创设与转换的评价 ……………（261）
第二十章　质性调查与农村区域性村庄分类 ………………（266）
　　一　"因地"与"分类"：质性研究方法 ………………（266）
　　二　"分"与"合"：维度与条件 …………………………（268）
　　三　作为农村研究对象的区域 ……………………………（272）
　　四　作为农村研究对象的村庄 ……………………………（275）
　　五　作为农村研究对象的区域性村庄分类 ………………（279）
第二十一章　历史延续性与中国农村社会形态的认识 ……（289）
　　一　20世纪农村研究主题与中国农村社会形态认识 ……（289）
　　二　历史延续性与中国农村社会形态认识的维度 ………（294）
第二十二章　历史延续性与中国农村调查回眸与走向 ……（303）
　　一　历史断裂边缘的20世纪中国农村调查 ……………（303）
　　二　历史延续和文明再生中的21世纪中国农村调查 …（309）

# 自　序

本书是 2012 年后发表的有关乡村治理论文基础上合成的。

学术研究往往与时代节奏而合拍。笔者长期致力于中国政治与农村问题研究，学术研究大体上可以分为三个阶段。一是 1990 年代及之前，主要从理论上探讨中国政治与农村问题，特别是进入村民自治领域，并开始尝试田野调查方法。二是进入 2000 年以后，将农村问题与村民自治置于现代国家建构的框架下加以解释，注重基层治理的民主导向和制度建构。三是 2010 年后，试图将中国政治与农村问题置于历史的深处，从广阔的时空背景下发现其独特性，寻找乡村治理的中国根基，探讨乡村治理的中国变迁。

第三个阶段研究的转变基于以下背景。一是对乡村治理的基础理论的关注。自 1990 年代以来，随着农业农村农民问题成为政治和学术热点，引起学界和社会的广泛关注，产生了不同的见解。但绝大多数的研究是就事论事，或者是限于开药方，出对策。学术理论深度和贡献不够。有人因此说，农民问题引起众多学者的关注，研究农民的比农民还多；由于缺乏扎实的研究，三农问题演变成三农学术问题了。显然，乡村治理需要在基础理论方面有所突破和开拓。二是对乡村治理变迁的关注。当下中国正处在传统乡土中国向城乡中国的巨大历史转变之中，这一转变既是历史的延续，更是现实的变化，其中伴随诸多需要进一步探索的问题，并需要寻求新的范式和方法提升对乡村治理的研究水平。本书因此具有以下特点：

## 一　寻找中国乡村根基

20 世纪以来的一百多年，传统乡土中国发生了重大转变，既有辉煌的成就，也有重大曲折，期间也伴随着众多学术探索和争论。其中一个重大问题，就是究竟如何认识中国乡村治理的根基，换言之，乡村治理的变革是从何处出发，又将到何处去？由于这一重大基础理论问题没有弄清，使得1949年后的中国农村社会处在不断变化和历史回复的曲折进程中。1978年农村改革，废除人民公社体制，实行家庭承包制。许多人对此不理解，认为是"辛辛苦苦三十年，一夜回到解放前"。对于为什么要回到家庭经营，中国乡村的根基在哪里，传统乡村的基本组织制度是什么，如何认识传统乡村的家庭小农？学界对于这样一些本体性问题尚缺乏深入的探讨和明确的定论。被尊称为"农村改革之父"的杜润生先生及其团队无疑对当代中国农村问题研究作出了重大贡献，对农村改革发表了许多真知灼见。但是，对于农村本体性问题还未能涉及到。而农村改革后出现的对家庭经营的不同态度和意见，包括农村政策的摇摆，也与对农村本体问题的认识欠缺相关。如一些无论是决策，还是理论都影响甚大的农村研究学者，都提到中国农村的"村社传统"问题。

中国农村传统究竟是"村社"，还是其他？这是一个从未认真探讨的重大理论问题。2011年4月，中央农村工作领导小组办公室在中南海召集10名专家座谈农村发展会议。办公室主任、著名学者陈锡文在会上谈到在一个有着悠久的东方村社传统中如何推动农村发展的问题，并希望专家们加以研究。本人为回应陈主任的问题，在《中国社会科学》2013年第8期发表长文《中国家户制传统与农村发展道路——以俄国、印度的村社传统为比较》，认为要深化对"东方"和"传统"的认识。与俄国和印度的东方村社传统相比，中国农村影响久远的历史传统是以家户为基本组织单位的"家户制"。"家户制"可以说是中国乡村的根基，是原生的、基本的传统，其他的传统都是次生，次级的传统。抓住了"家户制"，就抓住了中国乡村的根本。与其他东方国家相比，中国的优势就在于较早从村社共同体中超越出来，实行家户为基本单位的组织方式。只是在近代"反传统"的大背景下，没有能够充分尊重和认识历史传统的价值，最后不得不"一夜回到解放前"（当然不是简单地回复）。正确认识中国传统，就是对于世界学术也具有特殊意义。中国创造了世界上最为灿烂的农业文明，肯定有其相应的本体制度。但世界学术研究提到较多的是"部落制""村社制"和"庄园制"等三大制度。早在19世纪，马克思在阅读英国人进入中国后写的调查报告时，就发现中国农村组织制度与印度村社制的不同，但未及深入探讨。将一家一户生产经营方式作为一种本体制度，提出"家户制"，应该说是本人在农村基础理论方面的一个突破。尽管仍然还有进一步探讨的空间。

## 二　理解农村形态更迭

随着对中国乡村根基的认识，就可以更好理解中国乡村从何处来，如何演变和为何如此的历史轨迹。这在于根基便是历史制度底色，受这一底色的制约而形成所谓中国特色。

在杜润生先生看来："土地改革：奠定今日农村基础。"世界大多数国家进入现代化门槛时都进行了政府主导下的土地改革，但其进程与成效却有所不同。为什么有的国家土地制度改革取得巨大成功，有的国家则不然，甚至经历巨大曲折，土地改革又为后来的农村发展带来了什么影响？这都与土地改革前的历史制度相关。在世界土地改革历史上，包括中国在内的东亚，可以说是最成功的，重要原因是土地改革将土地分配给农户，恰恰与改革前的农户经营传统相衔接，改革满足了"耕者有其田"的需求。

土地改革后，中国进行了农业集体化，建立人民公社体制。自人民公社这一历史上前所未有的体制一建立，就存在集体统一经营与家庭分户经营两种经营体制的分歧与争论，直到上升为"两个阶级、两条道路"的政治高度，引起了全国性的政治动荡。[①] 农村经营制度成为事关国本的大问题。实行集体所有，这是社会主义国家的基本制度。但中国在漫长的历史岁月里形成了家户经营传统。由于不同区域的不同社会特性，形成了不同区域的经营传统偏好。本人试图从区域社会底色的角度探索集体经营和家庭经营的根基和发生机理。

农村改革以后，实行家庭承包。但还有些地方保留集体统一经营。这一经营形态在农业领域未能取得预期的成效，但"种瓜得豆"，在工业领域却大显身手。正如邓小平所说的，农村改革完全没有预料到的是乡镇企

---

① 参见徐勇：《包产到户沉浮录》，珠海出版社1998年版。

业的"异军突起"。其实,"异军突起"并不是空中降临。这些"异军突起"的地方都有着农工商结合的历史传统,农村改革只是将为人民公社体制压抑的传统活力释放了出来,加上对外开放后世界市场的开辟,从而成就了农村工业化。

长期历史以来,中国农村基本组织制度经历了家户制、公社制、家庭承包制,并正在走向现代家户制。这些制度形态变迁的内在机理是什么,为什么会发生这样的变化?公平与效率是一个重要变量因素。当然,在不同时期,公平与效率有不同的内容和特点。

将分散的农民组织起来,并整合到国家体系之中,一直是新中国建立以后的重要目标。只是不同时期的整合方式有所不同,阶级、集体和社区这些前所未有的组织类型、组织方式重新塑造着农村社会形态。

现代化是近代世界以来的大潮流,作为传统因子的农民也不可避免地会卷入这一大潮,甚至扮演着关键性角色。亨廷顿有一句名言:"在现代化政治中,农村扮演着关键性的'钟摆'角色。""农村的作用是个变数:它不是稳定的根源,就是革命的根源。"[1] 其中的核心变量在于农民能否参与现代化进程,共同分享现代化成果。中国是在一个传统农村社会形态保留相对完整的国度里进行现代化的,牺牲农村造成农村革命;只有让农民参与和共同分享,才能使现代化顺利推进。

## 三 把握当下农村特性

美国有两部反映早年现代美国的著名小说,一是《根》,一是《飘》。"根"与"飘"这两个字对于理解当下中国农村特性有重要启发。尽管中国乡村有着深厚的历史根基,但当下仍然在发生着急剧的变化。过往中国以农为本,是"乡土中国",而当今的中国的社会结构正在转变为"城乡中国"。城镇化正在将乡土社会"连根拔起",城乡发展的失衡造成传统社会"安土重迁"的农民处于"飘浮"状态。在城乡失衡中通过城乡一体获得历史的均衡成为重大任务。

与现代化相伴随的城镇化正在加速推进,中国的乡村治理必须面对这

---

[1] [美]亨廷顿:《变化社会中的政治秩序》,三联书店1989年版,第257页。

一基本走向。如果说，农村改革使中国获得了稳定的基础，那么，城镇化则使中国获得了发展的基础。但城镇化并不是单向的城镇对乡村的替代，是城乡双向互动的历史过程。一般理解城镇化就是人口进城，或者农村人口变为城镇人口。这还只是狭义的城镇化。广义的城镇化则包括农村人口享受与城镇均等的公共服务。一方面是"人口进城"，另一方面是"服务下乡"，这才是完整的城镇化。

中国的现代化城镇化不可抛弃农村已是共识，在现代化城镇化进程中加强新农村建设已成为国家战略。但总体上看，城镇化的内在动力充分，新农村建设缺乏动力机制。在相当长的时间内，乡村建设陷入在"农民自建无力，文人求助无能，政府改造无效，实业援助无果"的历史困境中。当下的新农村建设必须形成"政府主导、农民主体、企业支撑、社会支持"的合力，并通过一系列机制使得这种合力转换为持续不断的动力。

迅速推进的城镇化，使得乡村相对落后的状况更加突出。乡村振兴成为国家推动乡村发展的重大战略。而乡村振兴得要人来振兴，人是有意识的。传统乡土社会，人的"根"在乡村，"魂"在乡里。在工业化、城市化时代，城乡地位的翻转，造成乡村衰落，其标志不仅仅是物质形态，更在于精神文化形态。重要特点是乡村"丧魂落魄"，农本价值的解体。乡村不再具有传统社会那样的价值优越感，反而被视为"落后"，属于"问题"的范畴。

只有通过乡村文化振兴，赋予乡村生活以意义感、幸福感、快乐感，才能激发起人们愿意在乡村生活，并努力振兴乡村的活力和动力。

现代化、城镇化、城乡一体化使得当下乡村处于一个新的历史条件之下，必然要求创新乡村治理。这种乡村治理将以城镇为中心，以社区为单元，增强服务能力，激发自治活力，创造性利用传统。

## 四　探索有效实现形式

现代化、城镇化、城乡一体化是当下乡村治理的外部环境。要实现对乡村的有效治理，还必须充分考虑其内部因素。其中，集体经济与村民自治是两个重要因素，也是乡村治理绕不开的两大课题。

农村改革实行家庭承包制以后，集体经济研究陷入冷寂。但在我国，集体经济并不是走投无路，更不是毫无价值，关键在于要有有效的实现形式。集体经济的内在价值在于个体通过集体得以更充分发展和集体共同发展。要实现这一内在价值则需要相应的实现形式和必要条件，包括产权相叠、利益相关、要素相加、收益相享、治理相适、主体相信、政府相持、头人相带等。不同条件下集体经济实现形式有所不同。探索集体经济有效实现形式的理论价值在于将思想从僵化思维中解放出来，创新集体，赋予集体经济以新的内容；实践价值在于改变对集体经济的固化模式，积极探索多层次、多形式、多类型的集体经济。

在集体经济的发展史中，曾先后与自然经济和计划经济相接，当前在市场经济的宏观背景下，集体经济与市场经济对接，还是一个新的命题。集体经济作为微观经营主体，只有与宏观市场经济体制相对接，才能建构起集体经济的有效实现形式，进而促进集体经济更好的发展。改革开放前，部分集体经济在计划经济的缝隙中成长起来，集体经济的统一经营模式也一直延续到改革开放之后，使其很快融入市场经济之中，从而赢得了宝贵的发展机遇。在市场经济引导下，一些分户经营的集体经济，又重新组织起来，以更好的实现与市场经济对接。

村民自治是运用乡村内在的力量进行治理的一种方式。新世纪以来，由于以村委会为自治体的村民自治在实践中遇到很多困难和问题，处于发展的瓶颈状态，农村治理更多的是依靠外力推动，有人因此宣告"自治已死"。但是，村民自治以其内在的价值和力量不断在实践中为自己开辟道路，"失落的自治"显示出新的生机和活力。在广东、广西、湖北、安徽等地先后出现了在村委会以下的多种村民自治实现形式。2014年中央一号文件提出："探索不同情况下村民自治的有效实现形式"。为何和如何探索村民自治的有效实现形式，这需要学界从理论范式上"找回自治"，对我国村民自治的内在价值、发展历程和现实走向进行深入的理论研讨。

随着对村民自治有效实现形式的实践探索，如何理解农村基层组织单元及其划分标准成为重要理论问题。新中国成立后，农村基层组织单元的划分处于经常变动之中，甚至引起极大混乱。作为执政党领导人的毛泽东就人民公社的基层组织划分问题，严厉指出"我们过去过了六年之久的糊涂日子"。同样，实行村民自治以后，自治的基本单元究竟是行政村，还是自然村，抑或村民小组，并不明晰。这就涉及到划分标准的厘清。

村民自治曾经被视为亿万农民的三个伟大创造。正是在具有先进性的执政党领导下，村民自治提升为国家制度，并以现代民主为导向。随着村民自治的发展，村民自治纳入整个乡村治理的框架，以有效治理为指向。但治理与民主并不是割裂和对立的。村民自治作为一项民主导向的国家制度，只有在有效治理中才能不断深化。

## 五 提升乡村研究水平

我所在的机构和我本人是最早进入村民自治研究领域的，并一直从事相关研究。无论村民自治研究从最初的寂寞，到后来的热闹，再到后来的冷落，我们都矢志不渝，甚至一往情深。村民自治研究的最大好处是，形成了我们尊重实践，强调实证的研究思维和方法。正是这种思维与方法，使得我们能够不断跟踪和参与实践，从实践中获得理论资源；使得我们能够在实践中转换我们的研究范式。

村民自治从农民自发创造转换为自觉的国家制度，纳入民主轨道，体现着一种价值取向和将这种价值转换为一种制度。因此，村民自治研究的第一个范式是"价值—制度"范式。当国家制度落地转变为村民实践行为时，则由于条件不同，存在着不同的效果，由此需要根据条件寻找到实现制度价值的有效形式，村民自治研究的范式由此发生转换，即"形式—条件"。只有实现范式的转换，才能推动村民自治研究不断开拓和深化。

我所在机构和我个人将村民自治研究作为切入点，进入广阔的农村研究领域。在这一领域耕耘多年，使得我们深感这一领域存在两个严重不足，一是基本理论研究不足，相当多数是发议论，农村研究的学术水平不高；二是基本深度调查不足，很多研究是"纸上谈农"，有调查也是"走马观花"，由此很难产生具有原创性的理论成果。造成这一状况的重要原因是自20世纪以来，农村农民问题的日益紧迫性和解决问题的急迫性，使得人们很难平心静气地做基础理论和基本调查。而这反过来又会制约农村农民问题的有效解决。如学界经常批评主政者为政"一刀切"，不能

"因地制宜,分类施策"。而学界又何尝提供了"地"的属性和"类"的依据呢?

今天,我们站在21世纪的历史制高点上,有条件,也需要我们心平气和进行基础理论研究和基本调查,提升乡村研究水平,使得乡村研究这一"显学"真正建立在内在的学术而不是外在的热点基础上。

2015年以来,我所在的研究机构在农村研究和调查方面进入到一个学术自觉状态,有一个雄心勃勃的计划。我们提出,18世纪调查看英国,19世纪调查看俄国,20世纪调查看日本,21世纪调查看中国。大型深度跟踪调查是一项众多人参与的大工程。这一工程已展示其初步成效,积累了大量资料,有许多是"绝版"资料。我们希望能够练就学术"绝活"加以开发。

大型深度跟踪调查及其深度开发加工提炼是一个代际接力的大工程。"成功不必在我,而功力必不唐捐"。

2018年7月15日于武汉陋室

# 上篇　乡村治理的中国根基

# 第一章　中国家户制传统与农村发展道路<sup>*</sup>

当下中国正处于传统与现代的历史转换之中。在探索现代社会发展道路的过程中，注重传统的"延续性"与注重超越传统的"创新性"同样重要。那些能够对现代社会产生长远影响的本源型传统，构成现代社会发展的基础性制度，是现代社会的历史起点和给定条件。诺贝尔奖获得者阿马蒂亚·森在为其著作中译本写的序言说："中国必须在建设其未来的同时不背弃其过去"，并特别引述了一句中国经典名句"与古为新"。① 中国是一个有着悠久农业文明传统的东方大国，由此型构了当代中国的一个基本国情——"大国小农"，即由数亿个农户构成的农民大国；并在长期历史进程中形成了特有的"中国特性"，其中包括特有的中国家户传统。这一传统既不同于以西欧为代表的"西方"庄园制传统，也不同于以俄罗斯和印度为代表的"东方"村社制传统。在某些方面，东方传统中的差异甚至大于东西方之间的差异。因此，只有通过深入细致的比较，才能准确把握具有"中国特性"的本体制度，进而从传统中寻求当今中国农村发展道路的历史脉络和未来走向，建立传统与现代的关联性。本文试图就

---

\* 中国农村发展道路是本人近年关注的重点问题。2011年4月，中央农村工作领导小组办公室在中南海召集10名专家座谈农村发展会议。办公室主任、著名学者陈锡文在会上谈到在一个有着悠久历史的东方村社如何推动农村发展的问题，并希望专家们加以研究。本文算是对陈主任提示的一个应答，虽然可能是不完满的答卷。2012年5月4日，在复旦大学陈树渠比较政治发展研究中心开幕演讲中，本人发表了题为《莫把外国当中国——东方村社制与家户制比较》的主题演讲，从方法上提出了理解历史变迁的三个基本命题：第一，起点决定路径；第二，原型规制转型；第三，以微观机理理解宏大问题，由此为本文建立了方法论基础。在此一并致谢相关单位和个人！

① ［印］阿马蒂亚·森：《以自由看待发展》，任赜、于真译，中国人民大学出版社2002年版，第20页。

传统、中国家户传统及农村发展道路进行一些探讨。

## 一 对"传统""东方"的再认识

自废除人民公社体制以来，我国一直将家庭经营作为农村基本生产经营制度。2013年中央1号文件首次提出的"家庭农场"，仍是将家庭作为基本生产经营单位。一家一户的生产经营可以说是中国农村发展的本体性问题。但中国学界对此缺乏深入的讨论。王沪宁在1991年出版的《当代中国村落家族文化——对中国社会现代化的一项探索》中较早注意到了中国传统文化与现代化的关联性，但没有正面讨论中国农村社会的本体问题。[1] 1990年代后期，张乐天在《告别理想：人民公社制度研究》一书中，将村落制度视为中国农村的本体传统。但秦晖认为这是日本学者的看法，更具有日本农村本体制度的特点，并为此发表了《大共同体本位与传统中国社会》，并将人民公社视为对中国"大共同体本位传统"的强化。[2] 在新近关于社会主义新传统的讨论中，也有学者主张将人民公社视为当今中国的新传统。[3] 那么，如何认识历史传统，支配中国农村发展并长期发生作用的传统制度究竟是什么呢？

社会的变迁受历史惯性的支配，经过长期社会历史形成并积淀的社会因子会对当今及未来社会的变化及路径产生规制性影响，形成一个社会发展的"底色"或"根基"。当形成"传统"的社会条件仍然存在，"传统"就会继续发生影响。正如马克思所说："人们自己创造自己的历史，但是他们并不是随心所欲地创造，并不是在他们自己选定的条件下创造，而是在直接碰到的、既定的、从过去承继下来的条件下创造。"[4] 因此，问题首先在于我们如何认识和理解"传统"。

"传统"实在是一个定义十分模糊和复杂的词语。从社会科学研究来

---

[1] 王沪宁：《当代中国村落家族文化——对中国社会现代化的一项探索》，上海人民出版社1991年版。

[2] 秦晖：《农民中国：历史反思与现实选择》，河南人民出版社2003年版，第298—309页。

[3] 《开放时代》杂志自2006年以来连续数次举办会议讨论社会主义新传统问题。

[4] 《马克思恩格斯选集》第1卷，人民出版社1995年版，第585页。

看，它可以从两个方面度量。其一，它是建构性概念，是新与旧的比较和区分，旧的属于传统。作为建构性概念，它又分为两种话语体系。一是革命话语，对传统持根本否定态度。马克思、恩格斯在《共产党宣言》中说："共产主义革命就是同传统的所有制关系实行最彻底的决裂；毫不奇怪，它在自己的发展进程中要同传统的观念实行最彻底的决裂。"① 这里，"传统"就是指"旧"的私有制及其私有观念；而革命就是要"破旧立新"。"旧"与"新"是二元对立，相互排斥的。中国进入20世纪后的前70年，革命话语占主导地位，对待传统是持批判和否定态度的。1950年代开始的农业社会主义改造也属于这一范畴。二是现代话语。德国社会学家韦伯从权威属性的角度，对社会进行了分类：传统社会、现代社会和介于两者之间的卡里斯玛社会。传统社会属于前现代社会，是与现代社会不同的一种社会形态。现代话语体系虽然没有简单地批判和否定"传统"，但它还是属于二元分析法，将传统社会与现代社会对立起来，而没有注意到二者的联系。20世纪70年代以来的中国思想界，现代话语体系逐渐占主导地位。

其二，它是叙述性概念，是从过去、现在和未来的时间维度度量的。这是历史的话语体系。传统是过去出现的东西，是历史的产物。但是，历史是由不同事物构成的总和，那么，"传统"究竟包括哪些东西呢？这是历史话语体系的困境。有人因此将"传统"分为"大传统""小传统"，如中华人民共和国建立以来的"前30年传统"和"后30年传统"等。

总体来看，传统是一个相对性、历史性的概念，是与当下和现代性相对而言的。正处于现代化进程中的社会之所以要关注传统，是因为进入现代化进程必须面对如何对待传统的问题。由此产生了两种主张：一是传统主义。每当现代化发展中遇到问题时就会主张向传统回归，从传统中寻求解答现实问题的秘方，如马克思曾经批判的"死人抓住活人"。对于这一主张是否可行暂且不论，但其存在着难以解答的问题：传统是什么，向什么传统回归？如当今中国有革命传统，也有儒家传统，而这两个传统却存在内在的价值冲突：前者强调对既定秩序的破坏，后者强调对既定秩序的维护。就中国农村发展道路而言，有人民公社传统，也有更久远的家户经

---

① 《马克思恩格斯选集》第1卷，人民出版社1995年版，第293页。

济传统，那么究竟向什么传统回归呢？所以，传统主义存在着内在的逻辑矛盾。

二是与传统主义相对的现代主义。自现代化成为当代社会的价值取向以来，"现代"便具有话语优势，它适应当下社会的需要并确定社会发展的价值取向。但现代主义话语有一个致命弱点，就是忽视或者无视当下是由过去而来。在本文看来，现代承接传统，恰恰是那些长期历史形成的"传统"因子深刻地影响和制约着现代社会的发展。美国学者摩尔对此有过深刻的见解："在两大文明形态起承转合的历史关节点上，分崩离析的传统社会所遗留下来的大量阶级因子，会对未来历史的造型发生强烈作用。"[①] 只有正视或者尊重传统，才能汲取当下发展的丰富资源，使社会步入链接式发展轨道，而不至于大起大落。

我们研究传统，除了保存历史文明以外，更重要的在于它对当今和未来社会发展所产生的影响。过去的不一定都属于传统，许多过去的东西在整个历史长河里只是一瞬间。而传统犹如人体基因，它具有重复性和可复制性。它不可能被简单地消灭，也难以作最彻底的"决裂"。因此，从对当今影响的角度，可以将传统定义为能够对当今，甚至未来会发生影响的价值、行为和规范及其与此相关的历史条件。由此可以对传统加以分类：一是本源型传统，即能够对当下和未来产生深远影响并长期发挥作用的传统。这种传统对于现代社会发展具有本源性，构成了现代社会发展的基础性制度，也可以说是现代社会发展的历史本体。二是次生型传统，即在历史上产生并会对当下产生一定影响，但不具有基础性作用的传统。三是派生型传统，即在历史上产生但属于本源型传统派生出来并发挥当下影响的传统。

在讨论中国农村发展道路时，有人将改革前的人民公社作为传统加以继承。其实，人民公社虽然存在20多年，但在某些方面，它恰恰与中国的本源型传统是脱节和背离的，甚至是反传统的，如"一大二公"的公社正是对历史上中国长期的"一小二私"的家户传统的否定。在相当程度上，人民公社是借鉴苏联的农村社会组织形式，是"以俄为师"的产

---

① ［美］巴林顿·摩尔：《民主和专制的社会起源》，拓夫、张东东等译，华夏出版社1987年版，第2页。

物。由此，就需要进一步讨论东方社会。

在思想界，自亚里士多德以来，流行的是"东西方"的二元世界观。人们将以西欧为代表的世界称之为"西方"，将以俄罗斯、印度和中国等为代表的世界称之为"东方"。东西方是两个不同的世界，有着不同的历史并形成不同的传统。这种二元划分除了简单化以外，还有一个致命的问题，这就是忽视或者漠视了东方社会内部的差异。其实，无论是西方世界，还是东方世界，其内部都有很大的差异性。西方世界的英、德、法，各有不同；东方世界的俄、印、中，相差甚大。在某些方面，所谓东方世界内部的差异并不亚于东西方世界之间的差异。因此，要认识"中国特性"，除了与西方世界相比较外，还应该与东方世界相比较，特别是与曾经对中国道路产生重大影响的俄国和与中国毗邻的印度比较。

当下的中国正处于以工业化、城镇化与农业现代化为导向的历史转折点上，中国农村发展道路也处在一个传统农业社会向现代工业社会的转折之中。这一过程不是非此即彼的更替，既不可能简单地回归传统，也不能无视传统。合理的选择是面向现代，背靠传统；尊重传统，走向现代。但首先必须弄清楚，什么是中国农村发展的本源型传统及由此形成的基础性制度。

## 二 两种东方传统：村社制与家户制

在现代社会科学看来，独特的地理位置使西方有着悠久的商业文明；而东方则以农耕文明为主。但是，东方农业文明传统也有不同的表现和类型。不了解它们之间的差别，哪怕是细微的差异，都无法充分准确把握东方农业文明传统对后来农村发展道路的影响。所谓差之毫厘，失之千里。

17、18世纪，西方国家通过革命建立起以私有制和雇佣劳动制为基础的资本主义制度，迅速走向现代化；进入19世纪，非西方国家在走向现代化过程中则面临另一种挑战：是"西化"，还是固守传统的"东方化"。俄国最早面临这一重大路向问题。这一则在于俄国在地理上是最接近西方的东方大国；二则在于俄国是最早向现代文明转型的东方大国；三则在于向现代文明转型中的俄国知识分子为寻找不同于西方国家的发展道路，开始深入挖掘本国的传统。其中，最重要的传统资源，就是西方没有而在俄国存在久远,并视之为"俄国人精神"的村社制。

村社制源远流长。它源于原始社会,一直延续到20世纪。从形式上看,俄国的村社制分为三个阶段和三种类型:一是自然生长阶段的原始村社类型;二是沙俄时期国家建构的地方性村社;三是苏联时期国家建构的国家集体农庄。尽管这三种类型在性质和内容上有所不同,但制度形式是相通的,都强调整体性、一元性、一致性,虽无甚发展但同一群体基本平均。这种特性一直延续到苏联解体之后。否则,我们很难理解苏联解体之后推行"土地私有化"之困难重重。这说明,村社制是俄国发展的基础性制度和本源型传统,"侵犯村社就是侵犯特殊的俄罗斯精神。"①

作为一种社会组织形态,村社有以下主要特征:土地"公有",并通过村社定期重分来保持社员之间的平均占有;国家税赋以村社为单位承担,村社通过贫欠富补达到平摊负担;实行劳动者之间的组合,村社鼓励共同耕作;村社通过社员会议共同管理,强调集体本位。② 村社既是生产组织和社会组织,更是农民的精神共同体,集体主义和平均主义是村社的基本原则和行为规范。正因为如此,农民村社又称之为农民公社,具有共有、共建、共享、共管的原始共产主义特性。

村社制是以村社集体为本位的组织形态。这种组织形态的一个基本前提就是村社集体必须有一个集体人格权威。土地的定期重分、税赋的贫欠富补、劳动的相互组合、召集社员会议进行管理,都需要一个能够代表集体的强有力的人格权威。如果说早期的权威还寓于村社之中,那么后来就愈来愈凌驾于村社之上,特别是在无数个村社的基础上矗立着更强大的国家专制权威。在俄国统治者看来,管理无数个分散的个体农民比通过一个整体性的村社代为管理要困难得多。因此,俄国统治者越发强化村社的整体性,限制社员的个体性,极力将农民牢牢束缚在村社土地上。村社成为俄国专制统治的社会基础。随着村社制的发展,产生出农奴制。与西欧的庄园农奴制相比,俄国的农奴制是最为极端的。农民除了人身上必须依附于领主以外,还必须依附于生活其中的村社及其人格权威,并受到国家的

---

① 金雁、卞悟:《农村公社、改革与革命——村社传统与俄国现代化之路》,中央编译出版社1996年版,第103页。

② 同上书,第71—119页。

严密监控。"农民的农奴化过程就是领地制度与村社制度牢固结合的过程。农民的农奴化本质是村社的农奴化。"①

进入19世纪,俄国废除了农奴制,但是村社组织这一传统资源却为俄国知识分子所高度重视,甚至过度挖掘。他们希望借助村社公有制抵制源自西方的资本主义私有制,走出俄国自己的发展道路,由此导致民粹主义的产生。民粹主义主张"到民间去!"认为村社农民"天生就是社会主义者",俄国能够走出一条不同于西方的发展道路就在于自己有而西方没有的村社制。经历19世纪后期和20世纪初期的短暂农村变革和分化之后,1920年代开始了大规模的苏联农业集体化。农村集体化初期的集体农庄有三种形式:农业公社、共耕社和农业劳动组合;集体化后期,劳动组合被作为基本,甚至唯一的形式,以更加便于国家对农业产品的汲取和对农民的控制。

进入世界视野的另一东方国家是印度,印度也是西方殖民主义进入东方的第一个大国。印度不仅是古代四大文明发源地,且有着自己特有的制度传统,其中之一就是本源性的村社制。作为原生形态的村社制,印度与俄国相类似:土地公有,耕地由村社掌握;村社是基本的纳税单位,实行高度自治。印度也存在农奴制,但与俄国的村社农奴制相比,印度表现为村社种姓制。作为"一套等级服从的制度",② 种姓制根据人的血缘关系将人的等级固化和永久化。高种姓的人世袭高等级职业和地位,低种姓的人世袭低等级职业和地位,相互之间横亘着不可逾越的鸿沟。这种制度更加抑制人的独立性、主动性和创造性。马克思这样评价印度的村社种姓传统:"这些田园风味的农村公社不管看起来怎样祥和无害,却始终是东方专制制度的牢固基础;它们使人的头脑局限在极小的范围内,成为迷信的驯服工具,成为传统规则的奴隶,表现不出任何伟大的作为和历史首创精神。"③

英国殖民主义进入印度后对古老的村社制度有很大冲击,但村社传统仍然顽强地保留下来。20世纪印度的精神领袖甘地倡导废除种姓制,并

---

① 罗爱林:《试论村社制度对俄国社会的影响》,《俄罗斯中亚东欧研究》2008年第4期。
② [美]巴林顿·摩尔:《民主和专制的社会起源》,拓夫、张东东等译,华夏出版社1987年版,第309页。
③ 《马克思恩格斯文集》第2卷,人民出版社2009年版,第682页。

由此遭致暗杀；但他在争取独立中将村社制作为印度的根基，认为 70 多万个村社是印度的基础。而村社恰是种姓制的堡垒，是产生种姓的社会组织基础。因此，国家虽然从法律上废除了种姓制度，但种姓社会仍然顽强地存在。高种姓的人牢牢地将低种姓人群限制在村社土地上，只要村社存在，依附其中的种姓制就仍然保留。正如摩尔所说："种姓制度在当时和现在起到组织村庄共同体生活的作用，构成了印度社会的细胞和基本单元。"①

作为东方农业文明古国，中国早期也存在原始公社制。但是，与俄国、印度相比，中国农业文明传统更有自己的特性。对当今中国存在深刻影响的是秦始皇之后的自由个体家户制度，即"两千年皆秦制"。秦始皇的伟大功绩不在于修建万里长城，而在于形成了一个能够不断再生产亿万自由家户小农的制度。正如毛泽东所说，"几千年都是个体经济，一家一户就是一个生产单位。"②而恩格斯在谈到作为东方专制制度基础的农村公社时，主要指的是俄国和印度。他指出，"各个公社相互间这种完全隔绝的状态，在全国造成虽然相同但绝非共同的利益，这就是东方专制制度的自然基础。从印度到俄国，凡是这种社会形态占优势的地方，它总是产生这种专制制度，总是在这种专制制度中找到自己的补充。"③

如果将家户、村落和国家分为三个层次的组织形态来看，中国的家户和国家是最强大的组织形态，村落群体则相对较弱。在中国，私有制和国家产生的标志就是由以往的天下为公变为"家天下"。家户组织在中国有久远和牢固的基础。自由的个体家户农民更是一种久远的理想形态。唐尧时的古歌谣《击壤歌》描述道："吾日出而作，日入而息，凿井而饮，耕田而食，帝力何有于我哉？"随着生产力的发展，家户组织的独立性愈来愈强。秦始皇统一中国期间实行军功地主制，弱化人身依附关系，家户成为主要生产单位。统一中国后为获取税赋，编制户口，无论是地主还是农民都成为同一的"编户齐民"，都是国家的子民。农民在人身上是自由

---

① ［美］巴林顿·摩尔：《民主和专制的社会起源》，拓夫、张东东等译，华夏出版社 1987 年版，第 255 页。

② 《毛泽东选集》第 3 卷，人民出版社 1991 年版，第 931 页。

③ 《马克思恩格斯全集》第 18 卷，人民出版社 1964 年版，第 618—619 页。

的，独立生产、经营和生活。"纳完粮，自在王。"

而中国农村基层社会组织的名称一直处于变动之中，汉代为乡里，明清为保甲。这些基层社会组织的功能和权威远远不如俄国和印度的村社，也没有形成完整的村社制度。中国村落是由一家一户自由小农形成的，具有"自由人联合体"的特性。著名比较历史学家摩尔认为："中国的村庄，像其他国家一样，是农村社会的基本细胞。但是，和印度、日本甚至欧洲的一些地方相比较，中国的村庄显然缺少凝聚力。""中国的村庄与其说是生活和功能性的共同体，还不如说是许多农家的聚居地。"① 与俄国和印度的村社传统相比，自由、独立的小农家庭构成中国村落社会的内核，是村落社会存在的根基。以强大的习俗为支撑的完整的家庭制度和以强大的国家行政为支撑的完整的户籍制度共同构成的家户制，是中国农村社会的基础性制度或本源型传统。在金耀基先生看来，"在传统中国，家不只是一生殖单元，并且还是一个社会的、经济的、教育的、政治的乃至宗教、娱乐的单元。它是维系整个社会凝结的基本力量。"②

家户制与村社制的内容和特性有极大的不同。村社制具有一元性、一体性，更强调整体性和个体对整体的依赖性、依从性；家户制具有二元性、混合性，更强调个体性（非西方意义的自然人个体，而是家户个体）和个体之于整体的相对独立性、差异性。从生产关系和上层建筑看，俄国和印度的村社制与中国的家户制有以下典型差异：一是村社制的财产属于村社共有，家户制的财产属于家户个体所有；二是村社制下的纳税单位是村社，家户制下的纳税单位是家户；三是村社制下的村社是地方自治单位，具有行政功能和地方权威性，家户制下的村落是家户基础上自然形成的自然村，主要是家族自治功能。

中国的家户制不仅源远流长，而且影响深刻。费正清评论道："中国是家庭制度的坚强堡垒，并由此汲取了力量和染上了惰性。"③ 在当下和未来的中国农村发展中，必须高度重视和深入挖掘这一基础性制度和本源

---

① ［美］巴林顿·摩尔：《民主和专制的社会起源》，拓夫、张东东等译，华夏出版社 1987 年版，第 165—166 页。

② 金耀基：《从传统到现代》，中国人民大学出版社 1999 年版，第 24 页。

③ ［美］费正清：《美国与中国》，张理京译，世界知识出版社 2000 年版，第 21 页。

型传统，精心厘定本国的制度传统资源，才能形成具有中国特色的发展道路。否则，"中国特色"很可能是"他国特色"，"中国道路"很可能是"别国道路"。如前所述，在1990年代学术界关于中国农村社会本体问题的讨论中，秦晖主张中国农村社会是"大共同体本位"传统，但这只是强调了中国农村社会受国家的控制较强，而未涉及农村社会的基点。事实上，中国的"国"是以"家户"为根基的，而且家户与国并不是完全重合的。如果是"大共同体本位"，很容易得出农民为"国家农民"的结论。而在中国历史上，只有"国家官员""国家职工"的说法，即使是高度国家化的人民公社，也没有"国家农民"的体认。正因为对中国农村社会本体问题缺乏深入的认识，很容易将与村社类似的公社看成自己的传统，错将他国特色视为"中国特色"。

## 三　家户经营传统与农业经营组织

在中国，以血缘关系为基础的家户长期居于主导地位，是整个社会的基本组织单位，是中国传统社会的"细胞"。由此形成数千年中国的农户经营传统。

家户是最基本的组织单位，这在全世界都是如此。而在中国，家户则成为一种基本的经营组织体制，并具有核心地位。这主要由以下因素决定。第一，自然禀赋是组织存在的基础。中国是一个自然禀赋适宜于农耕的国度，适宜的气候和土壤条件使得家户生产成为可能。俄国的村社制共同劳动显然与寒冷的气候条件相关，家户的独立生产十分困难，更需要集体相互依存。村社制实际来自于早期人类的集体狩猎时代。第二，财产继承制是组织单位再生产的机制。中国告别原始社会是从"天下为公"到"天下为家"的转变。中国实行"分家析产制"，家户是财产分配和继承单位。成年男子可以平均分配和继承家庭财产，由此导致一个个小家户的不断再生产。在中国，村落的共同财产不仅数量很少，且不承担再分配和继承功能。而俄国的土地财产属于村社所有，村社分配土地财产，由此造成个人对村社而不是家户的依赖。印度的种姓制使那些低等种姓家庭几乎毫无财产可继承。但是，"种姓制度为无地的劳动者提供合适的职业……对他们的社会地位的评价主要看他们的工作而不是依据财产的多寡"，村社因此具有凝聚力。① 第三，税收制度是组织单位延续的制度依据。早在两千多年前，中国就建立了统一的中央集权。而国家存在的基础是农业财政——有土地的家庭成为国家的税收单位。古代中国政府专门设立"户部"，主管户口与财政。在中国，"家"是社会单位，"户"则是国家组织民众的政治单位，具有政治社会意义。因此，传统中国的财政实际上是农户财政，政府需要保护和鼓励家户制。而在俄国，村社是国家税收单位，农民个人不直接与国家发生联系。"征税对社不对户，贫户所欠富户补。"② 在印度，低种姓家庭基本没有纳税的条件和基础。第四，意识是组织延续的动力机制。由于家族既是经济共同体，又是政治和社会共同体，因此中国人的家族意识特别强烈。中国人以男性姓氏为正宗，家族兴盛为人生至高目标，如"发家致富""光宗耀祖"等。而俄国村社制下，"发家"几乎没有可能，且"村社舆论谴责热爱劳动和渴望致富、出人头地的思想"。③ 在印度，"作为劳动组织，种姓是在农村中造成耕作不良的一个原因"。④ 因此，如果说俄国村社制属于集体主义，印度村社制强化了种姓主义，那么，中国历史上长期存在的是家户主义，家户单位是中国长期延续的传统。

中国的家户经营有利于调动农业生产积极性。其一，土地为家户所有或者家户经营，这就有可能使家户能够自由支配自己的产品。地主可以通过土地获得地租，佃农在合理的地租条件之下可以获得尽可能多的生产产品，而自耕农更是可以通过自己努力生产获得更多的产品。在生产和报酬紧密联系的条件下，家户有可能改善自己的生存状况。尽管成为"地主"只是少数人才能实现，但获得土地从而"发家致富"始终是推动中国农业生产的基本动力，而这只有在家户制的基础上才有可能。由此，也锤炼出中国农民特有的"勤劳"品质："敬时爱日，非老不休，非疾不息，非

---

① [美]巴林顿·摩尔：《民主和专制的社会起源》，拓夫、张东东等译，华夏出版社1987年版，第169页。
② 引自金雁、卞悟：《农村公社、改革与革命——村社传统与俄国现代化之路》，中央编译出版社1996年版，第76页。
③ 罗爱林：《试论村社制度对俄国社会的影响》，《俄罗斯中亚东欧研究》2008年第4期。
④ [美]巴林顿·摩尔：《民主和专制的社会起源》，拓夫、张东东等译，华夏出版社1987年版，第275页。

死不舍。"① 孟德斯鸠、韦伯都对中国人的勤劳给予极高评价。② 而村社制若干年平分土地，抑制了农民对土地的更多渴求，也限制了其积极性。其二，土地为家户所有或者家户经营，使得家户可独立完成生产全过程，不需要外部性监督，因此可最大限度减少外部监督形成的成本。费孝通根据农村调查认为："在现有农作技术条件下，分工的不发达使两个人在一起工作并不比两个人分开各自工作为便利和效率高。"③ 对于地主而言，将土地租佃给农户以后自己不需要再干预生产过程。而对于直接生产者的农民来说，生产经营过程完全是自主性的，"偷懒"是对自己可能陷入饥饿和破产的自我惩罚。而在由若干家户构成的村社劳动组合中，除非每个人都有极高的劳动自觉性，"怠惰"是不可避免的。

　　家户经营创造了灿烂的中国农业文明。如著名农史学家孙达人所说："没有个体小农就没有战国秦汉以来的新时代，就没有与这个时代相适应的、领先于世界的新文明。"④ 但是，家户经营获得经济效益的同时，也会带来非均衡的社会后果。一则会出现社会分化。不同家户由于其生存资源和劳动差异会产生不同的结果，一部分会陷入土地很少，甚至没有土地而造成的贫穷之中。二则是缺乏必要的社会保障。家户经营造成家户成为自己生命活动的责任单位，天灾人祸完全由家户自我承受，缺乏来自社会的保护和支持，而自我保护功能弱的穷人因此可能陷入悲惨的命运之中。相对而言，村社制犹如一具外壳，虽然抑制自由发展，但能够遮风挡雨，给村社成员提供一定的社会保障，具有"安全阀"的作用。⑤ 因此，家户制是有分化的效益和缺乏保障的"勤劳"，村社制是没有效益的平均和有保障的"怠惰"。

　　当然，对于中国传统家户条件下的家户生存状况不能仅限于微观机制，还应放在宏观背景下考察。总体上看，中国古代社会的农民属于

---

① 《吕氏春秋集释·士容论·上农》。
② [德] 马克斯·韦伯：《儒教与道教》，王荣芬译，商务印书馆1995年版，第115页。
③ 费孝通：《乡土中国　生育制度》，北京大学出版社1998年版，第179页。
④ 孙达人：《中国农民变迁论——试探我国历史发展周期》，中央编译出版社1996年版，第80页。
⑤ [美] 巴林顿·摩尔：《民主和专制的社会起源》，拓夫、张东东等译，华夏出版社1987年版，第309页。

"普遍性贫穷"或者说"勤劳式贫穷"。这种贫穷的根源不仅仅是微观经营机制，至少应重视三个因素。其一是人地矛盾。在马克思看来，人类生产有两种形态，一是物质生产，一是人口生产，二者要达到大致均衡。但在中国，人口再生产始终快于物质再生产，而土地资源总是有限的，在生产力没有显著进步的情况下，必然出现人多地少的矛盾。即使土地占有处于均衡状态，也会出现因土地规模太小而难以脱离贫困。在中国历史上，许多地方并没有地主，或者地主占有量极少，人们仍然处于贫穷状态，可以说是"平均式贫穷"。其二是剥削率畸高。中国很早就建立起皇帝—官僚统治体制。这一体制的运行需要大量的财政支撑，其财政来源主要是农业。一般家户要承受地租和赋税双重剥夺，即使是富户也要承受赋税。这种赋税既沉重又没有额度，很容易超出家户能承受的限度，从而造成反抗。事实上，中国历史上的农民起义许多都是由地主领头或者参与的。其三是财产继承。如前所述，在中国家户体制下，财产继承实行平均主义的分家析产制。前辈积累的田产由于儿子的均分，容易很快就重新陷入贫穷状态。

可见，中国的贫穷状态与家户制有一定联系，但不是唯一原因，甚至不是主要原因。进入20世纪以后，现代取向的价值观对传统家户给予尖锐的批判，家户传统受到严峻的挑战。但即使如此，现实主义的政策也不得不尊重家户传统。孙中山先生提出"耕者有其田"，家户则是"耕者"组织单位。以毛泽东为代表的中国共产党人实行土地革命和土地改革，将土地分给农民，其组织单位仍然是家户。民主革命时期实行的减租减息政策，目的也是为了调动农户的生产积极性。

中华人民共和国成立以后，土地改革将农村社会成员变成了平均占有土地的农户。当时的中国共产党人认为，土地改革以后的农民具有两个方面的积极性，一是个体农户发家致富的积极性，一是共同富裕的社会主义积极性。但从革命话语看来，个体农户具有私有性和落后性，与社会主义是格格不入的。为此，土地改革后很快进行对农业（主要是个体经济）的社会主义改造。而中国从来没有集体经济的传统，因此只能以最早实行社会主义集体化的苏联"老大哥"为榜样，认为只有"社会主义的集体农庄才是完全的社会主义"，[①] 将"共同劳动，计工计酬，集中经营"作

---

[①] 《农业集体化重要文件汇编》（上），中共中央党校出版社1982年版，第98页。

为改造农村的蓝图。在这一蓝图下形成的人民公社体制与长期历史形成的家户单位传统实行了最彻底的"决裂"。人民公社体制下，土地等生产资料为公社所有，集体劳动，平均分配，公社成为国家的纳税单位，"发家致富"不仅没有可能，更被视为"资本主义道路"而受到批判。有人认为，实行公社制是国家为了更好地从农民手中获得产品。尽管有这种客观后果，但实行公社制的主观目的还是为了社会主义理想目标。因为在历史上，国家的力量远没有1949年后强大，照样可以获取大量产品和劳役。

公社制在对弱者的保障方面有一定成效，但严重后果是农民个体的自主地位下降了，压抑了生产积极性。著名的农村政策专家杜润生先生评论人民公社时说："它的体制背离了农业生物学特性，使农民疏远土地，无从建立持久不衰的劳动兴趣和责任感，从而影响他们的生产积极性。"①他还认为，苏俄集体化的设想是针对俄国村社传统提出来的，"其愿望显然是含有一定的合理性的。但是要把它照搬到中国，就产生了对象上的差异"。② 但与苏联的集体农庄有国家保护不同，中国公社的农民生存得依靠自己寻求出路。因此，自人民公社一成立，传统的力量就顽强地表现出来。公社体制不得不后退到"三级所有，队为基础"的经营体制，进一步则是"包产到户"不断兴起，只是未能突破体制框架。直到1980年代初，中国实行家庭经营，与家户单位传统相衔接。可见，公社制并不是中国固有的传统，恰恰是背离了中国的本源型传统。家户单位传统不是简单的能够替代，更不是简单能够"消灭"的，即使有所"中断"，也会再"复活"。

改革开放以来，家户经营体制显示出极大的活力。但是，以家户经营体制为核心的农村发展道路也受到了严重挑战。一是仅仅依靠农业的农民的生活状况未能得到根本改变。其显著标志是作为农村家户承包制改革旗帜的安徽省小岗村，被认为是"一夜之间脱贫，30年未能致富"。二是出现社会分化。农村社会由公社体制下的平均状态变为一个有贫富分化的社会。三是保障体系脆弱。对社会弱者的保障和救助因为人民公社体制的废

---

① 杜润生：《杜润生自述：中国农村体制变革的重大决策纪实》，人民出版社2005年版，第98页。

② 杜润生序，引自沈志华：《新经济政策与苏联农业社会化道路》，中国社会科学出版社1994年版。

除而受到弱化。

这一背景下，所谓的传统主义得到复活，主张恢复公社体制传统。如前所述，公社并不是中国特有的传统，在相当程度是"舶来品"。[①] 更重要的是，将农村的现实困境完全归之于家户经营体制是不恰当的。首先，造成农村困境的人多地少矛盾没有消除。在人均耕地只有两亩的条件下，依靠农业的家户经营致富是困难的。其次，改革开放以来，农民负担一度十分沉重，压抑了农民的农业生产积极性。再次，人民公社时期的社会保障依靠的是农业内部建立的，只是一种低水平的保障。这种保障已无法适应社会大环境的变化和农民的需求，由此需要国家给予支持。21世纪以来，国家在农村实行免费义务教育、新型农村医疗、新型农村养老等，就是试图建立以国家为主的社会保障体系。因为农村发展一度出现的困境而简单否定家户体制，并主张向公社传统回归是缺乏充分根据的。

如果说公社制是以"现代"组织形式对家户经营传统的冲击，而当今的现代农业再次对家户经营传统提出了挑战。显然，现代农业需要现代经营组织单位。作为传统的组织形式，家户经营一个最突出特点就是经营规模太小。没有规模就没有效益，没有效益就没有投入；没有投入也就无法扩大，甚至无法延续再生产。尽管改革开放以来，中国的农业综合生产能力大大提高，但家户的生产能力却相对低下，[②] 这必然会影响中国农业的持续发展。因此，对于家庭经营能否适应现代农业生产存在不同的认识。一种主张以"公司"替代家户经营，一种主张固守家户经营。本文认为，家户经营传统在中国延续已久，家户单位这一组织外壳完全可以继承。这是由农业生产特性决定的。至今为止，农业生产仍然无法实行工厂化作业，仍然无法超越对自然的依赖。农业生产的自然周期性决定了忙闲不均，不同于可以不间断生产的工厂作业。因此，家户单位是节约型的农业生产组织，可以根据季节不同，灵活经营。作为分配单位，它可以不需要外部监督及由此而来的监督成本。可见，即使是现代农业生产也需要从家户单位传统中汲取精华。当然，家户单位传统也需要赋予其新的生命活

---

[①] 毛泽东在兴办人民公社时曾将三国时代吃饭不要钱作为古已有之的传统资源。其实，这种现象只是道教的一种教义行为，而不是普遍性的制度行为。

[②] 徐勇：《论农业生产能力与农户生产能力提高的非均衡性》，《江汉论坛》2011年第8期。

力。一是创造良好的外部条件，将有能力的农民吸引到农业生产中，提高家庭经营能力。二是家庭单位不再是孤立的生产经营单位，而应该成为整个现代农业生产链条中的一个环节。在这一过程中，家户单位传统获得新生，转换为现代农业生产组织。

从中国的过去、当下与未来看，农业生产出现了并将出现家户制、公社制和公司制三种形态。家户制是由来已久的本源型传统，是当下中国的基本经营制度。公社制作为一种"舶来品"在中国存续了20多年，在某些方面仍然产生着一定影响，其集体主义取向作为一种精神仍然成为某些人的美好记忆，但已无法复制和再生，特别是重新替代家户制。随着现代农业发展，公司将成为农业经营的一种重要组织形式，但在农业生产特性的制约下，它也无法替代家户体制。当然，这一切都取决于家户体制的提升，以适应现代农业的发展和新农村建设。家庭农场可能是将传统家户与现代农业结合起来的最佳选择。

## 四 农工商结合传统与农工商互补经济

在漫长的农业文明岁月里，中国创造了世界上无与伦比的农业文明，同时又伴随着农民的普遍贫穷，存在着世界上最为突出的农民问题。造成这一历史悖论的原因很多，其中最为重要的原因之一是人多地少。呈几何级增长的庞大人口堆积在有限的土地上，人均占有的土地资源不断细碎化，所获得的产品也十分有限。人们只能在有限的土地空间内寻求生存的可能，由此形成在家户基础上的农工商结合传统。

一家一户为单位、自给自足的生产方式是中国农业的基本生产方式。所谓自给自足，就是农村社会成员的基本生活物品主要、甚至完全依靠自己。要维系简单的温饱生活，除了农业生产以外，还需要手工业劳动，这就有了"男耕女织"。手工劳动是农民得以满足基本生活需要的重要条件。除了家庭内部手工业以外，家户以外的务工并以此获得劳务收益是农民生活的重要条件。特别是在缺乏土地等生产资料的家庭，劳动力处于剩余状态，需要通过出卖劳动寻求生路。首先是在本家户附近为大户帮工，其中有时间较短的"短工"，也有长年累月为他人做工的"长工"。这种务工尽管主要是农业劳动，但不是为自己的劳动，而是通过为他人劳动交换自己所需要的收益。当然，这种劳动收益取决于劳务供给。如果当地不能提供更多的劳务供给，便会出现进城或者到外地务工。如农忙季节专门从事割麦子的"麦客"，远走他乡寻求生存之道的"走西口""闯关东""下南洋"等。

除务工以外，经商也是农民获得收益的活动之一。这种活动最初或者普遍的是简单的产品交换。因为农民的许多日常用品是本家户难以生产和满足的，如作为生产用品的铁器、作为日常生活必需品的盐等，因此集市贸易成为农村普遍的经济活动，也是维系农民日常生活的必要条件。中国农村社会也被有的学者视为一个集市社会。[①] 在此基础上，农民萌发了商业意识，一部分人脱离或者半脱离土地专事商业活动，有的甚至远离故土，如"走西口""闯关东""下南洋"中相当一部人是从事商业活动。

农业基础上的打工经济和经商活动在中国由来已久，人们并不只是固守土地和固守单一的农业活动。特别是这种农工商结合是建立在家户基础上的，是家户生产经营和生活延续的重要条件，是对家户农业经济的重要补充。中国的家户实际是一种农工商结合的生产和生活单位。农工商结合是中国家户制的重要特点，维系和推动着中国农业文明。

首先，农工商结合为农民提供了更多的生存机会，维持了家户经济基础。在古代中国，不仅人多地少，而且土地流动率高，人口占有土地极不均衡。除了部分自耕农可以勉强维持生计外，相当一部分农民缺乏，甚至没有生产资料。即使是有土地等生产资料的成员，也可能因为天灾人祸而陷入困境，甚至绝境。务工经商可以为农民提供更多的生存机会，特别是那些人多地少的家户，只有从事务工经商活动才能贴补家用，维持生计，在残酷的生存条件下寻得一条活路。所以，在中国，愈是人多地少的地方，愈是人多地少的家户，农工商结合，特别是工商活动就愈活跃，如中国东南沿海地带便是民间工商活动最活跃的地区。很难想象，如果没有工商活动作为补充，中国的家户制能够长期维系。

其次，农工商结合为农村人口发家致富提供了希望，成为家户发展的动力。一般讲，以劳务为主的务工活动和简单的经商活动收益十分有

---

[①] ［美］施坚雅：《中国农村的市场和社会结构》，史建云、徐秀丽译，中国社会科学出版社1998年版。

限,只能简单贴补家用,维持生计。但是,有些特殊的务工活动,特别是经商活动,可以获得较高的收益,甚至发家致富。在中国,许多地主得以成为地主,是依靠从事工商活动积累的资本;纯粹依靠农业劳动购买田产、成为地主几乎是不可能的。而地主又可分为两类:一类是土地主,即纯粹依靠从土地上获得收益的地主;一类是工商业兼地主,即从事工商业活动并获得收益的地主。前者不仅收益小而且风险大,如果农业生产歉收或者绝收,地主也会陷入破产;后者不仅收益大而且风险相对小,因为有多种收益。因此,工商业地主成为地主经济的发展方向。这种发家致富的可能性,为人们的勤奋劳作提供了动力和示范。在中国,一方面是安土重迁,故土难离;另一方面是许多人离土离乡,别妻离家,外出务工经商,一旦成功便可家族兴旺,光宗耀祖。可见,农工商结合为中国农村发展注入了活力,并进一步巩固了家户传统。

农工商的分工分业是一般规律,但不同国家有不同表现形式。与中国相比,俄罗斯恰恰是人少地多,辽阔的土地为人们提供了更多的生存机会。在俄罗斯农村发展历程中,也存在农业与手工业的结合。但在村社体制下,农业和手工业是在村社单位基础上结合的。在村社劳动组合中,有的人从事农业,有的人从事手工业活动,是一种专业化分工。人们从事农业和非农业活动所获得的收益没有太大差别。而在村社基础上的农奴制下,农奴为主人提供的劳务是无偿的,自然也是被迫的。由于生活相对平均且有一定保障,俄罗斯农民没有外出务工的冲动,"甚至不敢想象没有村社自己能否生存"。[①] 而且,村社制也限制了成员外出务工经商,俄国统治者更是从法律制度上严格限制农民外出。事实上,"农民的农奴化是通过剥夺农民的自由迁徙权、将其固着在领地(村社)上来实现的。"[②] 因此,俄罗斯农村犹如静静的顿河一样,是一个相对静止的社会。

印度农村也存在农工商活动。但在村社种姓制下,村社成员是按照家庭种姓从事不同产业活动的,高种姓家族的人从事高级活动,低种姓家庭的人从事低级活动。本来,职业化分工有利于产业发展和生活改善,但这种种姓职业化分工的世代传递,决定了低种姓的人无法改变其悲惨命运,

---

① [苏]米罗诺夫:《历史学家和社会学》,王清和译,华夏出版社1988年版,第64页。
② 罗爱林:《试论村社制度对俄国社会的影响》,《俄罗斯中亚东欧研究》2008年第4期。

所获收益也十分有限。而且，高种姓的人不愿意也不允许低种姓的人离开村社外出务工经商。因此，尽管低种姓的农民不可能通过非农业活动改变其命运，其生活状态犹如恒河一般是固定不变的。

农工商结合是中国农村家户制的重要组成部分，也是中国农业文明不断累积的动力源泉。但在古代中国，工商业活动空间有限，农工商结合毕竟是低层次的，绝大多数农民仍然处于贫困状态。正因为如此，进入20世纪以后，家户制被视为落后的传统加以抛弃，并选择了集体化的道路，其方式则是极具俄国特色的公社体制。与家户制的农工商结合不同，公社体制下的农工商活动是在公社组织基础上的内部分工，类似于俄国村社的劳动组合的专业分工。无论是从事农业，还是非农业生产活动，都是以工分的方式取得相差不大的报酬，都缺乏生产自主性和积极性。在公社体制下，农村社会成员根本没有外出务工的可能。由于国家实行统购统销体制，主要商业活动为国家所控制，家户个体的商业活动受到严格限制。在极"左"的"文化大革命"年代，集市自由贸易作为"三自一包"的"修正主义路线"受到批判，连农民卖鸡蛋以换取日常生活用品的活动都被视之为要割掉的"资本主义尾巴"，这极大地影响了农民正常的生活。

但是，传统的力量是无限的，并会自己不断开辟前进的道路。在生存空间有限且有务工经商传统的东南沿海地区，家户个体性的工商活动从来没有停止。许多家庭内的一些成员通过外出务工做小买卖来贴补家用。出于生存压力，基层干部也默认这种活动。这种农工商结合的历史传统随着公社制的废除和家户经营制的兴起而复兴。这就是邓小平所说的：乡镇企业的异军突起。

改革开放以来，农工商结合的传统不仅焕发了历史活力，而且跨越到新的高度，形成农工商互补经济的农村发展道路。农村实行家庭承包以后，农民摆脱了饥饿状态，过上了梦寐以求的温饱生活，但农民的生活还不宽余。改革开放以后中国出现的"富裕村"都不是依靠农业致富的，且这类富裕村人口仅占中国农村人口的极少数。外出务工因此成为大多数农民家户的选择，也成为农户的重要收入来源。自1990年代以来，非农收入开始成为农户收入，特别是现金收入的主体部分。农工商结合传统不仅巩固了家户经营制，为家户经济带来了活力和动力，而且富裕了农民，促进了农村发展。中国数亿农民背井离乡在外务工，经历着千辛万苦，基本动力便是改善家庭经济状况。中国农民不仅进了城，而且出了国。许多农民家庭由地道的农户成为专门从事工商活动的专业户，有的迅速发展成为"农民企业家"，而工商经济活跃的沿海地区也成为中国农村率先进入小康的地区。

根据马克思主义理论，小农经济由于其脆弱性，在市场经济条件下很难避免破产的命运。因为，市场经济是货币经济，而小农户是最缺钱的。他们在以实物为主的自然经济条件下面临的风险更小，在货币经济条件下面临的风险更大，贫富分化也更突出。这正是马克思主义经典作家希望改造小农经济的重要原因所在。改革开放以来，农民通过外出务工经商，进行自我"以工补农"，成功地避免了大量家户陷入困境甚至破产的命运。而改革开放以来的中国农业发展，正是以一个个没有破产的家户为重要支撑的。

与此相应，俄国缺乏家户基础上的农工商结合传统。在当今，尽管俄国实行了较为彻底的土地私有化政策和比中国更高的国家补贴农民政策，但由于农业生产者缺乏以工补农和以工富农的传统和效应，因此农业生产和农村发展并不理想，与其丰厚的自然条件更不成比例。在印度，尽管大量农民开始脱离土地，但他们进城后仍然从事的是低级工作，收入也有限，并形成了一个个贫困者居住的"贫民窟"。

不容讳言，中国农村和农民仍然处于不发达和不富裕状态，愈来愈多的农民离开土地，农村出现"空心化"趋势。而要稳住农民，必须富裕农民。其中，要弘扬家户基础上的农工商结合传统，形成农工商互补经济。一是家户成员分工分业，一部分适宜非农产业活动的人从农业活动中分离出去，将土地留给愿意从事农业活动的家庭成员种植，以扩大家庭经营规模。二是从各个层次将工商业活动产生的利润尽可能返还农业生产领域，以增加农民收入。

## 五　家户互助合作传统与农村合作道路

1990年代，曹锦清在其《黄河边的中国》一书中提出中国农民"善分不善合"，并由此引起了一场讨论。其实，中国农民并不是天生的"善分不善合"，而是特别地注重互助合作的对象和范围。可以说，家户互助合作的"合"的传统与家户之间的"分"的传统一样悠久。

中国有着悠久的家户制传统，一家一户是基本的生产和生活单位。但是，家户并不是完全孤立的，即便是独处一地的单家独户，也会与外界发生联系，不可能"鸡犬之声相闻，老死不相往来"。相反，离开与他人的互助合作，单家独户是很难生存下去的。只是在中国，家户之间的互助合作主要是在以家户为单位的家族范围内进行的。

家户互助合作的对象主要是家族邻里成员，是与本家户地域相近的人。农业生产是以土地为基础的，人们依土地而居，分散性是其重要特点。农村因此流行着"远亲不如近邻，近邻不如隔壁"的话语。而在悠久的农业文明中，中国的村落大多是在亲缘关系的基础上形成的，许多村庄的成员属于同一姓氏，有共同的祖先，村庄的名称往往都是由某一姓命名的。因此，农村社会实际是亲族社会。地域相近的人更多的是本家族的人，或者沾亲带故的人。

家户互助合作的基础是家族信任。互助合作意味着不同家户之间的共同活动，活动者相互之间信任是互助合作的基础。社会交往的对象可分为陌生人、熟人和亲人。其中，亲人的信任基础最为牢固。家族成员不仅地域相近，更重要的是血缘相同。家族社会除了共同利益以外，还有情感等因素。家户在互助合作中首先选择与自己血缘和地域相近的"亲戚"，即所谓"亲帮亲，邻帮邻"。这种基于家族信任的互助合作成本是最低的。

家户互助合作的范围很广泛。在生产活动中有换工，农忙时你帮助我，我帮助你。日常生活中的互助更多，农村社会成员每逢生活中的"大事"，如婚丧嫁娶，一家一户都不可能单独完成，需要他人，特别是亲戚的"帮忙"。农村社会成员遇到"天灾人祸"，生计发生困难时，也会找亲戚帮助。家族之间的"帮忙"不会以赤裸裸的利益来算计，而是长期互相帮助的感情积累。即使地主也是族人，也要尽族人的义务，而且要为当地尽更多的道德义务才能建立起社会威望。只有那些城居地主才与农民是赤裸裸的利益交换。

家户互助合作的效果是彼此间能够获得增益。家户互助合作建立在一家一户难以完成或者完成不好的事情之上，互助合作的结果必然是彼此间都能够增加收益。这种互助合作以家户为基础，以增加收益为目的，是一种双方自愿性的互助合作，没有外部的干预和压力。

正因为如此,中国农民有互助合作的积极性和历史传统。可以说,离开了以家户为单位的家族互助合作,中国的家户制是难以维系下来的。孙中山先生因此认为:"中国人最崇拜的是家族主义和宗族主义","中国人的团结力,只能及于宗族而止"。[①] 当然,中国农村的互助合作传统主要还限于弥补家户制之不足的一种简单的、非持续的互助行为。只是在家户生产和生活困难,或者为了解决一家一户解决不了的公共问题时,才有互助合作的需要。一般情况下,家户能够自我解决的尽可能由本家户自我解决。因此,这种互助合作的成效是十分有限的。

进入20世纪以后,中国实行土地改革,农民普遍分得了属于自己的土地,有了自我生存的基础。但相当一部分农户却缺乏独立生产的能力,久而久之,分给自己的土地也可能因为能力不足而失去,从而再度沦入贫困状态。于是,在一些地方开始了农民的生产互助行为。中国共产党领导人高度评价这种互助是"半社会主义"的,认为互助合作是中国农村发展的方向,并向全国推广。但在这一过程中,家户制互助合作传统被抛弃,走向合作社,直至后来的人民公社制。其原因有三个方面:

一是中国土地改革首先是从经济较为贫穷的北方"老区"开始的。北方地区由于战乱频繁,自然条件恶劣,农民的生产能力普遍不高,有超越家户互助合作的积极性。相反,在经济较为发达的南方,家户生产能力较强,对于超越家户的互助合作的积极性不高,如位于东南的浙江省就成为抵抗合作化运动的重要地区。

二是合作社及后来的人民公社是不同家户之间的劳动合作和土地集体共有,这在中国历史上没有制度根基。以合作社和人民公社为载体的集体化在相当程度上借鉴了当时的苏联集体农庄制,而苏联的集体农庄制可以说是俄国历史传统延续的产物,如村社共有土地基础上的共同劳动,这种共同劳动超越了家户单位。因此,由村社共同劳动过渡到集体农庄是十分自然的。这正是19世纪马克思认为俄国有可能跳过"资本主义卡夫丁峡谷"直接过渡到社会主义的重要原因。斯大林则将村社劳动组合视为农

---

① 《孙中山选集》,人民出版社1956年版,第590页。

业集体化的依据，能够使集体化"比较容易和比较迅速地发展"。① 而中国恰恰缺乏村社制的历史传统，农民熟悉的是单家独户的"单干"。

三是传统的家户制被视为与社会主义格格不入的东西被压制。在中华人民共和国建立之初，领导人认为中国要发展农业生产，要避免贫富分化，只能走集体化道路。而传统的家户制与集体化是相互排斥的。中国集体化过程中，由互助组到初级合作社，再到高级合作社，最后到人民公社，正是一步步弱化家户制的过程。只有弱化家户制才有可能实行集体共同劳动，共同分配。由于家户制弱化，建立在家户制基础上的互助合作传统也不复存在。

作为合作化产物的公社制，实行集体共同劳动和共同分配，理论上超越了家户制互助合作。在集体合作时期，确实也兴办了许多以往家户制基础上不可能做到的公共工程和公益事业。但是，集体合作的实践并没有完全产生预期成效。一则共同劳动的效率建立在自愿劳动基础上。家户制的一个重要特点是自愿劳动，家户基础上互助合作是一种自愿行为。而集体化进程中的互助合作在相当程度上是外部力量的作用，是农民的"被合作"行为。二则共同劳动的效率取决于共同分配的合理性。而农业劳动的复杂性决定了分配的复杂性，很难做到真正的按劳分配。因此，公社集体劳动只能按照大致平均的方法进行分配，而这又会挫伤劳动者的积极性，从而弱化集体合作的积极性。如前所述，家户制不存在分配问题。三则集体合作的成效不仅来自于共同劳动，更重要的来自新的生产要素的增加。公社制的集体合作只是劳动力与劳动力的相加，并没有增加新的生产要素。相反，封闭和平均分配的公社制还妨碍着新的生产要素的进入。在缺乏持续不断的增益的激励下，农民也缺乏集体合作的积极性。可见，公社制的集体合作尽管在形式和规模上超越了家户制互助合作，但却背离了家户制互助合作传统的精髓，这就是自愿合作和增益合作。这也是公社集体合作难以延续的重要原因。

1980年代初，国家主张在农村实行家庭承包基础上的统分结合的双层经营体制，家庭承包经营取代公社体制，公社集体合作也不复存在。"分"主要是家户劳动、家户经营，"统"主要是集体劳动、集体经营。

---

① 《斯大林全集》第12卷，人民出版社1955年版，第136页。

但是，除了非农产业村庄以外，全国农业地区基本上都是分户经营，统一经营基础上的集体合作基本不再存在。这正是曹锦清先生得出中国农民"善分不善合"的重要原因。但这并不是农民的"天性"决定的，实在是农业生产劳动的复杂性及其集体合作的困难使然。事实上，尽管公社集体合作不复存在，但农民的专业合作却迅速发展起来。从合作对象和范围看，农民的专业合作已远远超出公社集体合作；其合作基础仍然是家户制，继承了家户互助合作的自愿传统，更重要的是能够引入新的生产要素，获得更多收益。

改革开放以来，特别是市场经济向乡土社会的渗透，乡土社会的互助合作基础受到了极大挑战。但是，一家一户不可能完全独立从事生产经营活动，更不可能完全独立满足生活需要。农村社区建设因此被提了出来。社区最早本来就是指基于信任和合作基础的乡村社会共同体，只是这种信任和合作日益为开放的农村社会所冲击。农村社区建设因此成为国家的建设目标。但在实现这一目标中，除了政府支持以外，更重要的还是利用中国家户传统中家族信任与合作的积极因素。这种因素是长期历史自然形成的，是其他因素很难替代的。

## 六 家国共治传统与农村治理体系

村落是农民生活的基本组织单位，但是否构成基本的治理单位各国却不相同。俄国和印度的村社制下，村社不仅是基本的社会组织单位，也是基本的治理单位。俄国地域辽阔，国家统治者鞭长莫及，主要利用农村村社进行治理。"从行政警察的角度来看，村社也更加方便，放一群牲口，总比一头一头地放来得轻松。"[1] 印度历史上长期是松散的帝国，宗教和语言极为多样化，国家统治者不断变更，而唯一不变的是农村村社。因此，在俄国和印度，村社是自治单位，具有高度的自治权。只是这种自治并不是村民平等的自治，而是村社权威人格主导的自治。村社治理不仅包括一般民事，同时代行政事。村社既是村社内部成员的治理单位，同时也是国家的基本政治单元和负责单位。

---

[1] 罗爱林：《试论村社制度对俄国社会的影响》，《俄罗斯中亚东欧研究》2008年第4期。

与俄国和印度不同，自秦王朝之后，中国就逐步建立起帝国官僚统治，代表国家权力的皇权通过不同层级的官僚一直延伸到县域地方，实行郡县制，即所谓"皇权不下乡"。皇权之所以不下乡，除了交通和治理成本的因素以外，很重要的原因有家户制作为支撑。"每个农家既是社会单位，又是经济单位"，①还是"政治责任单位"。国家统治直接面对的是家户。家户是交纳税收和服劳役的对象。社会成员如有违犯国家法律和政府意志的事情，实行家户为单位的"家族连坐"的连带惩罚。与之相应，国家对社会成员的表彰和奖励也是以家户为单位，上可以光宗耀祖，下可以福及子孙。家户作为融社会、经济和政治于一体的单位，具有强大的自组织和自治功能。因为，作为家户成员的代际传递的自组织体系，家庭是一个由于时间序列不同而形成的纵向组织单位，由此形成家庭内部的老人权威和长幼有序的秩序，即"男女有别、长幼有序"和"父为子纲、夫为妻纲"的制度规范。这种权威和秩序是内生的，并内化于家庭成员的精神之中，具有强大的自治力量。费正清因此认为，中国式家庭"一个好处是，一个人自动认识到他在家庭或社会中所处的地位。他有一种安全感，因为他知道，如果他履行了指定给他的那部分职责，他可指望这体系内的其他成员反过来也对他履行应尽的职责"。②家户是个人的社会保障和安全根基。国家只要稳固了家户，不仅能够获得财政、兵役，而且能够获得秩序和忠诚。"国之本在家""家齐而后国治。"③正因为家户是一个经济上自给自足、政治管理上自治自洽的单元，国家统治无须下乡直接管理；而郡县制是以家户制作为基础的。

相对国和家而言，村落在中国农村治理体系中并不具有俄国和印度村社一般的地位和功能。如前所述，自秦以后，中国农村的基层组织体系一直处于变动不定的状态，但总的趋势是官方色彩愈来愈淡，民间色彩愈来愈浓。重要原因就是家户组织日益成熟和发达。④在古代中国，不仅村的边界经常变化，就是村的名称也不断变动。村落主要是由家户扩大而成的自然村，大多以姓氏命名。这种自然村并不具有行政功能，更不是严格的

---

① ［美］费正清：《美国与中国》，张理京译，世界知识出版社2000年版，第25页。
② 同上书，第24页。
③ 《礼记·大学》。
④ 徐勇：《非均衡的中国政治：城市与乡村比较》，中国广播电视出版社1992年版。

自治单位。村落领袖同时是家族权威，但士绅主要是起到一个连通上下、官民的政治沟通作用。"官"事只能由官管，行政司法权控制在官府。即使是地主，也不允许拥有控制地方行政、司法和支配农民人身的权力。与此同时，官府也不直接插手民间社会事务，民事由民管。民间事务主要通过家户及其扩展的村落社会办理。由此，形成家国共治，官事官管、民事民管的农村治理体系。家户既是国家治理的根基，也是社会自治的单元。

家户作为纵向的自组织单元，所形成的权威与秩序更为牢固。与家户不同，村社是一种家户横向的组织单位。这种横向的组织单位不具有历时性自然形成的权威，更需要某种外部性的制度加以强制。俄国和印度的村社都建立在人身依附关系的农奴制基础上。没有人对人的依附，就无法构建村社整体权威与秩序。著名的印度《摩奴法典》便以其严格的法条形式固化村社种姓的等级服从关系。因此，村社制与农奴制是相互依赖的，而中国的家户制恰恰与自由小农是相互依存的。

1949年后，特别是人民公社体制造成中国农村基层社会的重大断裂，其基本特点就是公社集体取代家户农民。"公社"而不是家户成为社会、经济和政治组织。它是国家基于对传统家户制改造的产物，在形式上类似于村社集体。公社主要是国家组织而成的，属于家户之间形成的横向组织，需要外部性力量巩固其权威和秩序。尽管在强大的国家力量面前，农民依从了这种横向组织，但并不具有对传统家户那样的认同基础。正因为如此，与人民公社相伴随的，是不断在农村进行的社会主义教育运动，以解决"一小二私"的家户意识之于"一大二公"的集体意识的抗拒。但即使如此，公社体制也不得不向家户治理传统妥协。1960年代初，在经历了严重的经济困难之后，中央制定农村工作60条，明确了公社治理机制为"三级所有，队为基础"，队是生产小队，即原有的家户紧密相连的自然村落。同时，仍然将家户作为政治责任单元，以家庭成分作为治理的重要依据。

1980年代初，家庭承包制经历数次崛起，最终突破公社体制。与之相伴的是农村治理体系的变化，即出现村民自治。与家庭承包一样，村民自治是向家户自治传统的复归，实际上是以家户为基础的自治。① 当然，这不是简单的复归。自治的事务是一家一户解决不了的村落公共社会事务，主要发生于传统的地域相近的自然村落。因此，1987年通过的《中华人民共和国村民委员会组织法（试行）》规定，以自然村为基础建立村民委员会。但是，取代公社组织建立的村民委员会，必须面对公社组织的历史制度遗产。因此，村民委员会最早都建立在原公社之下的生产大队基础上，是以生产大队为单位的。

村民委员会尽管在法律上属于村民群众自治组织，但事实上属于国家对公社体制后的农村社会的重组，具备国家行政管理的功能。村民委员会管辖地域属于"行政村"，而不是自然村。"行政村"的建立、规模和运行主要是国家组织行为，而不是农民的自组织行为。因此，实行村民自治以来，农村治理体系始终存在着两大内在的、难以克服的矛盾。一是大量的国家行政事务需要基层组织承担，村民委员会被行政化，连村民委员会的干部也被称为"村官"。官事"民"办，民事"官"办，官民难分，行政压制自治。二是村民参与管理社会公共事务的制度难以实施而被"悬空"。在实行村民自治过程中，确立了民主选举、民主决策、民主管理和民主监督制度，以发挥群众的参与作用。但这一制定很难从"墙上"落地，重要原因就是行政村的范围太大，村民直接参与成本太高，效果不好。政治参与建立在政治信任基础上。范围愈大，政治信任建立愈难。正因为如此，许多地方的村民自治仅仅限于三年一次的村干部选举，对日常事务的参与很少，村民自治制度被"悬空"。而村干部面对成千农户，也很难处理好村民事务。仅仅依靠村民委员会进行农村治理缺乏稳固的基础，国家治理难以"落地"和入户。

历史总是会在困境中自我寻找出路。面对村民自治制度的困境，一些地方开始探索自治单元的下沉。主要特点是将行政和自治分离，行政村主要从事政府委托的行政事务，同时发挥长期历史形成的自然村的自治功能；而自然村的自治基础又在于家户。首先以一家一户为政治责任单位，

---

① 尽管村民自治制度设计是以作为自然人的个体为单位的，强调一人一票，但村民自治的实际运作中，经常出现家庭成员，特别是户主代为家庭成员投票，且得到制度上允许，有的地方甚至推行"户代表制"。

提倡各家"看好自家门,管好自家人",形成基础性秩序。随后以家户为单位建立纯民间性的理事会,共同参与和共同管理村落共同事务。可以看出,无论是具备东方俄国村社制特点的公社治理,还是引入西方民主竞争要素的村民自治治理,都不可忽视和回避家户制在农村治理体系中的基础性作用。

从中国农村发展道路变迁可以看出,与同为东方世界的俄国、印度的村社制不同,家户制才是中国农村发展的基础性制度,属于可以能够不断再生和复制的本源型传统。尽管在历史进程中的表现不一样,但形式和内核相同。尽管一度中断,但总是会顽强地存在和再生。在现代化进程中,需要尊重家户传统,而不是蔑视;完全可以利用家户传统,而不是简单的"决裂"。相反,不考虑历史持续性的"现代",很可能是貌似现代,其实很传统;貌似进步,其实很落后。这是因为,"制度和文化的持续性曾经产生了体现为气势澎湃和坚守既定方针的惯性,而并非不动的惰性"。[①]"家户制"作为中国农村社会发展的本体,在中国农村发展中产生的是历史的惯性,而不是历史的惰性,完全可以"与古为新"。

(原文刊载于《中国社会科学》2013年第8期,原文题目《中国家户制传统与农村发展道路——以俄国、印度的村社传统为比较》)

---

[①] [美]费正清:《美国与中国》,张理京译,世界知识出版社2000年版,第75页。

# 第二章　历史制度底色下土地改革进程与成效

土地制度改革是现代化的重要起点，也在一定程度上规制了之后的现代化路径。如被称为"中国农村改革之父"的杜润生先生所说："土地改革：奠定今日农村基础。"① 世界大多数国家进入现代化门槛时都进行了政府主导下的土地改革，但其进程与成效却有所不同。学界对土地改革的具体政策、进程与成效进行了大量研究。本文则从历史制度主义的视角，将土地改革置于大历史和长时段的背景下，分析世界不同国家土地改革进程与成效的历史制度底色，以期回答为什么有的国家土地制度改革取得巨大成功，有的国家则不然，甚至经历巨大曲折，土地改革又为后来的农村发展带来了什么影响？

## 一　土地改革及农村社会组织制度

历史制度主义研究方法非常注重制度变迁进程中某些关节点的作用及其影响。现代化是由传统农业社会转变为现代工业社会的过程。传统农业社会是以土地为中心的社会，土地资源及其产权制度决定着传统社会的基本格局。在通往现代化的进程中，对传统社会土地制度的改革便成为进入现代社会的起点，也是关节点。愈是后发展国家，愈是如此。美国政治学家亨廷顿指出："在现代化政治中，农村扮演着关键性的'钟摆'角色。""得农村者得天下"。② 而在"处于现代化之中的国家中，土地改革都是政

---

① 杜润生：《杜润生：中国农村体制变革重大决策》，人民出版社2005年版，第17页。
② ［美］塞缪尔·P.亨廷顿：《变化社会中的政治秩序》，王冠华等译，上海世纪出版集团2008年版，第241页。

治上极为突出的问题。"① 因为,"没有哪一个社会集团会比拥有土地的农民更加保守,也没有哪一个社会集团会比田地甚少或者交纳过高田租的农民更为革命。因此在某种意义上说,一个处于现代化之中的国家的政府的稳定,端赖它在农村推行改革的能力。"②

  土地改革是对传统社会土地制度的改革,以将集中在少数人手中的土地,分配给无地和少地的人,实现土地占有的相对均衡。土地改革无疑是人的行为,是人对历史的创造或者改变行为。只是这种人的行为必须受到各种历史条件的制约。正如马克思所指出的:"人们自己创造自己的历史,但是他们并不是随心所欲地创造,并不是在他们自己选定的条件下创造,而是在直接碰到的、既定的、从过去承继下来的条件下创造。"③ 在已有的土地改革研究中,比较多的关注改革前的状况、改革的动因、改革的举措及其改革的后果等,缺乏对土地改革"直接碰到的、既定的、从过去承继下来的条件"的分析,包括力图创建"土地改革的政治"的亨廷顿也未能充分挖掘不同国家土地改革的历史条件,从而使土地改革的研究具有相当程度的历史局限性。而只有将土地改革置于大历史和长时段的时空中,寻找这一制度变迁的历史制度底色,我们才能深刻认识这一变迁的进程及其成效。

  历史制度底色是一个多因素构成的系统。人们可以从不同的角度探讨制度变迁中的影响要素。美国学者摩尔在其被称为20世纪三大世界社会科学名著之一的《民主与专制的社会起源》一书中,着重强调了历史制度中阶级因子的影响。在他看来,在两大文明形态起承转合的历史关节点上,分崩离析的传统社会所遗留下来的大量阶级因子,会对未来历史的造型发生强烈影响。④ 阶级因子无疑重要,但我们还需要重视的是,阶级因子所生长的社会组织制度也不可或缺,甚至更为重要。阶级因子或者可以因为制度变迁而消失,阶级因子生长其中的社会组织制度却未必。因此,在理解土地改革的历史制度底色中,社会组织制度是重要的变量因素。土

---

  ① [美]塞缪尔·P.亨廷顿:《变化社会中的政治秩序》,王冠华等译,上海世纪出版集团2008年版,第317页。
  ② 同上书,第311页。
  ③ 《马克思恩格斯选集》第1卷,人民出版社1995年版,第585页。
  ④ [美]巴林顿·摩尔:《民主和专制的社会起源》,华夏出版社1987年版,第2页。

地改革的核心无疑是土地，是土地与人的关系。但是，土地制度总是依托于一定的社会组织制度而存在的。社会组织制度将人们聚居在一起，形成基本的社会组织单位及其相应的制度。这种社会组织制度是长期历史形成的，并会对历史进程产生基础性影响，因此是理解土地制度改革的关键性变量因素。在世界历史上，家户制、村社制及其庄园制是典型的农村社会组织制度，它们对土地改革进程及其成效具有重要影响，构成土地改革的历史制度底色。

## 二 东亚土地改革及其家户制底色

1940—1950年代，东亚国家和地区先后进行了大规模的土地改革，并取得了显著的成效。"二战"结束后，在美国管制下，日本进行了大规模的土地改革。由政府将194万公顷地主的土地强制收购，以非常低廉的价格（有的地方仅相当于一双靴子或一袋烟钱），卖给420万户农民。日本首相吉田茂称之为"非共产主义世界进行得最彻底的土地改革"。自1949年开始，台湾地区分三个阶段进行土地改革，最终实现"耕者有其田"的目标。土地改革被称为台湾当局推行的最为成功的政策，并奠定了台湾经济起飞的基础。1950年代初，韩国先后两次土地改革，以多种方式将土地分配给农民。中国共产党在取得政权的同时便开展了土地改革，在不到三年时间内便在一个世界最大农业国家内实现了"耕者有其田"的目标，并对数千年的传统社会进行了彻底的改造。

东亚国家的土地改革在形式、方法上有诸多不同，甚至很大差异，但也有共同特点。一是改革的时间不长，均在3—5年内；二是无地和少地的农民获得了土地；三是农民积极性得以调动，经济得到发展，为工业化提供了基础性条件；四是政治格局得以稳定，农民纳入现代政治体系，由潜在的革命性力量变为现政府的积极支持力量。如杜润生对中国土改的评价："农民取得土地，党取得农民"。[①] "日本的土地改革使日本农民对社会主义的呼声无动于衷，并使他们成为保守党派最强大、最

---

① 杜润生：《杜润生：中国农村体制变革重大决策纪实》，人民出版社2005年版，第17页。

忠实的支持者。"① 韩国和台湾地区在二战后长期由一党执政，也与土地改革后得到农民稳定支持相关。② 因此，从总体上看，东亚国家和地区的土地改革是成功的，并对这些国家之后的现代化起到了积极推动作用。

那么，为什么东亚国家和地区的土地改革有很大差异，但都不约而同地获得了成功呢？这与这些国家和地区的历史制度底色有密切关系，换言之，土地改革的目标和政策顺应了社会的需求与历史提供的条件。

东亚国家和地区进行土地改革之前所碰到的、既定的、从过去承继下来的条件是什么呢？最基本的条件就是长期历史形成的农村家户制。家户制是由一家一户作为产权、生产经营、分配、消费、继承、生育、纳税等活动的基本单位而形成的社会微观制度。一家一户，农业为主，农业与手工业结合，自给自足，可以说是家户制作为一种生产方式和社会组织方式的基础性内容，并在长期历史上形成一种家户制度。无数农民是通过一个个独立的家户组织起来，形成一个农村社会的。在中国，"几千年来都是个体经济，一家一户就是一个生产单位"。③ 在日本，以家为中心组织社会的"家"制度源远流长，特别重视"家业"的兴盛与传承。④ 韩国和台湾地区的家及其扩展的家族制度也十分久远。

家户制社会的基本特点是"有效率无保障"。在家户制度下，一家一户为独立的血缘和利益单位。这种单位具有天然的内聚性和排他性，并会产生相互间的竞争。竞争带来效率的提高，促使人们为了生存和家族延续而团结一致，勤奋劳作。对中国农村改革有深刻认识的邓子恢认为："以血缘关系形成的家庭小群体，团结一致，利害与共，能够自觉地全心全意地对生产负责，以适应农业生产复杂、多变的情况，经过它们长期的努力，已经创造出一套优良的传统耕作方法和管理经验。由此使它们虽然经历了千百年的曲折，仍保留了它的生命力，使其成为整个农村经济肌体组成的细胞。"⑤ 这种以家庭为单位的生产经营方式与农业生产的特点是相

---

① ［美］塞缪尔·P. 亨廷顿：《变化社会中的政治秩序》，王冠华等译，上海世纪出版集团2008年版，第311页。
② 金喜成：《50年代韩国的土地改革》，《黑龙江民族丛刊》1995年第1期。
③ 《毛泽东选集》第3卷，人民出版社1995年版，第931页。
④ 参见马丽杰《从血缘看日本传统家制度》，《安徽职业技术学院学报》2011年第3期。
⑤ 引自徐勇《包产到户沉浮录》，珠海出版社1998年版，第8—11页。

吻合的。正因为如此，东亚国家和地区在家庭单位基础上精耕细作，创造了灿烂的农业文明。家户农业可以说是一种有效率的农业，家户农民可说是勤劳而有效率的农民。

然而，家户制又是一种缺乏保障的制度。家庭在历史传承中会发生分化和裂变。在家户制度下，家户之间的竞争提升了效率，但也会造成社会分化，一部分家庭获得和占有较多土地和财富，大多数家庭占有较少土地，有的甚至没有土地。缺少或者没有土地者不得不租佃较多土地拥有者的土地。由此形成土地产权方面的地主经济和租佃经济。这种经济导致农民生产生活极度缺乏保障，经常会出现破产。这也是东亚国家和地区，特别是最为典型的中国经常会因为民不聊生而激起农民反抗的重要原因。

但是，在家户制下，无论土地多少，有无土地，都是以家庭为独立进行生产经营的单位，并在长期历史上获得独立从事生产经营的能力。对于无地或者少地的农民来讲，他们最为缺乏的，也最为渴求的是拥有一块属于自己的土地，以其获得基本的生活保障。当他们通过土地改革以后，可以很快独立从事农业生产，并保持甚至进一步提升生产效率。这是东亚国家和地区土地改革获得成功的基本制度基础。如杜润生所评价的："我国土改改革，'发动群众重建基层'，使民主革命走出了'改朝换代'的旧模式，展现出'改天换地'的新格局，产权结构的公平性，深得农民拥护。"[1]

土地改革不仅仅是对土地的重新分配，更重要的是通过获得土地而获得发展。东亚国家和地区土地改革及其之后的发展路径和结果也存在差异。一是日本、韩国、中国台湾将土地改革与工业化、城镇化紧密联系起来。除原地主因为获得一定土地财产收益而走向工商业以外，获得了土地的农民也走向城市务工经商，从而实现以家庭为单位的农工结合，保证农民收入的不断增长。二是中国土地改革之后，农村通过集体化，形成人民公社体制，所有农村人口都牢牢限制在土地上，尽管为工业化提供了积累，但农民的收益未能得到相应增长，形成城乡二元结构，"土改所激发的生产者积极性并没有得到充分展现"。[2] 而这种差异也与对历史制度底

---

[1] 杜润生：《杜润生：中国农村体制变革重大决策纪实》，人民出版社2005年版，第23页。

[2] 同上。

色的认识偏差相关。

毛泽东指出:"在农民群众方面,几千年来都是个体经济,一家一户就是一个生产单位,这种分散的个体生产,就是封建统治的经济基础,而使农民自己陷于永远的穷苦。克服这种状况的唯一办法,就是逐步地集体化"。① 集体化不仅仅是土地产权归集体所有,且土地经营也实行集体统一经营。这一模式在相当程度上来自前苏联的集体农庄制,它为农民提供了基本保障,但限制了传统家户农民的人身自由和竞争性,农民的积极作用难以发挥出来,直到农村改革确立了家庭承包经营体制。以家庭为经营单位,农民不仅获得生产经营自主权,而且获得人身活动自由权,实行农工结合,城乡一体,将传统的家户制提升到一个新的历史高度。

## 三 俄国土地改革及其村社制底色

在世界土地改革进程中,俄国的土地改革经历了漫长而曲折的过程,其付出的代价也十分沉重。

相对西欧国家而言,俄国是后起的现代国家,相对发展中国家而言,俄国又是先行的现代国家。其现代化的起点也是土地改革。这一改革过程经历了四个阶段。第一阶段是以废除农奴制为标志的土地改革。1861年俄国废除农奴制,农民可以得到一块份地,但必须高价购买。此次改革的结果是造成了农村的社会分化,地主的土地基本没有变化,出现了少数富农,农民获得了人身自由及少量土地。第二阶段是以发展富农经济为主导的改革。1906年由总理大臣斯托雷平主导新的土地改革,让农民更容易取得土地,更自由地成立公社,目的是要建立一个新农阶级,发挥保守安定的力量。这之后,农地持续私有化,农民可以世袭农地,原本零星的土地变成大面积的农地,农业产出得以提升。第三阶段是以消灭地主阶级为导向的土地改革。1917年十月革命胜利后颁布了《土地法令》,法令规定立即废除地主土地所有制,全部土地收归国有,交给劳动农民使用。第四阶段是以消灭富农阶级为导向的改革。在1930年代进行的全盘农业集体

---

① 《毛泽东选集》第3卷,人民出版社1991年版,第931页。

化过程中，富农被逮捕、流放、圈禁，农民全部进入国家高度管制的集体农庄。

俄国的土地改革经历数十年时间，期间先后发生了1905年革命、1917年革命、1930年代农业集体化。土地改革的目的是获得稳定，但带来的却是愈益极端的革命；土地改革的目的是为了发展，但农业发展长期停滞，愈是激进的措施，其农业发展的消极后果愈益严重；土地改革本来是废除原有的农村村社制度，但最终形成的农村制度又与要废除的制度有诸多相似之处……历史好像给人们开了一个巨大的玩笑，形成所谓土地改革的"俄国悖论"。这其中的原因很多很多，但与俄国长期传承下来的历史制度底色——村社制及其相应的农奴制密切相关。

村社制的基本特点是"重公平轻效率"，是俄国具有本源传统的基础性制度。它源于人类原始社会，一直延续到20世纪。长期历史以来，俄国的农村社会成员是通过一个个村社组织起来的。农民村社是地域性的共同居住、血缘性的相互联系、自然资源和土地的共同所有、生产劳动的相互组合的基层组织。村社有以下主要特征：土地"公有"，并通过村社定期重分来保持社员之间的平均占有；国家税赋以村社为单位承担，村社通过贫欠富补达到平摊负担；实行劳动者之间的组合，村社鼓励共同耕作；村社通过社员会议共同管理，强调集体本位。[1] 与典型的中国家户制相比，村社制更加强调村社集体单位，村社具有比家庭更高、更神圣的地位，村社是村社成员的"大家"，其核心价值是"公平"，被称之为"俄国人精神"。随着村社制的发展，产生出农奴制。与西欧的庄园农奴制相比，俄国的农奴制是最为极端的。农民除了人身上必须依附于领主以外，还必须依附于生活其中的村社及其人格权威，并受到国家的严密监控。其劳动具有强制性，没有人身活动自由，更没有基本的个人权利。"农民的农奴化过程就是领地制度与村社制度牢固结合的过程。农民的农奴化本质是村社的农奴化。"[2] 当然，农奴毕竟也属于村社成员，能够得到些许村社和领主的保障，属于"无自由有保障"的形态。

---

[1] 金雁、卞悟：《农村公社、改革与革命——村社传统与俄国现代化之路》，中央编译出版社1996年版，第71—119页。

[2] 罗爱林：《试论村社制度对俄国社会的影响》，《俄罗斯中亚东欧研究》2008年第4期。

俄国的土地改革正是在村社制及其连带的农奴制基础上发生的。1961年废除了农奴制,农民获得了人身自由和份地。但与此伴随的是发生了社会分化和动乱。重要原因是违背了数千年来村社制的"公平正义"。一是农民获得的份地大量属于原村社公有的土地。村社公有的土地如何分配,政府并没有明确的目标和可操作的方案,由此导致村社土地的无序占有甚至抢夺,包括农村有权势的地主也参与了对村社土地的占有,造成土地分配的不均衡。二是农奴制废除后,出现了社会分化,尽管促进了农业生产,却违背了村社制平均占有财富的公平,被认为"分家不公",由此导致19世纪后半期俄国关于发展道路的大争论。斯托雷平依靠强力推行私有化导向的改革,由富农"长子"主导分家,加快土地私有化进程,经济成果显著。当时俄国的粮食产量超过了阿根廷、加拿大和美国粮食产量的总和,成为欧洲最大的粮食出口国。但是,斯托雷平的改革遭受了具有村社传统的部分弱势农民群体的强烈抵制。因为他们尽管获得了"自由",却失去"保障"。对于这些失去"保障"并长期为奴、受到村社制约束的农民来说,一旦解除限制,其随意性大大膨胀,导致在上层失控时农民对土地的抢夺,造成原有乡村秩序的破坏。土地改革不仅没有能够获得预期的长期政治稳定,反而带来的是农民对政府的离心离德和反叛。这种维护既得利益并争取最大利益的农村反叛,迫使1917年革命及其之后的农业集体化过程中政府采用极端措施,消灭地主和富农阶级,抑制社会分化,稳定农村秩序。只是这种稳定和秩序是以牺牲农业发展为代价的。集体化过程中形成的集体农庄,尽管被赋予新的意识形态色彩,但与数千年形成的村社制在形式上具有相同之处。一是土地同为公有,二是集体共同劳动,三是分配大体平均,四是国家直接控制,由此给农民提供基本的"保障",在新的时代里充分体现了"俄国人精神"。集体农庄制虽然满足了农民的"公平"和"保障"需求,却严重抑制了农业生产发展,前苏联的农业生产长期未能恢复到斯托雷平时代。为此,1990年代俄国推行土地私有化,但其进程异常艰难,其深刻的原因也在于村社制的历史制度底色的制约。列宁在社会变革中所感叹的"千百万人的习惯势力是最可怕的势力",正是对俄国土地改革受历史制度底色制约的深刻写照。

## 四 拉美与南非土地改革及其庄园制底色

拉丁美洲和南部非洲在世界上占有很大面积，也是一块"新大陆"。在这片土地上进行的土地改革，过程艰难曲折，不断反复，成果也很有限。

拉美与南非的土地改革伴随着民族解放运动进行。20世纪初，墨西哥开始实行大规模的土地改革，改革前后持续达50年之久。截至1970年，历届政府总共给230万户农民分配了约5800万公顷土地，并先后成立土地委员会、农业银行等机构，负责分配土地、向农民提供贷款等事宜。1947年9月，胡安·庇隆宣布阿根廷进入"战时紧急状态"，原因是"强制推行全国土地征缴运动"，史称"十月土改"，也被阿根廷人称作"庇隆新政"。至次年底，阿根廷境内超过93%的土地被政府强制收缴，其中41%被均分给贫农，其余国有化。在农民的不断斗争下，巴西直到20世纪90年代才启动大规模的土地改革。在南非，"白人侵占了所有的土地，而黑人却无处栖息"，非国大执政后十分重视土地改革，政府专门设立了土地改革部，将土地分配给黑人。

拉美与南非的土地改革尽管各有特色，但有共同特点：一是土地改革的时间漫长，有的长达数十年；二是许多国家原有的大土地集中制没有发生根本性的变化；三是土地改革进程的激进与缓慢相伴随，往往进两步退一步；四是技术改良多于制度变革；五是改革成效不甚显著，有的在改革之初还发生了经济倒退。造成以上结果的原因与各国的改革举措相关，更受到长期以来形成的大庄园制及其相应的农奴制这一历史制度底色所制约。

庄园制的基本特点是"强组织弱自由"。起源于西欧的庄园制以庄园为核心将农村社会成员组织起来，庄园是农村社会的核心单位。在庄园制下，庄园主（领主）不仅领有土地，而且领有人民，实行地方自治，组织性强。在庄园直接经营的土地上，由庄园主负责管理，农民直接参与庄园劳动；拥有份地的农民也与领主具有人身依附关系，成为领主的附属物。当然，领主也要为庄园成员提供一定程度保障，庄园农奴形态表现为"弱自由有保障"。

拉美与南非都属于西欧国家开拓的新的大陆。伴随殖民主义者的进入，原住民被驱赶，土地高度集中在外来的白人手中。白人进入新大陆之后，将原存在于欧洲的农村庄园制度移植过来，并将其推向极端化。一是占有大量土地，以种植庄园的方式进行生产经营，形成了大庄园制。如亨廷顿所说："拉丁美洲的情况是，数量相对很少的大庄园占据了大部分耕地，而大量的小农主则仅占有可耕地的一小部分。"[①] 二是占有大片土地的庄园主不可能依靠自己从事生产经营活动，必须依靠大量具有人身依随关系的农奴从事生产。在巴西，葡萄牙殖民者推行种植园奴隶制，在圣保罗还建立了"捕奴队"，专门捕捉印第安人，卖给种植园做奴隶。农奴没有基本的人身自由和权利，只有基本的生活保障，因为他们毕竟是庄园主的劳动工具。巴西长篇电视剧《女奴伊佐拉》深刻反映了庄园农奴制的生活状况。庄园制及其相应的农奴制可以说是拉美与南非的土地改革之前的历史制度底色，这一底色规制了拉美与南非的土地改革进程与成效。

拉美与南非的土地改革是在民族解放之后进行的。民族解放与人的解放是同步的。在民族解放运动中，拉美与南非都废除了农奴制与种族歧视制。其结果是大量农奴为了解除人身依附而纷纷逃离土地。如果说，东亚国家和地区的农民特别热爱和渴求土地的话，那么，农奴们对自己生活其中的土地则是一种厌恶，他们纷纷逃离土地，集中到城市，以获得人身自由，哪怕是贫民窟中的"自由"。正因为如此，世界上最著名的城市贫民窟主要集中于拉美与南非（印度的情况类似，与种姓制相关）。巴西全国1.8亿人，有2500万人居住在城市贫民窟，约占总人口的14%。贫民窟主要分布在大城市和部分中等城市。圣保罗的贫民窟人数200多万人，占总人数的10%以上。里约是贫民窟人数比例最高的城市，约有150万人，占城区总人口的四分之一。位于南非约翰内斯堡的索韦托被称为全球最大的贫民窟。由于大量人口进入城市，使得土地问题不是那么紧迫，执政者更为关注的是城市贫民及社会问题。因为土地改革的紧迫性与农民人口的比例具有相关性。如亨廷顿指出的："像阿根廷那样土地占有极不平均而且租佃率也很高的国家，由于其农业从业人员不到全部劳动大军的30%，

---

[①] [美] 塞缪尔·P. 亨廷顿：《变化社会中的政治秩序》，王冠华等译，上海世纪出版集团2008年版，第314页。

土地问题也就不那么重要。"①

与此同时，庄园制是以庄园为单位进行生产经营活动的，其内部有严密的分工和高度的组织，其成员缺乏独立完成全部生产经营的能力。土地改革以后，世代为奴的后代们获得了土地，但缺乏独立生产经营的能力和条件，以至造成生产的衰退。特别是市场经济条件下，小农的生产竞争能力本来就弱于大农场。获得了自由与土地的农民很容易失去原有的生活保障，在竞争中失败。如果只是一味地满足民众对原种植业主的反对，很容易造成整个农业经济的衰退，以至于不得放缓，甚至改变激进的土地改革措施。南非土地进程缓慢的重要原因之一是政府担心获得土地的黑人由于经营不善而重新沦为贫困人口，政府也会失去原来可以从白农场主那里获得的税收。自1994年实施了土地改革政策以后，全南非经过土地改革分配受到歧视迫害的黑人的土地中，有多达90%的农地处于未耕作或休耕状态。自2007年以后，南非已经成为粮食进口国。截至2009年下半年，作为粮食进口国的南非有1/5的家庭缺乏足够的粮食。

从世界看，土地改革是产权制度改革，核心是"分"，但不能简单地"一分了之"，其重要原因就是长期传承下来的历史制度原型并不是一夜之间的改革能够改变和改造的。历史传承下来的土地制度不仅是一种产权制度，同时也是一种经营制度，更是具有多种功能的社会组织制度。土地改革在改变不合理的土地产权制度时，必须高度重视传统经营制度是否仍然具有合理性，而不可简单地完全否定。在重新分配土地的同时，还得重视社会成员的重新组织和延续。在这方面，东亚国家和地区的成功经验可以提供借鉴。当然，其他国家和地区也受相应的历史制度底色所制约，难以照搬。

（原文刊载于《社会科学研究》2016年第4期）

---

① ［美］塞缪尔·P.亨廷顿：《变化社会中的政治秩序》，王冠华等译，上海世纪出版集团2008年版，第317页。

# 第三章　农村集体经营与家庭经营的根基与机理

　　20世纪下半叶，中国农村发生了两件具有长久历史意义的大事：一是50年代轰轰烈烈的农业集体化，即从土地改革发展到互助组、合作社，再到人民公社，最后到以社队为单位的集体统一经营。集体化改变了中国数千年一家一户生产经营方式，实行生产资料归集体所有，集体共同劳动，分配大体平均，即通常讲的集体经济时代。二是80年代迅速兴起的家庭承包经营，它直接造成人民公社体制的废除，使农村生产经营恢复为一家一户为单位的体制。从集体统一经营到个体家庭分户经营，这两件一脉相承又相互矛盾的大事所发生的原因，以及人们对它们的认识和评价，截至目前很不相同，甚至大相径庭，由此也影响到相关研究的进展。尽管近年来学界对这一问题的研究开始增多，但方法上又存在很大的局限。本文认为：作为一个研究问题，最重要的不是如何评价，而是拉开时空维度，探讨其发生原因和机理，并在此基础上建构地方性经验与全国性政策之间的合理张力，以加深对中国现行农村基本经营体制的认识。由此，本文将从区域社会的角度，对集体经营与家庭经营的根基与机理作出一种新的解释。

## 一　问题的追问及区域社会视角

　　农业集体统一经营和家庭分散经营为什么在中国发生？目前大致有两种代表性观点。

　　第一种观点认为这是领导人的主张。他们指出：为了克服农民贫苦的状况，必须实行集体化；为了建设社会主义，必须实行与传统个体生产经营所不同的集体统一经营。早在20世纪40年代,毛泽东就在《组织起来》一文中指出:"在农民群众方面,几千年来都是个体经济,一家一户就是一个生产单位,这种分散的个体生产,就是封建统治的经济基础,而使农民自己陷于永远的穷苦。克服这种状况的唯一办法,就是逐步地集体化"。① 而在50年代的农业集体化进程中出现"要求过急,工作过粗,改变过快,形式也过于简单划一,以致在长期间遗留了一些问题"② 之后,有人甚至将人民公社统一经营模式视之为"狂想"。家庭经营则被认为是少数地方官员推动,后被中央领导认可并在全国推广的产物。民间也一度流行"要吃粮,找紫阳;要吃米,找万里"③ 的说法。农村改革进行了20多年后,因为存在对农村改革的争议,有人甚至认为:以家庭经营为主要内容的农村改革只是少数"官老爷"的"阴谋"。

　　第二种观点认为这是对苏联模式的照搬和否定。苏联是第一个社会主义国家,率先实行农业集体化,并以集体农庄的方式进行经营管理。而中国数千年来都是一家一户的个体经济。在50年代推进农业集体化时,中国正值向苏联学习的时期,所以农业集体化实行集体组织统一经营,无疑带有模仿苏联模式的成分。当时,中国的农业生产合作社是以"共同劳动,计工计酬,集中经营"④ 为蓝图,而中共中央也认为只有"社会主义的集体农庄才是完全的社会主义"形式。⑤ 以此为逻辑,到80年代以后农村改革实行家庭经营,也正是对苏联模式的否定。

　　可以说,上述两种观点都有一定的根据,但并不能作出完全合理的解释。毫无疑问,集体经营和家庭经营都有领导人决策和推动的因素,也有向苏联学习的元素。但是,不可忽视的是,集体统一经营和个体家庭经营绝非少数领导人一时的头脑发热,甚至"狂想"和"阴谋"。事实是:在全国推进集体经营和家庭经营的决定出台前和推进过程中,各地都已存在

---

① 《毛泽东选集》第3卷,人民出版社1991年版,第931页。
② 中共中央文献研究室编:《三中全会以来重要文献选编》,人民出版社1982年版,第801页。
③ 赵紫阳于1975至1979年间担任中共四川省委书记,万里于1977至1979年间担任安徽省主要领导。他们在任职期间都积极支持以家庭为生产经营单位的农村改革。
④ 中华人民共和国国家农业委员会办公厅编:《农村集体化重要文件汇编》(上),中央党校出版社1981年版,第98页。
⑤ 《农村集体化重要文件汇编》(上),第98页。

大量的典型事例，而领导人也只是将它们拿来和提升后，又向全国推广而已。

因此，我们研究集体经营与家庭经营，不能只从领导人的想法和政策文件出发，而要首先从事实出发。而当我们从事实出发时，又会发现两个很有意思的事实逻辑。

一是集体经营起源于淮河以北的北方地区，由北向南推进。集体统一经营的典型主要集中在北方区域。例如，山西的张庄早在40年代后期土地改革刚结束时，就开始了集体互助。50年代农业集体化进程中的模范典型也大多产生于北方区域。例如，山东的厉家寨就被视为合作化的典范。人民公社则最早发源于河南和河北。在人民公社化的进程中，最早实现人民公社化的9个省，有8个在北方区域。① 到六七十年代，作为全国集体经营旗帜的大寨则位于山西。直到80年代后，北方还有一些村庄仍然在坚持集体统一经营。

二是家庭经营起源于淮河以南的南方地区，由南到北推进。50年代，因对过快集体化产生抵制，被毛泽东认为进行"生产力暴动"② 的地方是浙江。50年代中后期开始出现的包产到户责任制则主要发生在安徽、浙江、四川、湖北、广东等地。③ 60年代初的经济困难时期，受到批判的包产到户的发生地，主要位于安徽、广西、贵州、湖北、湖南、广东、四川等南方地区。70年代后期，以家庭为经营单位的改革首先发源于安徽、四川省等地。④ 邓小平就表示：农村改革"开始的时候，有两个省带头。一个是赵紫阳同志主持的四川省，那是我的家乡；一个是万里同志主持的安徽省"。⑤

早在集体化发生之初，作为集体经营雏形的互助合作组织就存在着南北差异：北方的数量大于南方。⑥ "按地区分别来看，组织起来的农户在

---

① 《当代中国农业合作化》编辑室：《建国以来农业合作化史料汇编》，中共党史出版社1992年版，第501页。下引该书只注书名和页码。
② 杜润生：《中国农村体制变革重大决策》，人民出版社2005年版，第46页。
③ 《建国以来农业合作化史料汇编》，第459页。
④ 徐勇：《包产到户沉浮录》，珠海出版社1998年版。
⑤ 中共中央文献研究室：《十二大以来重要文献选编》（下），人民出版社1988年版，第1443页。
⑥ 《建国以来农业合作化史料汇编》，第1356—1376页。

各大行政区占农户总数的比例是：东北区75%，华北区50%多，华东区50%左右，西北区45%，中南区30%，西南区40%。在各大行政区组织起来的农户中，参加常年互助组的户数比例是：东北区33%（加上三大季组即占70%），华北区33%，华东区35%强，西北区10%，中南区14%，西南区10%。"[1] 在集体化进程中，毛泽东也注意到党内有人提出过南北区域差异现象。但他只是将其视为一种不积极推进集体化的借口。[2] 而到80年代初，当家庭经营还未成为国家决策时，地方领导产生争议的代表性意见也分别来自北方和南方的领导。[3]

那么，我们要进一步追问，为什么集体化之后的集体经营始于北方且至今在北方仍有深远影响，而家庭经营始于南方且至今在南方仍根深蒂固？对于这一问题，现有的研究未能很好地给予回答，因此需要寻找新的研究视角。

截至目前，在对中国农村问题的研究中，主要有两种研究视角和学术传统：

一是整体国家的视角，即将全国整体作为研究对象，是一种宏大叙事式的宏观研究。这种研究的资料来源主要是档案文献，或者理论建构，其成果甚多。仅就农村研究看，代表性著作有费孝通的《乡土中国》等。这种研究将国家作为一个整体研究，具有高度的概括性，但也存在相当的局限。例如，《乡土中国》一书就主要是基于中国核心区域的研究，而许多次生区域或边缘区域的现象就被忽视。

二是个案社区的视角，即将某一个个案作为研究对象，是一种微小叙事式的微观研究。目前，这种研究日益增多。就农村研究看，可以费孝通的《江村经济》为代表。这种研究主要是基于实地调查，其优点是可以进行深入的挖掘。但其也有一定的限度：一是在社会多样化的条件下，一

---

[1] 《建国以来农业合作化史料汇编》，第177页。

[2] 毛泽东在1955年为《中国农村的社会主义高潮》一书中的《所谓落后乡村并非一切都落后》一文所写的"按语"中，明确提到当时党内有人提出"合作化北方可以快一些，南方无法快"。参见《建国以来农业合作化史料汇编》，第273页。

[3] 1980年9月，中共中央在胡耀邦主持下召开各省、市、自治区党委第一书记座谈会，着重讨论加强和完善农业生产责任制问题。在会上，"包产到户"激起了广泛的讨论。黑龙江省委第一书记杨易辰明确不赞成包产到户。而支持"包产到户"的贵州省委第一书记池必卿则表示：你走你的阳关道，我过我的独木桥。

个案例很难解释一类现象；二是因为选取的案例不同，一个地区可以得出完全不同，甚至自相矛盾的结论。近些年，有关农村集体经营与家庭经营孰优孰劣的争论分歧甚大且难以对话，原因就在于此。

因此，为了弥补现有研究的不足，我们需要借助其他学科在研究方法上的进展。近些年来，历史学界开始注意寻找新的研究视角，也就是区域性研究。其中，傅衣凌提出："由于生产方式、社会控制体系和思想文化的多元化，由于这种多元化又表现出明显的地域不平衡性和动态的变化趋势，中国传统社会产生了许多西欧社会发展模式所难以理解的现象。"[①]而杨念群则从方法论的角度提出了"中观"理论。由于区域社会研究进展较快，产生了不少区域性研究成果，它们开始被视为某种"学派"。其中，山西大学和南开大学对华北农村的研究就被视为一派，而基于对华南农村的研究也出现了所谓的"华南学派"等。

与中国学界的情况类似，国外对于中国问题的研究视角也经历了一个由整体到部分的变化过程。在早期，比较多的研究是国家整体研究，以美国学者费正清的《美国与中国》一书为代表。后来，随着美国学者柯文《在中国发现历史》一书的问世，区域社会研究开始迅速增多，其代表性著作有美国学者裴宜理（Elizabeth J. Perry）的《华北的叛乱者与革命者：1845—1945》、美国学者黄宗智的《长江三角洲的小农家庭与乡村发展》和《华北的小农经济与社会变迁》、美国学者濮德培（Peter C. Perdue）的《榨干土地：湖南的政府与农民，1500—1800》等。

现有的区域社会研究无疑大大弥补了原有学术传统的不足。但是，对于本文要研究的现象来说，它们仍然不够理想。其主要在于：相当多数的区域研究，只是对某一个地区的某一现象的研究，更多属于国家整体之下的地方性研究，如华南的宗族研究、华北的水利社会研究、湖南的土地、农民与政府研究，等等。因此，有学者甚至将区域史与地方史加以等同，认为"区域史，又称地方史"[②]。

在笔者看来，区域研究不能等同于地方研究，区域社会研究的价值不仅仅在于对某一个地方的现象的研究，更重要的是寻求造成区域性特性的

---

[①] 傅衣凌：《集前题记》，《明清社会经济史论文集》，人民出版社1982年版。
[②] 李玉：《中国近代区域史研究综述》，《贵州师范大学学报》2002年第6期。

构成要素，从而形成区别于其他区域的特质。因此，区域研究至少有两个基本特征：一是同质性，即同一区域具有大体相同的特质，正因为这一特质而造成该区域相类似的现象较多，具有区域普遍性。当然这种同质性并不是区域现象的绝对同一性，主要在于其规定的现象多于其他区域；二是异质性，即不同区域具有比较明显的差异性特征，正因为这一特质造成该区域同类现象不同于其他区域的同类现象。无论是同质性，还是异质性，都需要经过比较才能体现。而比较则需要有确定的标准。因此，区域研究与地方研究都属于国家整体的部分研究，但又有不同。地方研究可以不用比较，是某个地方就是某个地方，其研究限定于某个地方。而区域研究一定要发现该区域与其他区域所不同的特质，一定是在比较中才能发现其特质，且这种特质是内生的、内在的，而不只是外部性的现象。

## 二 集体经营与家庭经营的区域社会根基

中国的集体经营是在农业集体化过程中形成的，家庭经营又是对集体经营的替代产生的，这就使得中国农村经营体制及其变迁呈现出多层次和复杂性。

通常来讲，传统中国的个体经济是以生产资料私有制为基础，以一家一户为单位的生产方式。个体经济既表明生产资料为个体家庭所有，同时又表明生产经营以个体家庭为单位，家庭是产权单位、生产经营单位、生活单位、社会单位和政治单元的统合体。这也是传统中国农村的基本底色。[1] 从对农业集体化的最初认知看，它既包括对生产资料私有制的否定，也包括对以家庭为生产经营单位的否定，由此产生了所有权与经营权合二为一的集体经济。家庭经营则是在生产资料集体所有的基础上，实行以家庭为单位的生产经营方式。仅从生产经营单位看，当代的家庭经营与历史上的家庭经营没有什么差异。这就是说，在生产资料集体所有基础上，中国农村的生产经营方式经历了集体经营和家庭经营两个阶段。而这两个阶段在不同区域有不同表现。其根源就在于农业社会对自然条件依存

---

[1] 徐勇：《中国家户制传统与农村发展道路——以俄国、印度的村社传统为参照》，《中国社会科学》2013 年第 8 期。

度高，传统中国是一个在长期历史上形成的超大规模的农业国家，自然—社会—历史条件的区域性差别大。

在中国，最大的区域差异是北方与南方。中国地理分布的分界线之一是淮河，淮河以北为北方区域，淮河以南为南方区域。费正清曾描述道："凡是飞过大陆中国那一望无际的灰色云天、薄雾和晴空的任何一位旅客，都会显眼地看到两幅典型的画面，一幅是华北的画面，一幅是华南的画面。"① 在世界上，也很难找到有中国这样南北差异之大，并对经济社会政治产生巨大影响的国家。中国历史上就曾数度出现过南北分化、分裂、分治时期，如南朝、南宋。南北差异也给政治决策和走向带来影响，如开辟大运河，首都东移和北进，政治过程中的南巡和北伐等。这都表明中国北方和南方有着不同的自然—社会—历史土壤，会生长出不同的结果，由此也构成集体经营与家庭经营的区域社会根基。

农村社会是由一个个村庄所构成的。在中国，集体化也是以一个个村庄为单位进行的。因此，通常所说的集体指的是"村集体"。② 村庄是农村居民的聚落，体现着人与空间的关系。村庄首先就是一种空间形式，集体统一经营和家庭个体经营都是在村庄这一空间中发生的。法国学者列斐伏尔认为："社会生产关系仅就其空间中存在而言才具有社会存在；社会生产关系在生产空间的同时将自身投射到空间中，将自身铭刻进空间。否则，社会生产关系就仍然停留在'纯粹的'抽象中。"③ 因此，我们要理解集体经营与家庭经营，首先要将其放在村庄这一空间中考察，而中国南北区域差异就最为直接地体现在村庄这一微观空间社会中。

村庄在英文中是 village。有一句西方谚语说："Every village has its idiosyncrasy and its constitution"，就是说每一个村庄，都有自己的特性和脾气。在中国，农村村庄属于长期历史上形成的共同体，有着共同的特点。

---

① ［美］费正清：《美国与中国》，世界知识出版社1999年版，第4页。
② "集体"本来是与个人相对的概念，指多人构成的有组织的整体。集体的组织规模和范围有大有小。在农村社会，集体具有特定的涵义，是以村庄为单位由若干家户构成的组织整体。因此，村庄对于集体组织，村庄性质对于集体组织的生成与延续具有基础性的意义。
③ 转引自［英］德雷克·格利高里、约翰·厄里编《社会关系与空间结构》，谢礼圣、吕增奎等译，北京师范大学出版社2011年版，第95页。

首先，村庄都是建立在农业文明基础上的，以农业生产方式为基础。其次，村庄都是以家庭为核心单位和基础，往往以姓氏命名。其原因一是在于一家一户的农业生产方式，二是在于中国血缘关系的独立性和延续性。除了"中国性"以外，中国村庄的南北区域差异也很大，具有鲜明的"区域性"，即"村"和"庄"的名称指代、涵义、类型及其分布都有所不同。

在中国北方，村庄更多是以庄、寨、营、屯等命名。如前文所述的作为互助合作集体经营典型的山西张庄、大寨，山东的厉家寨（相邻的徐家寨、张家寨等），河南的七里营（该乡包括刘庄、余庄、杨庄、刘八庄、丁庄、马庄、大赵庄、大张庄、小张庄、曹庄、夏庄、陈庄、东王庄等43个村庄）。

在中国南方，村庄更多是以村落的自然性命名，如村、冲、湾、垸、岗、台等。如太平天国起义的发源地广西金田村，孙中山的出生地广东翠亨村，蒋介石的出生地浙江溪口，毛泽东的出生地湖南韶山冲，刘少奇出生地湖南炭子冲，邓小平的出生地四川石牌村，林彪的出生地湖北林家大湾，江泽民的出生地安徽江湾等。

名称是一个标识和指称。这种标识和指称并不是随心所欲的想象，而有其内在的涵义。庄、寨、营、屯等，更多的是一个人口居住相对集中的农村聚落，集居、群居，集聚度高，属于集聚型村庄，即"由许多乡村住宅集聚在一起而形成的大型村落或乡村集市。其规模相差极大，从数千人的大村到几十人的小村不等，但各农户须密集居住，且以道路交叉点、溪流、池塘或庙宇、祠堂等公共设施作为标志，形成聚落的中心；农家集中于有限的范围，耕地则分布于所有房舍的周围，每一农家的耕地分散在几个地点。"[①] 村、冲、湾、垸、岗等，更多的是人口居住相对分散的农村聚落，主要是散居，甚至独居，分散度高，属于散漫型村庄，即"每个农户的住宅零星分布，尽可能地靠近农户生计依赖的田地、山林或河流湖泊；彼此之间的距离因地而异，但并无明显的隶属关系或阶层差别，所

---

[①] 鲁西奇：《散村与集村：传统中国的乡村聚落形态及其演变》，《华中师范大学学报》（人文社会科学版）2013年第4期。

以聚落也就没有明显的中心。"① 鲁西奇针对传统中国的农村聚落问题提出:"从总体上看,北方地区的乡村聚落规模普遍较大,较大规模的集居村落占据主导地位";而在南方地区,"大抵一直是散村状态占据主导地位;南方地区的乡村聚落,虽然也有部分发展成为集村,但集村在全部村落中所占的比例一直比较低,而散村无论是数量、还是居住的人口总数,则一直占据压倒性多数。"②

中国南、北农村居民的集居或散居形态,是在长期历史过程中形成的,受到多种因素的制约,有其深刻的历史根源。

1. 原始起源。人类在初始年代,特别需要以群体组织的力量获得生存。尽管考古学证明中国的农业文明起源是多点而不是一点,但农业文明的起源和由点到面扩展开来,则是在北方的黄河流域。中国早期农村居民一般是"聚族而居",即一个家族(宗族)的众多人口同居一个村庄。当下,华南地区还大量保留着这种形态,即宗族型村庄。③ 但从这些村庄看,其渊源基本来自北方地区,居住其中的人被称为"客家人"。因此,北方的集居、群居的历史更为久远。

2. 经济基础。村庄作为人们的一种居住单位,必然有其功能。人们以集居或以散居方式居住,在于满足其需要。这种需要首先是经济,由此赋予村庄经济功能。

物质生产是人类的第一需要,也是人类存在的基本条件。而物质生产是以自然条件为前提的,愈是农业文明时代愈是如此。

中国南北方以淮河为线,并不是简单的位置居中,更主要的是气候的差异。淮河以南属于亚热带范围,最冷月平均气温不低于0℃,且雨季较长,年平均降水量为750—1300毫米;淮河以北则属暖温带范围,冬冷夏热,四季分明,日平均气温低于0℃的寒冷期普遍在30天以上,雨季较

---

① 鲁西奇:《散村与集村:传统中国的乡村聚落形态及其演变》,《华中师范大学学报》(人文社会科学版)2013年第4期。

② 同上。

③ 本来,华南也属于南方区域,但与大多数南方区域不同,华南一些地方存在着大量宗族型村庄。中国一些学者就此研究,并形成所谓"华南学派"。华中师范大学中国农村研究院为了深度发现中国农村社会的起源和特性,于2015年启动区域性村庄调查,第一步就是华南的宗族型村庄调查。

短，年降水量一般不超过 800 毫米。

尽管北方和南方分别有黄河、长江两条大河，但其气温、雨水及分布有着很大的差异，农业生产方式也不一样。北方主要是旱作物。特别是华北平原适合连片耕作，人口也可以相对集中。金其铭就考证指出：北方农村聚落多为大型聚落，密度稀，形状虽各异，但以团聚状占多数；特别是"华北地区的农村聚落一般很大，也可以说是全国农村聚落最大的地区。一般都是上百户和几百户的大村庄，有些村庄甚至超过一千户，村庄分布比较均匀，这与华北地区农业发达、开垦历史悠久有关。华北地区主要是旱作，作物受到的管理照料要比水稻少得多，也不必有水田地区那样许多笨重农具，因而在历史上形成农村时，耕地可以离村庄远一些，一般村与村之间，相距 1—2 公里，虽然比长城沿线和东北距离小些，但比南方长江流域，间距要大得多。在华北平原，尽管人口密度每平方公里达 500 人，但由于村庄规模大，因而每百平方公里拥有的村庄数仅 35—70 个，相当于长江流域每百平方公里 200—400 个村庄的 1/5—1/10"。[1] 费正清也指出："水稻是长江流域和南方各处中国人生活的支柱。"[2] 而种植水稻，难以连片耕作，只适宜随地形水情分散居住，大多表现为"因水而居"。

北方自然条件相对恶劣，普遍面临缺水问题，单个农户的生产生活能力弱，需要群体互助。在北方，我们经常看到的是：一定数量的人口，有若干口水井（或者其他水源），集聚在一定空间内而形成村庄。而南方自然条件较好，大多依靠自流灌溉，单个农户的生存能力较强。因此，在南方，存在大量的单家独户，他们甚至与世隔绝也可以生存下来。在南方，往往是一个家庭，一座房屋，一片田地，构成一个生活空间；另一个家庭，另一座房屋，另一片田地，又构成一个生活空间；而相互之间缺乏紧密的有机联系。因而，村庄只不过是一定数量家庭的聚合。

正是由于自然条件的不同，国家的经济重心逐步发生了由西向东、由南向北的转移。因此，"南粮北运"也有着悠久的历史。

3. 国家统治。村庄是国家的构成单位。在农业文明时代，国家主要

---

[1] 金其铭：《中国农村聚落地理》，江苏科学技术出版社 1989 年版，第 183 页。
[2] ［美］费正清：《美国与中国》，张理京译，世界知识出版社 2000 年版，第 12 页。

是一个个村庄构成的，村庄是国家组织的微观基础，国家统治格局影响着村庄的特性，并赋予村庄政治功能。

从目前的证据来看，中国文明发源于北方黄河流域。尽管经济重心日益向南转移，但国家统治中心长期在北方。其重要原因是，在北方黄河流域的更北方有游牧民族。这一民族会经常性地侵扰中原地带。而为了免受北方游牧民族的侵扰，国家的军事和政治重心长期位于北方。在中国，作为马克思所说过的亚细亚生产方式，其重要特征是国家不仅占有全部领土，而且占有相当部分用于直接耕作的土地，属于典型的权力支配财富。皇帝及其家族既是国家的最高统治者，更是全国最大的地主。同时，地方的豪强也会利用权力和势力占有大量土地。因此，中国的土地所有权的集中化程度高。当然，这种集中化在不同区域的表现形式不一样。由于统治重心在北方，由统治权产生的土地所有权集中度主要在北方。皇族、豪强占有大片土地不可能由他们自己耕种，只能雇佣他人耕种，由此形成一个个便于集中管理的村庄。在北方，尤其是河北、河南、山东，农村聚落大多以"庄"命名，就在于它们属于皇族或豪强大户的占有地。在这些地方，农村社会的国家自上而下的行政管理特点突出，"行政村"的历史久远，如秦汉时期就开启的乡遂里制。鲁西奇也认为："自战国秦汉以来，乡村控制制度的设计，基本上是以集中居住的集村为基础上。"[①]

由于地域辽阔、统治手段有限和中央集权统治体制，传统中国政府的直接管辖能力由中心到边缘出现递减。换言之，距离国家统治中心愈远，国家统治愈是"鞭长莫及"。因此，相对于北方，国家统治在南方较为薄弱，运用国家权力占有大片土地的现象在南方也较少。由于南方土地所有权的集中化程度远远低于北方，农村聚落很少用"庄"命名。同时，国家行政管理的历史短且更为松散，农村社会自治程度高。因此，南方的农村更多是"自然村"，即在漫长历史中自然形成的农村聚落，具有较少行政建制的特性，其分散性和离散度较高。

4. 战乱迁徙。农业社会以土地为生，而土地是不能移动的，因此农民具有安土重迁的特性。但对于人类的生存发展而言，安全总是第一位

---

[①] 鲁西奇：《散村与集村：传统中国的乡村聚落形态及其演变》，《华中师范大学学报》（人文社会科学版）2013 年第 4 期。

的。在中国，各类战争与动乱一直伴随着国家发展，农村社会成员不得不通过迁徙他地，或者群居来保卫自己，从而使村庄具有相当程度的保卫功能。而这些村庄一定是以群居、集居为条件的。

中国政权中心在北方，且北方战乱多于南方。据统计，从公元前221年到1840年，以战役为基本单位，中国历史上共发生战役840例。以秦岭—淮河一线划分南北，则北方为644例，占总数的77%，南方为196例，占总数的23%。[①] 大量的战争和抢劫，也使得北方民众有居险群居的需要。例如，河南七里营之名就来源于宋朝将领萧寅宗在此安营扎寨，距小冀七里，且"小冀到新乡，一溜十八营"。再如，山东厉家寨是明朝洪武年间，厉家祖先因为战乱及其引起的灾荒而逃至山东的大山中，据险而居所形成。除了"营""寨"外，还有许多村庄是通过长期屯兵和兵农合一形成的，因此被命名为"屯、卫"。另外，由于北方的豪强地主多，其构筑的庄园具有很强的群居保卫功能。例如，《水浒传》中描述的祝家庄，仅粮食就值100万贯（约合今天的5000万元人民币），价值相当于晁盖等人所劫生辰纲的10倍。

与北方类似，位于华南的一些宗族型村庄也具有保卫功能，其原因一是其始祖来自于北方，对于战乱和以族自卫有着深刻的体认，二是其属于由北方迁徙而来的"客家"，要在他乡生存繁衍，必须群居自保。但是，华南的宗族型村庄数量不多，主要原因是社会环境相对安全。

集聚和散居不仅仅是一种居住形态的差异，同时也孕育着人与人之间的结合关系及其意识形态，从而建构起"村庄性"。鲁西奇就认为："采用怎样的居住方式，是集中居住（形成大村）还是分散居住（形成散村或独立农舍），对于乡村居民来说，至关重要，它不仅关系到他们从事农业生产的方式（来往田地、山林或湖泊间的距离，运送肥料、种子与收获物的方式等），还关系到乡村社会的社会关系与组织方式，甚至关系到他们对待官府（国家）、社会的态度与应对方式。"[②] 而在法国学者阿·德芒戎看来：每一居住形式，都为社会生活提供一个不同的背景；村庄就是

---

[①] 宋传银：《秦至清代湖北人口迁移特征析论》，《武汉大学学报》（人文社会科学版）2013年第5期。

[②] 鲁西奇：《散村与集村：传统中国的乡村聚落形态及其演变》，《华中师范大学学报》（人文社会科学版）2013年第4期。

靠近、接触，使思想感情一致；散居状态下，"一切都谈的是分离，一切都标志着分开住"。因此，也就产生了法国学者维达尔·德·拉·布拉什所精辟指出的村民和散居农民的差异："在聚居的教堂钟楼周围的农村人口中，发展成一种特有的生活，即具有古老法国的力量和组织的村庄生活。虽然村庄的天地很局限，从外面进来的声音很微弱，它却组成一个能接受普遍影响的小小社会。它的人口不是分散成分子，而是结合成一个核心；而且这种初步的组织就足以把握住它"。[1] 因此，散居和聚居存在着精神状态和心理状态上的深刻差异。这种差异也具有南北区域的特点。

第一，北方集居村庄因为人与人之间的空间距离小、与土地的空间距离大，更加注重人与人之间的关系。南方散居村庄因为人与地之间的空间距离小，与人的空间距离大，更加注意人与地的关系。正如德芒戎所指出："在（集居）村庄的景观中，房屋群聚在一起，这多少有点加强了耕地上的孤寂感；村庄与其土地是截然分开的。在散居的景观中，房屋不远离耕地，房屋相互间的吸引力，远小于房屋和田地间的吸引力。农庄及其经营建筑物都建在田地附近，而且每块耕地的四周，常有围墙、篱笆或沟渠。甚至那些被称作小村（hameau, Weiler, hamlet）的小房屋群，似乎也应当一般地看作散居的形式，因为它们几乎总是意味着房屋和田地是靠近的"；从农业生产的角度来看，"位于田地中央的孤立居住的形式，是一种很优越的居住方法，它给农民以自由，它使他靠近田地，它使他免除集体的束缚。"[2]

第二，北方集居村庄注重人与人之间的关系，其整体性强，强调村庄的同一性和一致性。在北方村庄，居民基本都从事农业生产，居住的房屋形态大体一致，区别在于其大小。南方散居村庄则充分考虑自然地理因素，农村居民分工分业，差异性明显，村庄随山水而形成，民居也各不相同。

第三，北方集居村庄的组织性和集体行动能力强，各农户的生产条件和能力大体相同，社会结构缺乏分化，更多的是平均式的平等。为防止外部力量的侵入或者改善自我生存条件，居民比较容易组织并形成集体行动

---

[1]　[法] 阿·德芒戎：《人文地理学问题》，葛以德译，商务印书馆1993年版，第192页。
[2]　同上书，第146、169页。

能力，村庄集体本位意识强。就是要饭，也要"抱团"。村庄与农户的社会联结较紧，甚至离开村庄，农户便缺乏生存发展的条件。南方村庄各农户的生产条件和能力则明显不同，社会结构有所分化。村庄各家户的自我生存能力强，不太依靠集体，家户个体本位意识强。村庄与农户的社会联结较弱。

第四，北方村庄集中居住，行政村与自然村往往合为一体，对外有较清晰的边界，对内有较强的内聚力。正如鲁西奇所指出："集聚村落的居民之间的交流相对频繁，关系相对紧密，从而可能形成相对严密的社会组织结构"；在集村地区，地域社会关系网络的重要单位是"村"。① 而南方村庄顺应自然地形，居住分散，行政村与自然村二分分立，对外的边界模糊，内部的内聚力较弱。正如金其铭所指出："这种散村，就是一个行政村的房屋沿着路或河，按一定走向三三两两散布展开在一定地域范围内，它们的住宅彼此互不连接，与其说它是一个村，不如说它是分散住宅的组合。这些住宅既保持一定距离又不过远，以致从外表上看来，很难确定某一户的住宅是属于哪一个村的。"② 而鲁西奇也认为："分散居住的区域，各农户之间的来往、交流与互相依靠均相对少一些，彼此之间相对疏远，其社会联结方式与社会组织结构则要复杂得多；官府控制散居村落的难度较大"；因此，"在散村地区，由于村落规模太小，'村'很难成为'农村基层社会组织'，亦即不可能作为一个地域性社会集团而存在"。③

第五，北方集村的集体人格权威强，为了维系组织性和整体性，管理公共事务，村庄集体一般都有一个权威性人格担任领导，如庄主、寨主。而南方散村的差异性大，公共事务不多，缺乏权威性人格。即使有，也不具有庄主、寨主那样的地位。

第六，北方村庄为了维护村庄的同一性，集体可以干预个体，并有惩罚机制。南方村庄则更多依靠村民自我认同的亲情和习俗这一"软实力"形成村落认同。

---

① 鲁西奇：《散村与集村：传统中国的乡村聚落形态及其演变》，《华中师范大学学报》（人文社会科学版）2013 年第 4 期。
② 金其铭：《中国农村聚落地理》，第 183 页。
③ 鲁西奇：《散村与集村：传统中国的乡村聚落形态及其演变》，《华中师范大学学报》（人文社会科学版）2013 年第 4 期。

总体上看，北方村庄具有集体社会的特性，村庄社会成员集中居住，能够集合力量满足共同需要，通过集体人格权威集中权力，集合共同意志处理共同事务，其集体性强；而南方村庄具有个体社会的特性，村庄社会成员分散居住，主要以个体家户的力量满足自我需要，家户间的联系相对松散，缺乏与生俱来的共同需要和集体意志，其个体性强。南北区域集居与散居两种村庄形态，也为以"村集体"为单位的统一经营和以家庭为单位的分户经营提供了村庄基础。

## 三 集体化与个体化的区域社会机理

中国有句俗语："一方水土养一方人"。在前面，我们从南北方村庄的名称已经追溯到其生成的根源和基因，即"水土"。那么，南北方的"水土"对于集体经营与家庭经营的行动又有什么影响呢？

前面已经说明，中国集体经营与家庭经营不是凭空而来，而有其内在的根据，即有孕育集体经营与家庭经营的社会土壤。它不仅包括物质条件，也有人的主观意识。在集体化进程之初，主政者已意识到这一现象，并以诸如"倾向""积极性"等词语加以表达。农业合作化起步之初，中共就敏锐地注意到，农民在土地改革基础上发扬的积极性表现在两个方面：一是个体经济的积极性，二是劳动互助的积极性。[①] 后来，毛泽东分别使用了"半社会主义积极性"和"社会主义积极性"来形容农民的集体积极性。同时，中共文件将包产到户等个体家庭劳动视之为资本主义的"自发倾向"。这就意味着，集体经营与家庭经营不仅仅有内在的条件，同时也是内在条件与在此条件下生长出来的人的意识和行动交互的结果。只是这种行为和结果具有鲜明的区域社会差异。这种差异主要体现在以下三个方面：

### （一）村庄的区域性

无论是农村集体经营，还是家庭经营，都是人在一定村庄内进行的。村庄的特性会塑造人的行为特性，并对经营体制能持续产生基础性影响。

---

[①] 杜润生：《中国农村体制变革重大决策》，第25页。

由于南北村庄的差异导致集体经营与家庭经营的发生及其不同结果。

其一，合作意识和集体行动。集体意味着众多社会成员的合作和共同行动。社会成员是否合作并产生集体行动，则取决于其条件。

农业生产对自然条件和生产资料要求较高。在中国，由于农业生产的特征，农民之间的互助早就存在，甚至与生俱来。这种现象在自然条件恶劣的北方地区表现尤其突出，如"伙种"①"搭套"②"搭工""搭种"和"搭庄稼"③等。但在土地改革以后，互助合作面临着一个全新的环境，这就是过去无地和少地的农民虽然获得了土地，却因自然条件恶劣和缺乏生产工具，农业生产和再生产面临困难。

在北方，由于许多地区的自然条件十分恶劣，只有"组织起来"，通过互助合作才能发展农业生产，所以率先进行土地改革。例如，山西平顺县西沟村在1946年就进行了土地改革。但该村生产条件恶劣，是一个"光山秃岭乱石沟，庄稼十年九不收"的穷山沟。于是，在李顺达的带领下，该村成立了全国最早的互助组和合作社，以集体的力量共同发展生产。再如，在50年代的集体化进程中，河北遵化县有一个名为"穷棒子"的合作社，其生产条件特别差，后来也是通过互助合作的方式改变面貌。毛泽东在《中国农村的社会主义高潮》一文的按语中说："遵化县的合作化运动中，有一个王国藩合作社，二十三户贫农只有三条驴腿，被人称为'穷棒子社'。他们用自己的努力，在三年时间内，从'山上取来'了大批的生产资料，使得有些参观的人感动得下泪。我看这就是我们整个国家的形象"。④又如，山西大寨村是太行山区一个山村，自然条件恶劣，号称"七沟八梁一面坡"。该村依靠集体的力量改造自然，创造了著名的"大寨田"。由上可见，正是恶劣的自然条件造成人与人之间的互相依赖，共同行动，为后来的集体统一经营提供了基础。

---

① "伙种"指若干人合伙耕种土地，主要分布于陕西、山西、河北、河南，安徽北部等地。参见郭松义：《清代农村"伙种"关系初探》，《中国社会经济史研究》1989年第2期。

② "搭套"指华北农民在农业生产共同使用役畜的互助合作形式。

③ "搭工""搭种"和"搭庄稼"指若干家有亲戚关系的农户，将人力、畜力及农具进行合作，以完成农业生产。史敬棠等编：《中国农业合作化运动史料》上册，生活·读书·新知三联书店1957年版，第11—12页。

④《建国以来农业合作化史料汇编》，第271页。

南方的情况则不一样。长期以来，农民都是以一家一户为单位进行生产活动，虽然有互助，但主要发生于生产过程以外，更多的是生活交往的需要，而且这种交往更多的是一种利益的互换。南方农村也有过生产互助活动，但更多的是"换工"，是一种期待对等回报的互助。例如，"福建省的互助组就部分利用了传统的'换工'形式"。① 但是，交换一旦得不到相应的回报，"合伙"很容易"散伙"。而且，农民对"合伙"有一种天然的怀疑和抵触。② 同时，与北方农村的长年互助不同，南方农村更多的是临时性互助，如农忙时因人手不济的"帮忙"。这也是南方许多村庄只是单家独户聚合而难以持续联合的重要原因。土地改革以后，农民分得土地，基本可以运用原有的生产工具独立生产和再生产，对于生产互助合作缺乏紧迫性，这也为后来实行分户经营提供了前提。③

其二，生产资料的所有性。集体和个体存在和延续都是建立在生产资料所有属性基础上的。集体经营起源于农民的劳动互助合作，并由此发展到生产资料从个体所有转变为劳动农民集体所有，并延伸到集体统一经营。这一进程和结果在南北区域有所不同。

在北方，长期以来由于大量土地为国有，且经常发生战乱，土地变动不居，"田无常主"，将土地私有并固化到家户的意识不强。即使是有土地，单个农户也难以完成全部生产。因此，土地改革以后，随着生产互助和劳动合作的推进，土地实行合作，进而推进土地等生产资料集体所有，便成为顺理成章之事。例如，河南省七里营将集体生产组织命名为"人民公社"就有其历史根基，是其生产资料不断集中和生产组织不断扩大的结果。

在南方，村庄成员中的自耕农占有很大比例，土地个体家户所有制的历史长，个体家户希望通过购置田产发家致富的意识强，而集体化恰恰会妨碍个体产权及其梦想的实现。集体化进程在南方造成"生产力暴动"的原因就是农民认为"生产力"在集体化后将不再属于自己。尽管后来实行生产资料集体所有，但村民对集体缺乏认同，甚至以各种方式抵制集

---

① 王士花：《论建国初期的农村互助组》，《历史研究》2014年第3期。
② 同上。
③ 刘金海：《互助：中国农民合作的类型及历史传统》，《社会主义研究》2009年第4期。

体，也使得集体经营缺乏所有权的支撑。

其三，生产经营和劳动的统一性。集体与个体既有所有权的意义，更有生产经营和劳动的意义。集体化除了将生产资料归属集体所有外，在生产经营和劳动方式上也实行集体制，而在这方面，南北方区域的进程及结果差别最为突出。

集体劳动意味着一定数量，特别是不同家庭的人共同劳动。这种共同劳动对劳动的整体性和集体管理成本要求高。在北方村庄，人们长期面对共同的生产条件，集居方式造成人们相互间的紧密联系，活动的整体性强。特别是历史上的兵营式和行政村底色，造就了人们的共同活动习惯，由个体家户劳动过渡到集体统一共同劳动是一个自然过程。与此同时，北方大多为旱地，且一年至多两熟，生产环节相对简单，集体劳动统一管理也较为容易。

在南方村庄，家户习惯于个体劳动，而不习惯于集体共同劳动，且认为集体劳动会限制个体劳动的自由，因此缺乏积极性。作为个体家庭经营形式的包产到户之所以多次起落，就在于集体劳动中的出工不出力。而家庭承包经营和劳动的最大好处是村民获得了自由。与此同时，南方大多为小块水田，且为两熟，甚至三熟，农业生产时间长，环节多且细，集体劳动管理困难。作为集体化进程中个体劳动先声的浙江省温州永嘉，最初并不是包产到户，而是学习苏联集体农庄的管理方法。只是这一管理方法也不适宜于精细化、复杂化的水田生产。而包产到户的家庭经营则无须解决复杂的农业生产经营管理问题。[①]

其四，收益分配的均等性。集体经营与家庭经营作为不同的生产经营单位，必然带来不同的收益结果。中共在土地改革后迅速启动集体化和阻止包产到户兴起的重要原因之一，就是担心收益分配出现差距，甚至发生两极分化。但是，这一意图在南北区域的反映有所不同。

北方村庄作为一种集体社会，社会分化程度不高，其整体性和同一性强。如果出现差异及私心，集体社会就会瓦解，个体也失去生存发展的根基。因此，在北方村庄，财富收益的平均分配比较容易接受。大寨之所以成为人民公社的样板，重要原因之一就是著名的工分分配制——"大寨

---

① 徐勇：《包产到户沉浮录》，第30—32页。

分"。其依据主要是集体觉悟，是为集体作的贡献而不是个人的回报。依靠工业富裕起来的村庄，也倾向于普遍的福利分配，如河南刘庄长期沿袭村庄集体统一建房的分配方式，河南南街村甚至主要实行实物的平均分配。

南方村庄是个体社会。个体家户自我生产、自我分配。不同家户有差异性，有一定的社会分化，甚至天然地产生分化分裂的因子。这恰恰是家户小农经济的生产经营动力和农业生产持续进行的条件。进入集体经济时代后，平均分配使村民的劳动缺乏自我经济预期，因此出现集体性"偷懒"这一被人称为"反行为"的行为。

其五，权威与认同。任何组织的生成和持续运行，都需要相应的权威及认同。组织规模愈大，对权威与认同的要求愈高。

在北方集村，整体性同一性强，集体意识和集体行动能力强，在相当程度取决于有一个集体人格权威。为了满足共同需要，实现共同发展，集体中会产生能够体现集体意志的人格权威。同时，集体成员也愿意将自己的命运与期望托付给这一集体人格权威，从而形成对集体人格权威的自我认同。换言之，村庄集体人格权威就是全村人的"大家长"，或者"庄主""寨主"。北方集体化的村庄典型，几乎都有一个权威能量特别大，甚至说一不二的"大家长"（班长），并能够通过多种方式造成集体成员的服从。

如果说北方村庄是村集体为基础，造就的是村集体的"大家长制"，那么，南方村庄长期历史上实行一家一户为单位，造就的是家户"小家长制"。这种"小家长制"难以造就村庄集体人格权威，即使有社队干部，也容易因为小家意识而缺乏集体人格权威那种道德感和感召力，自然也缺乏集体成员的高度认同和自觉服从。

其六，体制与机制。组织的持续运行需要相应的体制与机制加以保障。家庭是人们与生俱来的原生组织，并长期形成一套人们习以为常的制度。集体统一经营组织是次生形态的组织，具有建构性，更需要相应的体制与机制加以维系。

在中国，经历集体化产生的集体统一经营组织具有"政社合一"的特点，并实行军事化管理，行政力量的他组织性强。这一体制对于长期以来实行"行政村与自然村合一"的北方集村来说，比较容易接受。例如，河南刘庄从集体化一直到如今仍然实行以村庄（人民公社为生产大队）为单位的集体统一经营，从未发生变化，就与其历史制度底色相关。而对于南方散村来说，行政村与自然村相对分离，且以自然村为基础，实行"政社合一"的体制就比较困难。60 年代初，在经历了以大队，甚至以公社为生产经营核算单位的体制以后，人民公社体制作出重大调整，后来确定为"三级所有，队为基础"。毛泽东还特别指出：生产队是指生产小队，而不是生产大队。[①] 这背后的原因实际上就是考虑到村社体制的有限性，将生产经营单位下沉到生产小队（南方表现为自然村），使其离家庭经营更近一些。

**（二）地方领导的区域性**

中国的集体经营与家庭经营体制都是一个由点到面的扩展过程。其路径是先有少数村庄典型，再扩展到地方，再由地方扩展到全国。村庄是基础，而要让村庄典型成为地方样板，且在地方推广，则与地方领导的行为相关。

中国长久以来实行的是中央集权制，地方官员主要是中央决策的执行者。但即使如此，地方领导在执行中央决定时，也有相当的自主空间。这首先在于国家规模大，中央决策不可能特别详尽，更多情况下表现为原则和精神，地方在将中央原则、精神转换为领导行为时，就出现一定的自主空间。其次在于，中央决策本身也会存在差异，甚至不断变化，由此为地方领导决策提供了想象的空间。更重要的是，地方领导是一方的主政者。一方水土不仅养育了一方民众，也会影响到一方领导。地方领导要有效地治理地方，必须"接地气"，从地方实际出发，由此也为领导行为提供了行动空间。由于区域社会差异，在南北方的集体经营与家庭经营进程中，不仅村庄特性提供了不同的微观基础，地方领导也会有不同选择。

在中央集权制国家，中央机构所在地的政治影响力较大。特别是在交通信息不发达的时代，国家的统治影响力具有很大的区域差异性。愈是距离中央近的地方，受中央决策的影响愈强。换言之，在靠近中央的地方，领导的政治敏锐度愈高。中共取得政权的路径是由地方到中央，在还未获

---

① 《毛泽东文集》第 8 卷，人民出版社 1999 年版，第 284 页。

得全国性政权前就在一部分地区先获得政权，并推行自己的主张。这部分地区被称为"老区"。老区地方领导接受中央精神快，对中央精神跟得紧。而老区主要分布在北方区域，如山西、河北、山东、河南等地。与此同时，正是这些地方的村庄集体社会底色特别深厚，并自生出集体互助合作的因素和雏形，遂被称为"社会主义积极性"。因此，当集体化启动时，一些更"接地气"的基层干部率先挖掘集体互助合作的村庄经验，并加以概括。这些个别经验又很快得到地方领导的高度重视，将其宣传扩展成为地方实践，集体化由此从点向面扩展。互助组和合作社率先在山西由点向面扩展，人民公社率先在河南、河北由点向面扩展，都与地方领导扮演的积极角色相关。事实上，早在集体化初期，随着生产条件的改善，山西等地就出现了互助难以为继的现象。山西省委在向上级提交的《把老区互助组织提高一步》报告中，就表示："老区互助组的发展，已经达到了一个转折点，使得互助组必须提高，否则就要后退，必须在互助组内部，扶植与增强新的因素，以逐步战胜自发势力，积极稳健地提高农业生产互助组，引导它走向更高级一些的形式，以彻底扭转涣散形势。"[①] 而为了加强互助合作组织，巩固集体统一经营，一些地方的干部甚至采取"强迫命令"。[②] 从互助组到合作社，中央数度批评地方的"急躁盲目"和"强迫命令"倾向，这些倾向就主要发生在北方，特别是老区。[③]

与之相比，南方距离北方的首都较远，有的地方甚至长期是"皇权"鞭长莫及之处，中央决策的影响力相对较弱，地方领导的政治敏锐度相对较低，受当地社会的民情影响更大。与此同时，相对于北方的"老区"而言，南方属于后解放的"新区"。主政新区的大量地方领导是从老区输入的，但他们进入新区后，也不得不考虑新区的特点。丁龙嘉指出：南下干部"从经济、文化相对落后的江北地区来到经济、文化相对发达的长江流域和珠江流域地区"，"如何面对新的情况以及如何运用老解放区的经验，对于这个群体的每一位成员都是一场严峻的考验"。[④] 土地改革时，

---

① 《建国以来农业合作化史料汇编》，第43页。
② 同上书，第35页。
③ 同上书，第89、201页。
④ 丁龙嘉：《论"南下"与"南下干部"研究中的若干问题及当代价值》，《中共党史研究》2016年第1期。

中央批评广东的"地方主义"问题①，而当时的主政者主要出自本省，后来则委派来自北方的领导主政。即使如此，南方地方领导在贯彻中央决策的精神时，还是得依据当地的自然和人文条件，因此往往会在中央精神与地方实际之间发生摇摆。例如，新主政广东的陶铸就在《新区农业合作化的大发展和保证质量问题》一文中谈道：当地干部"对于依靠小农经济吃饭还很有'兴趣'"。②特别是更为"接地气"的基层干部对地方性因素考虑得更多。集体化在南方困难重重，而家庭经营不断在南方冒出，便与此相关。在合作化推行之初，浙江发生了毛泽东所称的"生产力暴动"。随后，永嘉县的基层干部开始探索集体统一经营中的责任制，不仅得到县委领导的支持，得以在全县扩展，而且得到省委领导的认可，直到中央高层叫停。当时，永嘉县委副书记李云河就专门发表《"专管制"和"包产到户"是解决社内主要矛盾的好办法》一文，提出："农民在个体经营时期所表现的这种'主动性''细致性'也应该视为中国农民的宝贵遗产和中国农业生产的优点"，"应该把它保存下来"，为社会主义服务。③因此，以包产到户为主要内容的家庭经营从50年代后期一直延续到70年代后期，并由点向面扩展，主要发生于南方，并与地方领导的推动相关。由此，才有了所谓"要吃粮，找紫阳；要吃米，找万里"的说法。

### （三）国家决策的区域性

中国的集体化与个体化实践是自下而上，先产生村庄典型，再扩展到地方，最后推广到全国。与此同时，也是一个先有中央精神，再传达到地方，最后推广到全国的双向互动过程。在向全国扩展的过程中，国家决策的区域性也制约着中央的决策。首先，中央决策者在作出决策时，除了自我构想外，还会寻找和依据地方经验。地方的典型和经验，也就会对中央领导人的决策产生影响。中国有最高统治者到地方视察的习惯，特别是从北方首都到距离较远的南方视察。这种视察会产生两方面效应：一是对视察地方的政治影响，二是对决策者视察地方后的决策影响。其次，中央决

---

① 新中国建立之初，广东省由熟悉省情，力主因地制宜治理的本地领导主政。后因推行所谓的"温和土改"，被中央批评为"地方主义"，并对主要领导干部作了调整。
② 《建国以来农业合作化史料汇编》，第308页。
③ 同上书，第460页。

策者作出决策时，也会受到其个人理念、经历和经验的影响，并有可能产生决策思路的差异。

中国集体经营由北向南扩展，家庭经营由南向北扩展，除了与村庄特性、地方领导有关外，还与国家决策者的区域差异相关。早在陕甘宁根据地时期，毛泽东就十分重视地方经验，提出："如果全体人民的劳动力都组织在集体互助劳动之中，那末现有全陕甘宁区的生产力就可提高百分之五十到百分之一百。这办法可以行之于各抗日根据地，将来可以行之于全国。"① 在集体化启动初期，各地上报了大量报告，后来编辑成《中国农村的社会主义高潮》。毛泽东亲自为此书撰写序言，并写了104篇按语。当时，北方的集体合作走在全国前列，而上报和选取的典型材料也主要出自北方。随着集体化的推进，合作社扩大为人民公社。而在当时，毛泽东只有扩大农民集体合作的思路。究竟这一组织样式是什么，并以什么名字命名，他并不确定。为此，他开始沿首都附近的河北向南视察，并在河南新乡七里营和河北徐水发现了人民公社这一组织形式，遂加以定名，扩展到全国。罗平汉认为："各种材料表明，1958年的人民公社运动，与毛泽东的推动是密切相关的。"而这背后的原因，又与1958年8月他对河北、河南、山东三地的实地考察相关。② 他自己也表示："人民公社，我无发明之权，有推广之权。""我去河南调查时，发现嵖岈山这个典型，得了卫星公社的一个章程，如获至宝。"③ 到60年代，毛泽东又号召全国农业学大寨，其重要原因之一就在于大寨坚持集体统一经营。

在是否实行集体化这一根本性问题上，执政高层没有分歧。但在实行集体化的进程、形式方面，执政高层却有差异。这与决策者的区域差异相关。毛泽东和刘少奇都来自于南方。但是，与毛泽东相比，刘少奇长期工作在南方，有自己的思考。由此，决策者中也就形成了由互助合作走向集体经营的两种不同的思路。④ 1951年4月17日，中共山西省委给中共中央、华北局送交了题为《把老区的互助组织提高一步》的报告。刘少奇

---

① 《建国以来农业合作化史料汇编》，第5页。
② 罗平汉：《农村人民公社史》，福建人民出版社2003年版，第28页。
③ 李锐：《庐山会议实录》（增订第三版），河南人民出版社1999年版，第139—140页。
④ 赵德馨：《两种思路的碰撞与历史的沉思——1950—1952年关于农业合作化目标模式的选择》，《中国经济史研究》1992年第4期。

担心集体化进程过快过急,对此提出批评。他说:"在土地改革以后的农村中,在经济发展中,农民的自发势力和阶级分化已开始表现出来了。党内已经有一些同志对这种自发势力和阶级分化表示害怕,并且企图去加以阻止或避免。他们幻想用劳动互助组和供销合作社的办法去达到阻止或避免此种趋势的目的。已有人提出了这样的意见:应该逐步地动摇,削弱直至否定私有制基础,把农业生产互助组提高到农业生产合作社,以此作为新因素,去'战胜农民的自发因素'。这是一种错误的,危险的,空想的农业社会主义思想。"[1] 而毛泽东得知此事后,立即找刘少奇、薄一波、刘澜涛谈话,表示:"不能支持他们的意见,而支持山西省委的意见"。1953年,中央为推动农村集体化工作,专门成立中央农村工作部,由邓子恢担任部长。邓子恢为南方福建人,且长期在南方工作,对南方情况比较了解。他作为"农民化的知识分子",对中国农村的特点有较深的认识,认为:集体化必须从"中国小农经济现状出发";以家庭为单位的分散的个体生产,是中国农村生产的主要形式;这在于,"以血缘关系形成的家庭小群体,团结一致,利害与共,能够自觉地全心全意地对生产负责,以适应农业生产复杂、多变的情况,经过它们长期的努力,已经创造出一套优良的传统耕作方法和管理经验。由此使它们虽然经历了千百年的曲折,仍保留了它的生命力,使其成为整个农村经济肌体组成的细胞。即使农业合作社实现了土地公有化,家庭经营这个生产细胞和它的自我责任意识,不能废掉,要加以保护"。[2] 在担任中央农工部部长后,邓子恢对推进集体化较为审慎,结果被毛泽东批评为"小脚女人"。60年代初,邓子恢又支持包产到户,并得到刘少奇、邓小平等一批高层领导的支持,但最后仍被否定。与此类似,70年代安徽和四川率先推行包产到户,也引起较大争议,只是得到邓小平等高层领导的支持才得以扩展到全国。

## 四 集体经营与家庭经营结果的区域差异

农村集体经营与个体家庭经营是20世纪后半叶发生在中国的两件大

---

[1] 《建国以来农业合作化史料汇编》,第42页。
[2] 转引自徐勇:《包产到户沉浮录》,第8—11页。

事，并引起社会的深刻变革。同时，这一过程也付出沉重的代价。本文从区域社会的角度研究集体经营与个体家庭经营的发生、发展与结果，最重要的目的就是总结经验教训，从理论上探讨在一个区域差异大的超大国家，如何寻找基层地方多样性与国家整体一致性之间的合理张力，及其相应的农村政策选择。

中国实行了数千年的个体经济。通过集体互助合作的方式将分散的农民组织起来，走集体化道路，则是中共的追求。就这一基本问题看，上下分歧都不大。即使在这一过程中出现"生产力暴动"，但也仅仅发生在南方少数地区。但是，集体经济毕竟是一种中国历史上从未有过的崭新经济形态，集体化的进程及其集体经济实现形式因此会有所不同。其重要原因就是各地的实际条件不一样，其中包括南北的条件差异。但是，在相当长时间里，我们对集体经济的认识较为简单，除了生产资料集体所有以外，生产经营和劳动分配也都要求集体统一，而且将是否统一经营提升到是否集体经济属性的高度，出现了所谓的"一刀切"。

应该看到，正是由于存在地方性差异，作为国家整体有追求统一的天然要求，"大一统"在中国与多样化一样历史悠久。特别是随着现代化进程和交通信息的发达，现代国家获得同一性整体性的条件更加充分，更容易造成某种国家意志的傲慢——国家决策忽视地方的差异性，由此支付巨大的进步代价。现代国家建设是一个制度建设过程，其国家基本制度必须遵循统一性、一体性，这是支撑现代国家的制度支柱。与此同时，国家制度又要为地方发展保留足够的自主空间，其基本依据就是各地条件不一样。为此，在政治决策过程中，既要重视地方和个案经验，从中寻找决策依据；同时也要充分注意其限度，此地的经验不一定能够放之四海而皆准，毕竟中国的地方差异性太大。1980年，中共中央就"农业学大寨"的经验教训专门指出："我国农村地域辽阔，各地自然条件、生产情况和耕作习惯千差万别，经济发展水平也很不相同。""某一地区的实践证明确实是先进的、有效的经验，在其他地区推广，就不一定是或不一定完全是先进的、有效的。"[①]

根据这一思路，从区域社会的角度来研究集体经营与家庭经营的发生

---

① 《建国以来农业合作化史料汇编》，第884页。

和发展，可以得出以下结论：

第一，集体化的目的是集体经济。集体经济是可以分层次的。生产资料集体所有是基础性层次，生产经营、劳动组织和收入分配单位是派生层次。后者受多种因素所制约和影响，表现出多种形式。在生产资料集体所有基础上，村集体统一经营与家户个体经营都是集体经济的实现形式。以家庭承包为主要内容的家庭经营，并非历史上个体经济的简单回归，而是在集体所有基础上根据农业生产特点和实际探索的集体经济实现形式。它将集体所有的优势与个体经营的优势结合起来，创造出人类一种新的生产组织方式。

第二，集体经营与家庭经营是一个分阶段的过程。从一般意义看，集体经营比家庭经营需要的条件更高。集体经营是由不同的人组织起来形成的整体，需要集体成员对集体的高度认同，存在着是否愿意加入集体经营的问题。家庭是与生俱来的原生的血缘共同体，不存在着人们是否愿意加入家庭经营的问题。因此，集体统一经营的难度更大。

北方村庄集体社会为集体经营提供了历史基础，而集体统一经营的结果是最终形成了完整的村庄地域共同体。这一地域共同体为其成员提供了平等的家园，能够为他们在恶劣条件下遮风避雨，甚至共同富裕提供条件。其内部拥有的共创共有共享精神更是人作为类的存在的久远向往。但是，也必须看到，北方村庄在集体化进程中形成的村庄共同体在一定程度上是缺乏个性独立与自由选择的集体社会，其主要困难是可持续性。在一定历史阶段，集体社会依靠的是集体人格权威形成的凝聚力，而不是高度自主自愿的结合。这使得作为集体统一经营的北方村庄也迅速走向个体家庭经营。

中国的个体家庭经营的基础在于长期历史进程中形成的个体家户制，家户制使集体化进程困难重重，且始终难以形成北方村庄那样的完整的村庄共同体。尽管在国家强力推动下，南方村庄也进入集体化时代，实行生产资料集体所有和共同劳动、平均分配，但并没有形成北方村庄那样的完整共同体，至多是半共同体，或者只是形式共同体。主要原因在于其成员缺乏集体的认同感，这种认同感需要在长期历史进程中形成，短期的社会主义教育并不能解决问题。半共同体有家户自由，并能够迅速适应市场经济发展，但原本脆弱的共同体也迅速解体，造成公共性和共同性的缺失。

正因如此，人们对集体时代仍有一定的怀念。

　　第三，集体经营与家庭经营是一个殊途同归和不断提升的过程。集体经营与家庭经营既受历史条件的规制，也是人类的自我选择，其目的都是实现人类自由全面发展。邓小平提出："中国社会主义农业的改革和发展，从长远的观点看，要有两个飞跃。第一个飞跃，是废除人民公社，实行家庭联产承包为主的责任制。这是一个很大的前进，要长期坚持不变。第二个飞跃，是适应科学种田和生产社会化的需要，发展适度规模经营，发展集体经济。这是又一个很大的前进，当然这是很长的过程。"① 他还提出："可以肯定，只要生产发展了，农村的社会分工和商品经济发展了，低水平的集体化就会发展到高水平的集体化，集体经济不巩固的也会巩固起来。"② 北方农村有集体社会的悠久传统，可以随着生产条件的改变，在家庭经营基础上运用集体传统资源，探索新的生产经营形式，如山东东平的土地股份合作。而南方村庄则需要克服历史上长期的个体经济所造成的狭隘自私性，从而在个体自主基础上，建立公共性和共同性。

　　正是经历了数十年的艰苦探索，中国目前已经形成农村基本的经营制度，即以家庭经营为基础，统分结合，双层经营、宜统则统、宜分则分。但在实际进程中，为什么和怎么样才能做到"宜统则统、宜分则分"，却还有待深入继续探讨。在实践中往往出现的是："统得过死，分得过多"，很难因地制宜作出决策。其重要原因之一就是对"地"的属性缺乏深入调查和研究，对整个国情的认识更多的是片断的、零碎的、表层的。这就需要学界对中国国情进行深入调查和深度研究，以为因地制宜的国家决策提供依据。

（原文刊载于《中共党史研究》2016年第4期，原文标题：《区域社会视角下农村集体经营与家庭经营的根基与机理》）

---

① 《邓小平文选》第3卷，人民出版社1993年版，第355页。
② 《邓小平文选》第2卷，人民出版社1994年版，第315页。

# 第四章　农村集体经济的不同产业绩效及动因

历史是在既定的前提条件下发展的，并经常有出乎人所意料的结果。随着人民公社体制的废除，集体经济似乎已成为一个遥远古老的名词，在农业生产领域的低效率，使得农村再次恢复一家一户个体生产经营方式；出乎意料的是，集体经济在工业领域却获得巨大成效，创造了上万亿的巨额集体资产，为国民经济积攒了殷实的"家当"。本为种豆，何以得瓜，农村集体经济为什么在不同的产业领域取得截然不同的绩效？其深刻背景是集体经济生成演化于中国从农业社会向工业社会、从计划经济向市场经济的两个转变之中，它的特殊品质与不同产业领域具有不同的适应性，是集体经济内外要素互构的结果，同时也制约着集体经济的发展。本文试图就这一问题加以深入探讨。

## 一　集体经济+国家计划：农业领域的低效益

集体经济是指土地等生产资料为农民集体所有，集体成员劳动合作，生产经营收益为农民集体分配的经济形式。集体经济本是为了解决农业生产和农民贫困问题而生成的。

集体经济是相对于个体经济而言，并以否定个体经济这一历史底色而生成的。早在1940年代，中共领袖毛泽东就指出："在农民群众方面，几千年来都是个体经济，一家一户就是一个生产单位，这种分散的个体生产，就是封建统治的经济基础，而使农民自己陷于永远的穷苦。克服这种状况的唯一办法，就是逐步地集体化；而达到集体化的唯一道路，依据列宁所说，就是经过合作社"。① 但在列宁看来，经过合作社走向集体化是一个十分漫长的过程，需要相应的条件，关键在于农民的意愿。因为集体应是集体成员的自愿联合。而要在一个有着漫长个体经济历史的条件下实现农民的自愿联合，不是一朝一夕能够完成的。但是，在20世纪50年代不到六年的时间，我国就实现了集体化，并形成了农村集体经济这一新型的经济形态。

事实上，对于土地改革后的集体化进程与路径，中共高层存在着两种思路：一是以刘少奇、邓子恢等人为代表，强调集体化与机械化相适应，进程不宜太快，传统的个体经济仍然有生命力，要保护和鼓励农民个体积极性；一是以毛泽东为代表，更加强调农民互助合作，强调引导农民发扬集体合作的社会主义积极性，要加快集体化进程，特别是实现产权集体化，从根本上消除造成农民贫困的制度原因。如中国农村改革权威专家杜润生所说："毛主席的意见是先改变所有制，然后发展生产，""针对的是刘少奇先机械化然后才有集体化的思想。"② 在党外，对于农业的社会主义改造也有不同看法，有代表性的是乡村建设运动领导人梁漱溟担心农民的利益受损。但中共领袖毛泽东严厉批评了梁漱溟对农民"施仁政"的主张，强调共产党的总路线是"大仁政"。所谓的"大仁政"，就是工业化。土地改革以后的过渡时期的总路线是"一化三改"，换言之，包括农业社会主义改造在内的"三改"，是围绕"一化"，即工业化展开的。基于此，中共党内达到一致，而党外也未再有公开的反对。这是中国农村集体化，并生成集体经济的基本动因。换言之，中国的农村集体经济是在从农业社会向工业社会的转变中，在工业化的强大外部因素推动下生成的。

从农业社会向工业社会的转变是一般趋势，但各个国家有不同的环境，也有不同的路径。新中国建立后的工业化，面对的是相对封闭的国际环境，同时因为第一个社会主义国家的示范，由此形成计划经济模式。计划经济又称指令型经济，是在生产、资源分配以及产品消费各方面，都由政府事先进行计划，并根据计划实施的经济体系。中国的计划经济是在资

---

① 《毛泽东选集》第3卷，人民出版社1991年版，第931页。
② 杜润生：《杜润生自述：中国农村体制变革重大决策纪实》，人民出版社2005年版，第32页。

源和产品短缺的条件下形成的。为满足工业化及其城市人口的需求,在1950年代初期实行对农产品的"统购统销"政策,并由此形成计划经济体系。政府管制经济与亿万个个体经济之间存在巨大矛盾。而在集体化进程中形成的"政社合一"的集体经济组织,与高度集中统一的计划体系是相匹配的。换言之,中国的集体经济是在计划经济体系下生成,并服从和服务于整个计划经济体系的。

由此可见,中国农村集体经济原生形态是集体经济+国家计划,从而也是一种依附性奉献式经济。正是因为集体经济组织形式,国家从农村获得了难以估量的产品、劳动和政治稳定性,保证了工业化的进展。也正是这一动因,造成了传统集体经济自我封闭于农业农村的特征。

集体经济形成之初的人民公社体制是"政社合一"的体制,通过公社将农村社会成员一级级组织起来,并建立起由政府到公社再到农民个人之间的纵向联系。农村的生产、分配、消费、社会活动等都只是在各级政府的指令下运行,而不与政府以外的社会发生联系。正因为如此,有学者将公社组织比喻为一种"蜂窝"状社会结构。

自我封闭的集体经济组织造成的是活力的缺乏和产业效益的低下。

首先在于,集体经济作为一种依附性奉献式经济,其产品分配的依据是先国家再集体。国家如果拿得过多,就会导致集体分配过少;集体用于分配的产品过少,就会影响农民的生活,并由此导致农民缺乏集体生产的热情和积极性,甚至造成农民的抵制。如杜润生所说:"正因为'大集体经济'吃不饱饭,甚至饿死了人,农民就要想办法,避免风险。"其办法一是"瞒产私分",二是扩大自留地,三是搞包产到户。[①] 连毛泽东都不得不承认,农民的"瞒产私分"有一定的合理性。

自我封闭的集体经济组织切断了农民的横向联系,在政府分配有限的条件下又不能在与社会交换中获得生活资料。"政社合一、公民皆社员的人民公社,又不允许自由进出,堵塞了社员自求谋生的道路,限制了农户发展经济的自由。在历史上,农民从来就拥有从事多种经营、配置自有资源的自由。但是在人民公社时期,农民的这种自由权利却受到剥夺。其结

---

① 杜润生:《杜润生自述:中国农村体制变革重大决策纪实》,人民出版社2005年版,第83页。

果不仅加重了农村的贫困程度，还加重了城市的消费品短缺。"①

其次在于计划经济体制下的集体经济适应了国家计划，却不适应农业生产特性。长期历史以来，中国实行的是一家一户为单位的生产经营方式。这种生产经营方式与农业生产的特性是相适应的。在杜润生看来，"工业和农业不一样"，"工业有厂房，可以聚集在一起生产。农业在辽阔的土地上生产，土地是分散的，不可能把大家集聚在一块土地上。对劳动者也不可能靠直接的监督管理，要靠生产者的自觉，而且收获的季节是在秋后，劳动和收益不是直接联系。如果不自觉，就会磨洋工，还可能减产。农业还有季节性，许多农活不能在同一时间、同一空间上分工。农民都得学会全套农活，不可能有那种工厂式的流水作业。"② 农业生产分散性不同于工业，需要寻求最适合的组织单位。以血缘关系为纽带的家庭是人与生俱来的生活单位和社会单位。个人在家庭怀抱中生长，并与家庭结成不可分离的关系。家庭因此成为原生的与生俱来的共同体。如滕尼斯所说："共同体是持久的和真正的共同生活"③。"默认一致是对于一切真正的共同生活、共同居住和共同工作的内在本质和真实情况的最简单的表示。因此，首先和最普遍的意义是家庭生活的最简单的表示"。④ 家庭共同体相互依赖、利益相关、熟悉信任、感情相系、优势互补，非常适宜于农业生产活动，并不需要额外的组织管理成本。家户作为产权、生产经营、分配、消费、社会、文化和政治单位，自我负责。一家一户的生产经营体制本质是一种责任制，它内在地要求生产者对自己负责，而无须外部监督。正因为如此，对中国农村改革有深刻认识的邓子恢认为："以血缘关系形成的家庭小群体，团结一致，利害与共，能够自觉地全心全意地对生产负责，以适应农业生产复杂、多变的情况，经过它们长期的努力，已经创造出一套优良的传统耕作方法和管理经验。由此使它们虽然经历了千百年的曲折，仍保留了它的生命力，使其成为整个农村经济肌体组成的细胞。"⑤ 中国农民在家户单位基础上精耕细作，创造了灿烂的农业文明。家

---

① 杜润生：《杜润生自述：中国农村体制变革重大决策纪实》，人民出版社2005年版，第98页。
② 同上书，第32页。
③ [德] 斐迪南·滕尼斯：《共同体与社会》，商务印书馆1999年版，第54页。
④ 同上书，第74页。
⑤ 徐勇：《包产到户沉浮录》，珠海出版社1998年版，第8—11页。

户农业可以说是一种有效率的农业,家户农民可说是勤劳而有效率的农民。

个体家户经济具有多重属性,集体化过程不仅否定了家户经济的私有产权属性,而且否定了其生产经营单位的属性,用集体统一经营的经济组织替代家庭经营,反倒造成比较效益的降低。与血缘性的、与生俱来的家户相比,公社集体则是次生的、建构性的地域性组织。这一组织的规模比家户大,但相互间的信任和合作难,由此会增大组织管理成本。同时,公社集体听命于上级,难以因地制宜,因时制宜安排生产。"农业是自然再生产和经济再生产的一个结合体,受生物学规律支配,要求不误农时。""农业的决策最好是现场决策","动物、植物都是有生命的物体,需要精心呵护。家庭经营则最适宜这种现场决策。"① 家庭经营意味着生产与收益直接相关,能够激发起农民的生产热情和积极性。

正是因为家庭经营更适合农业生产特性,更能让农民获得收益,从集体化进程开始,农民就一直在试图从体制上加以突破,不断尝试包产到户。只是由于农村的贫困和城市消费品的短缺,并拖累了整个国民经济,才最终实行"产权公有,家庭经营"的家庭承包经济体制,并导致传统集体经济组织——人民公社体制的废除。

## 二 集体经济+国内市场:乡镇企业的异军突起

统一经营的集体经济组织未能在农业领域取得预期的成效,最后不得不恢复一家一户的家庭经营,但出乎意料的是在工业领域取得了重大发展,造成了乡镇企业的异军突起。

从社会组织单位看,家庭承包制与传统的家户制有类似之处,都是以家户作为产权、生产、经营、分配、消费、生活和政治单位。但是,家庭承包制不是简单的历史回归,其基本底线就是土地等生产资料仍然归集体所有,农民获得的只是对土地的承包经营权。换言之,"土地公有,家庭承包,这种半公有、半私有的形式,既满足了农民对家庭经营的偏爱,使小私有者的积极性得以发挥,又保留了土地的公有制。"② 家庭承包经营

---

① 杜润生:《杜润生自述:中国农村体制变革重大决策纪实》,人民出版社2005年版,第134页。
② 同上书,第133页。

权是从集体所有权衍生或者派生出来的。但是，这种衍生或者派生并不是可有可无的，恰恰是必须和必要的。家庭承包制不仅仅在于家户获得生产经营自主权，更重要的是获得了人身活动的自由。在杜润生看来："集体经济已难以维持，它最大的弊端就是把人捆死了。农民说不怕累，就怕捆。中国农民有了一点自由，是能够做出许多创造的；不给他自由，他有可能变成你的包袱"。[①] 获得自主权的人们得以摆脱对土地的依附，走出乡土，宜工则工，宜商则商，从而开拓一番广阔的天地。正是在这一背景下，产生出集体经济的新形式——以"苏南模式"为代表乡镇企业发展模式。

"苏南模式"是指江苏南部农村率先发展起来的以乡镇企业为标志的集体经济组织形式，后泛指东南沿海地区的江苏、浙江等农村发展起来的农工商一体的集体经济。那么，为什么在东南沿海地区崛起了一个不同于传统个体经济，又不同于传统集体经济的"苏南模式"这样一种集体经济组织形式，并在工业生产领域获得了巨大成功呢？

这首先在于农村的传统底色。中国传统的小农经济是一家一户为单位，农业与手工业结合，自给自足的自然经济。但在东南沿海地区，随着农业经济的发展，有了一定的农业剩余，商品经济日益活跃起来。同时，这些地方人多地少，需要通过手工业和商业获得生活来源。近代以来，工业和城镇在东南沿海地区率先发展，也为这些地方的农村经济注入了新的元素。正因为如此，费孝通先生通过对其家乡——江苏南部的吴江县的调查，形成了发展"草根工业"，促进农村经济发展和解决城乡差距的思路。1950年代以后，这些地方同样实行集体经济，但历史传承的底色仍然在顽强地发挥作用。如发展社队企业和走村串户进行小商品交易。尽管"自由市场"作为"三自一包"的内容之一受到批判，但并没有根绝。

其次在于计划经济体系的缝隙。东南沿海地区社队企业和小商品交易的发展，归根到底在于有社会需求。1950年代形成的计划经济体系不可能穷尽社会需要，且主要满足国家目标，由此形成了大量的社会需求，并产生了"隐性的市场"。只是这一市场仅仅存在于计划经济体系的缝隙之中。当1980年代国家实行改革开放放活政策之后，原有体制压制下的工

---

[①] 杜润生：《杜润生自述：中国农村体制变革重大决策纪实》，人民出版社2005年版，第132页。

业和商业活动迅速浮出水面,并活跃起来。邓小平因此表示,"农村改革中,我们完全没有预料到的最大收获,就是乡镇企业发展起来了,突然冒出搞多种行业,搞商品经济,搞各种小型企业,异军突起。"① 乡镇企业在国民经济中所占比例达到三分之一,构成国家经济体系的相当数额的"家当"。

突然冒出的乡镇企业不是从天而降,而是在原有集体经济组织上生成的,只是在原有计划经济体系下的城乡二元结构下受到压抑。计划经济体系对农村的需求主要是产品与劳动力,因此长时间实行"以粮为纲"的政策,工副业属于受限制的产业活动。但在东南沿海地区,工副业顽强地自我生长,成为集体经济组织的一部分。农村改革以后,全国大多数农业地区实行分户经营,以农为主,且社会需求迅速增长,而东南沿海地区的农村集体经济组织的工业则在原有基础上,积极满足社会需求,得以长足发展。这是集体经济发展中出现的意想不到的结果。如黄宗智所说:"集体工业实际上是长江三角洲以及中国大部分地区乡村工业组织的主体。正是这种生产组织形式推动了发生于 70、80 年代的大部分乡村工业化,并且使中国的乡村工业化有别于多数第三世界国家。"②

集体经济组织在农业的失败和之后在工业的成功,与集体经济面临的外部环境和内在特质密切相关。

中国的集体经济组织生成于农业社会向工业社会的转变之中。在由农业社会向工业社会转变过程之中,一般要经过简单协作、工场手工业、大机器工业阶段。但在不同国家的工业化阶段及其空间形式有所不同。中国是发展中国家。新中国建立前的工业基础十分薄弱,新中国建立后,为迅速建立起工业体系,工业化的重点在于重工业,一下进入大机器工业阶段,工业发展的空间主要在城市,工业主要组织方式是计划经济下的国有企业。以城市为空间的大机器工业难以充分满足国民经济的需要,社会需求的大量产品需要通过简单协作和工场手工业的方式加以满足。新中国建立之前,农村存在家庭内部的分工协作,但其范围十分有限,主要是满足自我的需要。实行农业集体化以后,农村社会组织单位扩大到社队。公社

---

① 《邓小平文选》第 3 卷,人民出版社 1993 年版,第 238 页。
② [美] 黄宗智:《长江三角洲小农家庭与乡村发展》,中华书局 2000 年版,第 267 页。

单位为简单协作和工场手工业提供了组织基础。同时，公社组织本身也负有发展工副业的使命。集体化进程中建立起来的公社集体组织既是生产组织，也是社会生活组织，寓农工商学兵于一体。1961年颁布的《人民公社工作条例（修正草案）》（被称之为著名的人民公社"60条"），便将发展社办企业和手工业作为重要任务。这一要求本来是满足农村内部社会需要的，但没有意料到的是恰恰满足了中国工业化进程中简单协作和工场手工业阶段的需要。这不能不说是历史的某种巨大巧合！

更重要的是集体经济组织为简单协作和工场手工业提供了特别重要的条件。首先，集体经济组织规模比家庭大，有可能进行内部分工，从而为简单协作和工场手工业提供组织基础，一部分人可以专门从事工业活动。其次，工场手工业及其之后的机器企业需要土地和劳动力。这在传统的家庭经济单位受到极大限制。所以，为数不多的工业主要集中在城市。即使是计划经济时代也是如此，由此造成新的城乡差别。随着集体经济组织的建立，发展工业所需要的土地和劳动力资源难题得以迎刃而解。一则在集体经济条件下，土地等生产资料为集体所有，发展集体工商业不需要支付土地费用。二则在集体经济条件下，集体工业的员工主要来自于集体成员。农村集体成员从事工商业比从事农业有更大的收益，有更高的积极性，同时他们所需要支付的社会成本又远远低于城市。三则在"政社合一"体制下的社队企业与基层政府直接相关，受到基层政府多方面的支持和保护。土地、劳动、政府构成集体企业特有的比较竞争优势，甚至造成乡镇企业挤垮城市国有企业的"小鱼吃大鱼"的特殊景象。这种集体经济拥有的比较优势是私人企业和国有企业都难以想象的，由此也为中国国民经济作出了巨大贡献，乡镇企业的产值一度占全国总产值三分之一多，是中国经济快速增长的发动机，成就了中国奇迹。

集体经济组织基础上发展的乡镇企业在工业领域的巨大成功，主要是适应了工业化进程中的简单协作和工场手工业阶段，满足了国内市场的巨大社会需要。

但是，乡镇企业发展也有相当的限度，作为乡镇企业代表的"苏南模式"辉煌不再。这主要是外部环境发生了变化和乡镇企业内在的不足。一是随着农村改革的成功，改革重心由农村转向城市。城市企业逐渐摆脱计划经济体制的束缚，以市场为导向。而城市的机器工业效率远远高于简单协作和工场手工业。以简单协作和工场手工业为主的乡镇企业的竞争优势不复存在。二是乡镇企业是在"政社合一"的体制下形成的,表现为"政企合一"。政府可以从外部支持乡镇企业,但直接指令下的企业也会产生原有的"国企病",原有的适应市场需要的灵活性优势不复存在。

## 三 集体经济+世界市场:乡村工业的全球化

企业一旦进入市场就会产生强大的内驱力,不断为自己开拓市场,寻求出路。当以"苏南模式"为代表的乡镇企业遭遇困境时,以"珠三角模式"为代表南方沿海地区的集体经济却在开放中开辟世界市场,促使乡村工业跨向全球化,创造了"世界工厂",成就了新的中国奇迹!

中国由农业社会向工业社会,由计划经济向市场经济转变的过程,是改革开放的过程。而开放是经由"经济特区",由沿海到内地逐次展开的。

接近香港澳门的珠三角地区位于开放的前沿地带。在长期历史上,这里物产丰富。但人多地少造成大量人口出国谋生,形成著名的"下南洋"。新中国建立以后,这里与全国一样实行集体化,形成人民公社体制。由于贫困,这里的农民除了与其他地方一样对公社体制加以抵制以外,就是外流香港澳门地区寻找生路。因此,珠三角地区是全国侨胞最多的地方之一,更是直接毗邻香港澳门的地区,处于国家开放的最前沿地带。

与长三角地区不同,珠三角地区农村的社队企业不发达。农村改革之初,与全国一样主要从事农业生产并实行家庭经营体制。随着国家开放,急需引进国家紧缺的资本,发展经济。大量"三来一补"外资企业进入珠三角地区,从而迅速推进这一地区由农业向工业的转变。各种工厂企业星罗棋布聚集在广大的农村地区,昔日大片农田成为无数座厂房,直到形成著名的"世界工厂"。[①]

与改革初的乡镇企业异军突起不同,珠三角地区的乡村工业一开始就

---

① 谢健:《区域经济国际化:珠三角模式、苏南模式、温州模式的比较》,《经济理论与经济管理》2006年第10期。

与世界市场接轨，"两头在外"，一方面对外招商引资，引进外来资本；另一方面生产的产品主要销于国外，大大开拓了市场领域，并得以通过销售产品从世界上赚取利润。这对于中国具有划时代的革命性意义。在中国，基本上没有从他国获得大量利润的历史。1990 年代以来，中国一跃成为最大的外汇储备国，以珠三角为代表的乡村工业在其中功不可没。

改革之初的乡镇企业尚是"星星之火"，乡村工业散落在各个地方和乡村。而珠三角地区的乡村工业发展处于全国的大开放之际，工业发展呈地区燎原之势，整个地区的农村呈整体工业化，企业在这里成龙配套，形成完整的产业链。由此也使这一地区从昔日的封闭农村与全球联结起来，呈高度开放状态，并加速推动了市场化和城镇化，成为全国的领跑者。美国哈佛大学肯尼迪学院 Ash 中心主任安东尼·赛奇教授，专门撰写了《中国村庄、全球市场》一书，以东莞一个村庄变迁为案例研究中国的全球化。

珠三角的迅速崛起与世界经济走向密切相关。随着经济发展，世界发达国家早已完成机器大工业生产阶段，进入高科技产业时期。但是，机器大工业生产还有存在的必要和发展的巨大空间。一是发达国家自身有社会需求，但因为经济转型不能以物美价廉的产品满足社会需求；二是大量发展中国家的社会需求迅速增长，大机器工业却十分落后，无法满足需求。而世界资本也在寻找合适的国家和地方，发展大机器工业，满足社会需求。中国的珠三角地区因此成为历史的"幸运儿"。

历史不会无缘无故的宠幸谁。珠三角地区的崛起与其集体经济底色密切相关。与长三角地区有星罗棋布的城镇不同，珠三角地区除了广州等极少数城市以外，基本都属于农村地区。传统的集体经济在农业领域的低效益，却成就了工业领域的大发展。首先，因为缺乏内部积累，促使这一地区的集体经济组织将招商引资作为头等任务。其次，集体经济组织可以为企业提供廉价且有规模的土地。特别是各个乡村竞相引资，造成土地价格特别优惠。再次，由于工业发展获得的利润远远高于农业，促使大量农村成员"洗脚上岸"，愿意交出承包土地，通过入股分红的方式分享集体经济组织利润，并参与工业生产。第四，大量外来农民进入珠三角地区务工，村组集体经济不仅可以提供工作岗位，而且可以提供住房和安全保障。这对于个体企业和城市企业都是难以做到的。更重要的是，在国家政策的鼓励下和发展地方经济的激励下，地方政府给予集体经济组织招商引资和发展工业提供了极大支持和引导，由此形成地方的整体开发，大量资本和外来劳动聚集在一个空间里，促使具有完整产业链的"世界工厂"的崛起。这一"工厂"因为廉价的土地、劳动和政府优惠政策，并与发达的市场体系相结合，而生产出物美价廉的工业产品，成就了新的中国经济奇迹。同时，原有的集体土地资源转化为巨额的集体资产。仅仅是东莞一地的农村集体总资产便达1200多亿元，占全国的10%，而在改革开放之初，东莞的总产值才不过6个亿。

珠三角地区的崛起得力于对外开放，其资本和市场主要在国外，是一种外动力、外源型经济。但外部世界也会发生变化。2008年，世界金融危机爆发，世界经济下行。珠三角长达20多年的"黄金岁月"遭遇了前所未有的挑战。一是西方发达国家意识到工业的重要性，并试图寻找通过高科技力量重振工业雄风。二是世界总体需求萎缩。三是世界资本寻找比珠三角地区更为优惠的投资地点。与此同时，珠三角依托原有集体经济组织发展乡村工业也面临着内部困境。一是集体经济组织以入股分红的方式获得土地发展乡村工业，分红具有刚性。经济增长放慢的集体经济组织得满足不断增长的村民分红需求，为此甚至举债。仅仅依靠最早入股的土地分红，造成内在的发展动力的缺失。二是集体经济组织的大量土地用于修建厂房，虽然将集体土地由资源变为了资产，但一旦厂房不能运转，资产无法变为资本，也无法重新恢复为土地资源。由于厂房闲置还有可能成为负资产。2012年，仅仅是东莞村组两级集体总负债达245.4亿元，负债率高达19.8%。三是集体经济组织与村组织合为一体，承担了越来越多的公共管理和社会福利职能，造成经济负担重，村级资金用于扩大再生产的能力减弱。四是集体经济组织最初发展工业所给予的政策优惠不再存有，政府对于集体经济组织的支持发生变化。正是在内外环境发生急剧变化的情况下，有人预言珠三角地区将会由于产业的衰败，成为诸如世界许多由于产业兴衰导致地方兴衰的另一个案例，其兴也勃，其衰也忽。

但是，珠三角地区并没有沉沦和衰败。重要原因是，在中国，农村发展从来主要依靠的是内在的力量，而不是外部救济。由于产能过剩，中国的东北地区经济急剧下行，社会压力增大，走出困境相当困难。重要原因之一是城市国有企业长期被视之为"共和国的长子"，形成对国家的依赖，其内在动力严重缺失。珠三角农村集体经济组织的最初发展主要是借国家开放的东风，在外寻求空间，依靠的是自我的力量。面对新的挑战，农村集体经济组织努力寻求新的发展出路，这就是积极寻找内在的动力。一是根据市场变化，调整经济结构，生产适应市场变化的产品，不是过分依赖传统的世界市场。二是重新激活内部发展动力，通过市场的方式将闲置和沉睡的资产激活。经过20多年的经济高速增长，村民已积累相当的资金，可进行自我投资。激活资产的资本力量主要来自内部。三是发挥村组集体经济"船小好掉头"的灵活优势，激励各个村组各显神通，寻找新的出路。四是外部市场的变化推动着集体经济组织和基层政府转换思维，不是以分红获得村民的认同，而是以带动村民二次创业获得村民的支持。五是通过改革完善集体经济组织的内外治理体系，提高治理能力，向治理寻找活力。六是政府转变领导方式，着重于通过制定规划、改善环境、承接公共事务引导和支持集体经济组织的转型升级。

尽管珠三角地区的乡村工业发展还在负重前行，但新的希望已经展现，没有陷入因外部环境变化所遭遇的灭顶之灾。这不能不归之于在农村底色下形成的集体经济内在的自我发展、自我救济的动力机制。

（原文刊载于《社会科学家》2016年第6期，原文标题《"种瓜得豆"：农村集体经济的不同产业绩效及动因》）

# 第五章　农村基本组织制度变迁的内在机理[*]

20世纪50年代以来，中国农村发生着持续不断的变革：先是否定长期历史以来的一家一户个体经济，推进农业集体化，实行人民公社体制；接着是80年代初，废除人民公社体制，实行家庭承包经营制。由于农村改革重新恢复了一家一户为单位的生产经营方式，有人因此认为改革是"辛辛苦苦三十年，一夜回到解放前"；而在实行家庭承包制以后，又出现了怀念人民公社时代的现象；未来的农村究竟是家户制，公社制，抑或公司制……历史进进退退，反反复复，环环相扣，就是如此吊诡。而吊诡的历史现象背后必有自己内在的逻辑。本文试图从历史制度变迁的内在逻辑的角度，以公平与效率为坐标，对中国农村持续不断又循环往复的变革过程进行一些理论分析。

## 一　"有效率缺公平"的家户制

公平与效率是人类社会发展的追求，也是人类社会发展的动力。公平与效率是一个历史范畴，在不同历史时期的内容和表现形式不一样，彼此之间也存在矛盾。

公平与效率是一对学术性概念，是对某种思想、现象的概括。人是有目的活动的。人在从事自己的活动时，会产生一定的理念，并会赋予其理念以正当性或合理性。公平就是一种人们合乎理想目标的思想，它具有公正、均平的含义。效率则是一种活动状态，通常指最有效地使用社会资源

---

[*] 张茜是本文的合作者，在此致谢！

满足人类的愿望和需要，它以产出和结果加以标识。效率取决于各种条件，更取决于人的主动性、积极性和创造性。因此，公平与效率都与人的思想与行为相关。而人的思想与行为又是在历史过程中形成的，并会发展出带有规范性的社会组织制度体系。不同的社会组织制度体系所体现的公平与效率的特质、状况及其内在的矛盾不一样。

在人类历史上，因为对农业社会的组织方式不同，产生出部落制、村社制、庄园制等农村社会组织制度。人类通过部落、村社和庄园等方式将农村社会成员组织起来，形成农村社会的基础性制度。中国是世界上最为久远、且最为发达的农业文明国家。在中国，具有本源性传统的农村组织制度是家户制，无数农村社会成员是通过一个个独立的家户组织起来，形成一个农村社会的。① 家户是农村社会的细胞和基本单位。在中国，"几千年来都是个体经济，一家一户就是一个生产单位"。② 中国人主要"是按照家族制组织起来的，其次才组成同一地区的邻里社会。""每个农家既是社会单位，又是经济单位。""家庭才是当地政治生活中负责的成分。"③ 因此，在中国，家户是产权、生产经营、分配、消费、继承、生育、纳税等活动的基本单位，并在长期历史进程中形成了稳定而具有持续性的微观社会组织制度。"中国是家庭制度的坚强堡垒，并由此汲取了力量和染上惰性。"④

家户制度是一种有效率的制度。主要源于两个方面：

一是与农业生产的特质最为吻合。效率是在利用资源进行活动中体现出来的，生产对象制约着效率。农业生产是一种高度依赖自然，并在与自然交换中进行的生产活动，其生产过程复杂、琐碎和难以掌控，地域性、季节性、周期性强，对组织管理的成本要求高。在杜润生看来，"工业和农业不一样"，"工业有厂房，可以聚集在一起生产。农业在辽阔的土地上生产，土地是分散的，不可能把大家集聚在一块土地上。对劳动者也不可能靠直接的监督管理，要靠生产者的自觉，而且收获的季节是在秋后，

---

① 徐勇：《中国家户制传统与农村发展道路——以俄国、印度的村社传统为比较》，《中国社会科学》2013年第8期，第102—123页。
② 《毛泽东选集》第3卷，人民出版社1995年版，第931页。
③ [美]费正清：《美国与中国》，世界知识出版社1999年版，第25、22页。
④ 同上书，第21页。

劳动和收益不是直接联系。如果不自觉,就会磨洋工,还可能减产。农业还有季节性,许多农活不能在同一时间、同一空间上分工。农民都得学会全套农活,不可能有那种工厂式的流水作业。"① 农业生产的组织方式不同于工业,需要寻求最适合的组织单位。以血缘关系为纽带的家庭是人与生俱来的生活单位和社会单位。个人在家庭怀抱中生长,并与家庭结成不可分离的关系。家庭因此成为原生的与生俱来的共同体。如滕尼斯所说:"共同体是持久的和真正的共同生活"②。"默认一致是对于一切真正的共同生活、共同居住和共同工作的内在本质和真实情况的最简单的表示。因此,首先和最普遍的意义是家庭生活的最简单的表示"。③ 家庭共同体相互依赖、利益相关、熟悉信任、感情相系、优势互补,非常适宜于农业生产活动,并不需要额外的组织管理成本。

二是受传统农业社会特质的支配。效率不仅体现在人与自然条件的交换中,而且体现在人与人的交互活动之中,与特定的社会关系环境相关。在家户制下,农村社会成员面临着强大的压力。首先,家户是基本的生产单位。农业是人与自然的交换活动。人们不劳动,就无法获得生活资料,所谓"不劳动者不得食"。每个家庭成员都必须自我负责,积极从事劳动,而无须外部监督。其次,家庭是基本的生活单位。家庭成员生产不仅仅是为了获得生活资料,使自己生存下去,还包括将血缘关系延续下去的使命,不能因为家族衰败造成血脉中断。否则会引起自我的良心不安和社会的指责。第三,家户是基本的产权单位。农业与自然条件交换。自然条件中最为稀缺的是可耕土地。劳动是财富之父,土地是财富之母。土地的占有和经营是以家户为单位的,家户都有获得、维系土地的意愿,否则就无立足之地。为了获得和维系土地,必须强化劳动和经营,由此会造成家户之间的竞争。第四,家户是基本的消费单位。效率反映成本与产出的比例。在农业社会,在产出有限约束下,节约生活成本,是维系和提高家户生存发展能力的重要手段。因此,家户作为消费单位,可以通过自我认同最大限度节约生活资料,即"省吃俭用"。第五,家户是基本的政治单

---

① 杜润生:《中国农村体制变革重大决策纪实》,人民出版社2005年版,第32页。
② [德]斐迪南·滕尼斯:《共同体与社会》,商务印书馆1999年版,第54页。
③ 同上书,第74页。

位。在家户制下，国家的税收、劳役、管理、秩序等活动是以家户为基本单位进行的，实行家族连带。为了维系家户的存在，家户成员必须努力从事生产劳动和遵纪守法。第六，家户是基本的文化单位。由于血缘、利益的相关性和与生俱来的情感，造成家户成员对家户的高度认同感和归属感，并形成"一损俱损，一荣俱荣"的格局。家户成员的行为不是纯粹的个人行为，而是关涉家户兴衰的家户行为。家户成员因此将"发家致富"和"光宗耀祖"视为自己的荣耀与责任。总体上看，家户制在本质上是一种责任制，即在特定的外部环境下家户成员对自己的行为与境况的自我负责。

农业生产特质及其生产者的责任心使得家户制成为一种有效率的社会组织制度。对中国农村改革有深刻认识的邓子恢认为："以血缘关系形成的家庭小群体，团结一致，利害与共，能够自觉地全心全意地对生产负责，以适应农业生产复杂、多变的情况，经过它们长期的努力，已经创造出一套优良的传统耕作方法和管理经验。由此使它们虽然经历了千百年的曲折，仍保留了它的生命力，使其成为整个农村经济肌体组成的细胞。"[①] 正因为如此，在家户单位基础上精耕细作，创造了灿烂的农业文明。家户农业可以说是一种有效率的农业，家户农民可说是勤劳而有效率的农民。

但是，家户制农民勤劳却不都富裕，这在于家户制有效率却缺公平。

公平是人类久远的梦想。中国农民对公平有着超乎寻常的向往与追求。这首先在于久远的血缘关系。人的行为的正当性取决于对人的来源的体认。在西方，诞生出"天赋人权"的观念，与其人类起源于造物主的观念相关。"天赋人权"指人与生俱来的自然权利。中国长期以来是农业社会，经验思维占主导地位。人们对生命起源的体认在于直观的经验，即人的生命来源于久远的祖先，属于"祖赋人权"。祖宗赋予每个后人以平均的权利，这种与生俱来的权利是不言自明的自然权利，即每个人都有在人世上生存的正当性，社会应该公正地对待每一个人。其次在于久远的理想。农业社会是一种根据经验作出判断的社会，是一种向后看的思维。远古传承的社会是"天下为公"的社会，这一美好的社会寄托了人们的理想和愿望。再次在于农业社会的实践。农业社会是一个平面的社会。在农

---

[①] 徐勇：《包产到户沉浮录》，珠海出版社1998年版，第8—11页。

业社会，各自的生产条件大体相近，劳动能力大体相近，生产产出也大体相近，由此产生出"均平"的意识。在传统中国，公平意味着"一碗水端平""不偏不倚""一视同仁"。《说文解字》中的理解是："正，是也"，"公，平分也"。"丘也闻有国有家者，不患寡而患不均。"（《孔子·季氏》）生命与财产的均平，可以说是古代家户制农民的一种核心公平观。

而家户制在创造效率的同时，却产生的是社会分化和不均等的结果。其一是自然灾害。农业社会高度依赖自然，一旦发生灾害，对于一家一户的农民来说，很容易破产，甚至成灭顶之灾。而自然灾害产生的结果对于每个农民是不一样的。其二是家户内部。随着家户的成长，大家庭会不断自我分裂为一个个小家。每个小家的生产条件和经营行为不一样，其结果也不同。就是同一血缘关系的家族社会成员也可能分化为大农、中农和小农。特别是家户制重视血缘传承，子女多造成的分家成为一种持续不断的返贫机制。其三是社会竞争。家户制是在"天下为公"的原始社会向"天下为家"的私有制社会转变而来的。私有制是以家户为单位的。家户之间为获得自我生存，或者本家的"发家致富"和"光宗耀祖"，必然形成争夺和利用有限资源的竞争关系。而土地买卖又加剧私有产权及其家户间的竞争。这种竞争关系形成生存压力，促进生产效率的提高，但也会带来社会分化和社会对立，社会缺乏对弱势家户的保护。其四是国家汲取。家户制是国家产生并发展的产物。"户"的设立本身就是基于国家管理，特别是收税的需要。"天下为家"，对于社会来讲，即天下分裂为一个个家户；对于国家来讲，即天下归为统治者一家所有。对于"家天下"的统治者来说，他们对子民更多的是汲取，是依靠权力占有土地和财富，而不是将子民作为与自己同等的人公平对待。正如孙中山先生所说："在清朝时代，每一省之中，上有督抚，中有府道，下有州县佐杂，所以人民和皇帝的关系很小。人民对于皇帝只有一个关系，就是纳粮，除了纳粮之外，便和政府没有别的关系。因为这个缘故，中国人民的政治思想就很薄弱，人民不管谁来做皇帝，只要纳粮，便算尽了人民的责任。政府只要人民纳粮，便不去理会他们别的事，其余都是听任人民自生自灭。"[1] 国家

---

[1] 孙中山：《三民主义》，岳麓书社2000年版，第89页。

汲取财富，却不承担对家户农民保护的义务，甚至与民争利，其形式就是沉重的赋税劳役。因此，家户制伴随着社会分化，土地和财富分布不均，甚至走向"富者田连阡陌，贫者无立锥之地"的两极化。这一极端化的后果会触及农民的"公平"底线，即"民不聊生"，从而产生反叛。而农民反叛的意识形态便是埋藏在其心灵深处的公平观：我们都是同样的人，都是父母所生，有与生俱来的生命权，有理由均平财富。谁触及了这一公平底线，谁都有可能成为反叛对象，哪怕是神圣的"天子"。所以，传统中国在创造灿烂的农业文明同时，又会循环地发生"改朝换代"。而每一次以农民为主体的"改朝换代"的动员武器都是"吾疾贫富不均，今为汝辈均之"、"均贫富，等贵贱"等公平口号，每次"改朝换代"的结果都是土地和财富的重新均平分配。而回到公平起点后，又会产生下一轮的社会分化，形成新的不公平，从而循环往复。正因为如此，美国史学家斯塔夫里亚诺斯认为，传统中国"有造反而无革命"，用他引述的话说："数千年来朝代的兴衰并没有引起革命而仅仅是统治家族的更替。"[1]

## 二 "强公平弱效率"的公社制

中国文明具有持续性，也具有跳跃性。进入现代世界体系后，中国得以走出传统的循环往复之路。

进入现代世界的国家都伴随着土地制度改革，中国更是如此。孙中山作为现代中国的缔造者，提出"天下为公"，要求"平均地权"，实行"耕者有其田"。孙中山先生的主张与以往造反者的口号在形式上有相通之处，但具有革命性意义。其一是"天下"不能再是"家天下"，而是"公天下"。其二是"公天下"具体体现为"平均地权"，每个国民都有平均获得土地的权利，这种权利不仅仅是与生俱来的自然权利，更是国家赋予和保护的法定权利。历史上的公平因此具有法定意义。

中国共产党承继孙中山先生的主张，并实现了土地改革的目标。其重要特点是运用马克思主义"剥夺剥夺者"的思想，赋予革命以合理性，

---

[1] ［美］斯塔夫里亚诺斯：《全球分裂——第三世界的历史进程》（上），商务印书馆1985年版，第318页。

以激进的剥夺方式达到"耕者有其田"的目标。土地改革是一场革命，而不再"是统治家族的更替"。正如亲历土地改革的杜润生所评价的："我国土地改革，'发动群众重建基层'，使民主革命走出了'改朝换代'的旧模式，展现出'改天换地'的新格局，产权结构的公平性，深得农民拥护。"① 但是，杜润生也不无遗憾地表示："全国解放以后，有几年生产发展（或曰'恢复'）是很快的。但这一过程太短，很快就进入另一项制度变革，土改所激发的生产者积极性并没有得到充分发挥。"② 那么，为什么中国土地改革之后，很快又进入到另一项制度变革了呢？其内在的逻辑仍然在于公平与效率的矛盾。

土地改革的最大成果是"土地回了家"，即将地主占有的土地分配给无地或者少地的农民，实行平均地权。但是这种"回家"是回到各个家户平均占有，是一种起点公平。而在家户制下，起点公平并不能避免社会分化和结果不均，后者恰恰是与革命目标相悖的。于是，土地改革之后很快开展了农业集体化运动。

农业集体化运动是对传统家户制的否定和替代。这在于革命思维形成的对传统个体家户经济的"决裂式"和否定性认识。早在1940年代，中共领袖毛泽东就指出："在农民群众方面，几千年来都是个体经济，一家一户就是一个生产单位，这种分散的个体生产，就是封建统治的经济基础，而使农民自己陷于永远的穷苦。克服这种状况的唯一办法，就是逐步地集体化；而达到集体化的唯一道路，依据列宁所说，就是经过合作社"。③ 土地改革只是将土地进行了重新分配，实现了产权制度的起点公平。但在家户制条件下，由于生产经营能力的差异，有可能重新面临社会分化，一部分人还可能再次陷入贫困。

对于土地改革后的集体化路径，中共高层事实上存在着两种思路：一是以刘少奇、邓子恢等人为代表，强调集体化与机械化相适应，进程不宜太快，传统的个体经济仍然有生命力，要保护和鼓励农民个体积极性；一是以毛泽东为代表，更加强调农民互助合作，强调引导农民发扬集体合

---

① 杜润生：《中国农村体制变革重大决策纪实》，人民出版社2005年版，第23页。
② 同上书，第22—23页。
③ 《毛泽东选集》第3卷，人民出版社1991年版，第931页。

作的社会主义积极性，要加快集体化进程，特别是实现产权集体化，从根本上消除造成农民贫困的制度原因。如杜润生所说："毛主席的意见是先改变所有制，然后发展生产，""针对的是刘少奇先机械化然后才有集体化的思想。"① 由于工业化启动需要农业提供支持，实行统购统销需要农民作出贡献，加快农业集体化的主张成为主流。土地改革后，在不到六年，就经由互助组、初级合作社、高级合作社，达到人民公社，并形成公社制。

中国数千年实行的是家户制，集体化是前所未有的制度创建，并作为社会主义制度的组成部分。当时，世界第一个社会主义国家的苏联成为集体化的学习模块。中共中央认为只有"社会主义的集体农庄才是完全的社会主义"形式。② 人民公社制的内在核心要素在相当程度与苏联的集体农庄制是一致的。而苏联的集体农庄制是在其久远的俄国村社制底色下形成的。长期历史以来，俄国的农村社会成员是通过一个个村社组织起来的。农民村社是地域性的共同居住、血缘性的相互联系、自然资源和土地的共同所有、生产劳动的相互组合的基层社会组织。村社有以下主要特征：土地"公有"，并通过村社定期重分来保持社员之间的平均占有；国家税赋以村社为单位承担，村社通过贫欠富补达到平摊负担；实行劳动者之间的组合，村社鼓励共同耕作；村社通过社员会议共同管理，强调集体本位。③ 与典型的中国家户制相比，村社制更加强调村社集体单位，村社具有比家庭更高、更神圣的地位，村社是村社成员共有的"大家"。村社与集体农庄的共同特点就是以超越家户的集体为基本单位，集体成员内部大体平均。当然，人民公社运动中的一些做法，甚至超越了苏联的集体农庄，比如消费方面的"公共食堂"。

与被称为"一小二私三散"的家户制相比，公社制的基本特点是"一大二公三统"。"大"在于社会组织单位比家户要大，即使实行"三级所有，队为基础"的生产小队，也是由若干家户构成的。"公"在于生产

---

① 杜润生：《中国农村体制变革重大决策纪实》，人民出版社2005年版，第32页。
② 中华人民共和国国家农业委员会办公厅编：《农村集体化重要文件汇编》（上），中央党校出版社1981年版，第98页。
③ 金雁、卞悟：《农村公社、改革与革命——村社传统与俄国现代化之路》，中央编译出版社1996年版，第71—119页。

资料全部归集体所有（除保留的极少数自留地以外）。"统"在于集中统一进行生产经营和管理。在"一大二公"基础上，公社成员共同劳动，统一分配，成果大体均等。

从公社组织的建立，到公社制度的建立，再到公社制度建立后的发展，都体现了一个基本原则，就是以公社制抑制社会分化的"强公平"性。土地改革后的集体化，在相当程度是防范"土地回家"后发生新的分化；公社制以公社集体为基本单位，所有社会成员都成为公社集体中的一员，不再有独立的家户利益，便缺乏社会分化的制度基础；进入公社时期后出现了以家庭为单位的生产责任制的要求，并数次叫停，主要是担心包工包产到户会很快发生社会分化。毛泽东1962年针对党的高层支持包产到户的现象，专门指出："一搞包产到户，一搞单干，半年的时间就看出农村阶级分化很厉害"，[①] 为此加以严厉制止；公社制确立不久，便在农村开展"四清运动"，认为农村出现了新的社会分化，特别是干部与群众的分化，要求通过群众运动的方式解决干部脱离群众的问题。因此，公社制是以产权公有来保障结果均等，充分体现了长期历史以来人们久远的公平理想。

但是，农民并没有对公社制保持长久的热情，甚至逐步背离了公社制。其主要原因是公社制具有内在的、难以克服的缺陷，这就是相对"强公平"而言，是"弱效率"。这里说的效率，并不仅仅是简单的产出，而是基于生产者内在动力产生的积极性和创造性。如果依靠某种外部性力量，也可以产生出巨大的效率，如公社时期的水利建设。但基于外部性的效率是难以持续的。基于生产者内在动力产生的效率是不断递增的，趋于强化；基于生产者外部的效率则是不断递减的，趋于弱化。杜润生认为："历史事实证明：集体经济是一个低效益的经济。它的体制背离了农业生物学特性，使农民疏远土地，无从建立起持久不衰的劳动兴趣和责任感，从而影响他们的生产积极性。"[②]

公社制的"弱效率"的主要根源，首先在于公社组织单位与农业生产特质不相吻合。农业生产过程复杂、琐碎和难以掌控，地域性、季节

---

[①] 徐勇：《包产到户沉浮录》，珠海出版社1998年版，第173页。
[②] 杜润生：《中国农村体制变革重大决策纪实》，人民出版社2005年版，第98页。

性、周期性强，对组织管理的成本要求高，更适合家户这种原生型的组织。而与血缘性的、与生俱来的家户相比，公社集体则是次生的、建构性的地域性组织。这一组织的规模比家户大，但相互间的信任和合作难，由此会增大组织管理成本。因此，在公社时期便产生了一个有史以来从未有过的生产管理阶层——干部，并成为后来农村分化的来源之一。由于南方水稻生产过程复杂，特别不适宜公社这种规模性组织生产，因此率先兴起包产到户，突破公社集体统一经营体制。公社组织后来确立为"三级所有，队为基础"，事实上是在向血缘关系的家户靠近。

公社制"弱效率"其次在于其内部的二元属性及其由此产生的惰性。在公社制下，家户虽然不是产权与生产经营单位，但仍然是消费单位和生活单位。人民公社初始试图通过"大食堂"来解决家户消费单位问题而未能成功。作为消费单位和生活单位，自然有其家户利益。公社集体与家户之间必然会产生内在的紧张关系。从家户单位看，希望本家户有更高的收益，但又会造成集体内部的不平衡。公社分配一直在寻找成员间的平衡，其粮食分配实行按劳分配的"工分粮"和按人头分配的"口粮"。而劳动与人口具体到家户是不平衡的，有的劳动多些，有些人口多些。由此使公社成员的公平观发生分裂。对于劳动多的家户来说，多劳动并不能多得，因此认为不公平，由此导致"集体田里磨洋工，自留地里打冲锋"。对于人口多的家户来讲，有人则可以分得一份口粮，也不必更多考虑生产付出与报酬获得的相匹配性。这会进一步稀释生产者的积极性。

公社制"弱效率"还在于限制了农民合理有效配置资源，使劳动力和土地资源的效率最大化。由于所有农民被组织在公社体制之中，农民只能根据公社组织决定自己的活动。"政社合一、公民皆社员的人民公社，又不允许自由进出，堵塞了社员自求谋生的道路，限制了农户发展经济的自由。在历史上，农民从来拥有从事多种经营、配置自有资源的自由。但是在人民公社时期，农民的这种自由权利却受到剥夺。其结果不仅加重了农村的贫困程度，还加重了城市的消费品短缺。"[1]

公社制的"弱效率"最后必然导致公社制的解体。首先，公平需要效率作为支撑。一个没有效率构成的物质匮乏的社会是不可持续的，如原

---

[1] 杜润生：《中国农村体制变革重大决策纪实》，人民出版社2005年版，第98页。

始社会。物质匮乏必然带来更大的不公平。在物质匮乏的情况下不可能消除社会分化，因为物质太少而无法满足所有人的需要，对财富的争夺终将造成社会分化的重新复活。公社制之后的"四清运动"将干部作为主要清理对象正是基于此。如马克思所说"生产力的这种发展……之所以是绝对必需的实际前提，还因为如果没有这种发展，那就只会有贫穷的普遍化，而在极端的贫困的情况下，就必须重新开始必需品的斗争，也就是说，全部陈腐的东西又要死灰复燃"。① 公社制的效率递减使其难以维系，造成部分成员离心离德。如杜润生所说："按照前苏联集体化的办法，虽可抑制两极分化，却要人们忍受贫困之苦。"② "正因为'大集体经济'吃不饱饭，甚至饿死了人，农民就要想办法，避免风险。"其办法一是"瞒产私分"，二是扩大自留地，三是搞包产到户，由此造成公社制的解体。③

公社制的"强公平"只是一种狭隘的地域集体公平。公平是在相对性的比较中认知的。在公社单位内，成员大体一致，使成员获得一种公平的满足感。但是，在更大范围内，公社成员之间是不平衡的。生产队与生产队之间、生产大队与生产大队之间、公社与公社之间都不平衡。公社体制试图通过"一平二调"来实现平衡，却又影响了生产积极性。毛泽东对此有非常清醒的认识，一些公社管理办法"弄得大小队之间，干群之间，一年大吵几次，结果瞒产私分，并且永远闹不清楚。"④ 更重要的是，公社制是一种"政社合一"体制，每个人都是公社成员，并牢牢限制在土地上，形成并固化了城乡二元结构。在这种结构下，农民不能离开土地发挥最大的劳动价值，以满足自己不断增长的需要。农民的收获必须先提交给国家，由集体再分配给个人。这对于生产者而言，是更大程度的不公平。这种不公平性，也会抑制着生产力的发挥。

---

① 马克思：《资本论》第3卷，人民出版社1975年版，第925—926页。
② 杜润生：《杜润生自述：中国农村体制变革重大决策纪实》，人民出版社2005年版，第112页。
③ 同上书，第83页。
④ 《毛泽东文集》第8卷，人民出版社1999年版，第285页。

## 三 "强效率弱公平"的家庭承包制

公社体制的先天缺陷导致难以持续，进一步的改革便不可避免。事实上，自集体化和公社制形成之时，便开始以家庭作为生产经营单位的改革，只是这种改革数度受到压制，一直到1980年代初，随着家庭承包制的兴起，导致人民公社体制的废除。

从社会组织单位看，家庭承包制与传统的家户制有类似之处，都是以家户作为产权、生产、经营、分配、消费、生活和政治单位。家庭承包制的全称是"家庭联产承包责任制"，其责任制与传统家户制也相似。正因为如此，在实行家庭承包制之初，有人说"辛辛苦苦三十年，一夜回到解放前"。但是，家庭承包制不是简单的历史回归，其基本底线就是土地等生产资料仍然归集体所有，农民获得的只是对土地的承包经营权。换言之，"土地公有，家庭承包，这种半公有、半私有的形式，既满足了农民对家庭经营的偏爱，使小私有者的积极性得以发挥，又保留了土地的公有制。"[①] 家庭承包经营权是从集体所有权衍生或者派生出来的。但是，这种衍生或者派生并不是可有可无的，恰恰是必须和必要的。其核心导向便是克服公社制的"弱效率"缺陷，以家庭为生产经营单位，强化效率。这种效率是基于生产者内在的动力而不是外在的压力。邓小平在评价农村改革时，使用最多的词就是"自主性"和"积极性"，指出："这些年来搞改革的一条经验，就是首先调动农民的积极性，把生产经营的自主权下放给农民"。[②]

家庭承包制对效率的强化，首先在于"起点公平"。土地承包权尽管是一种有限的产权，但是土地的直接经营权，意味着土地直接由每个家庭所支配，其生产成果也为家庭直接分配。这与历史上的"均田制"、土地改革的"耕者有其田"有共同之处，因此被称之为"分田到户"，承包权根据人口平均获得，"平均程度超过了当年的土地改革。好处是提供了起

---

① 杜润生：《杜润生自述：中国农村体制变革重大决策纪实》，人民出版社2005年版，第133页。
② 《邓小平文选》第3卷，人民出版社1993年版，第180页。

点公平，实现了公平竞争，初始资源的公平配置"。① 每个家户都有直接支配土地的自主性，由此必然激发起生产热情和积极性。

家庭承包制对效率的强化，其次在于获得权利的同时获得责任。家庭承包制赋予生产者以生产经营自主权，与此同时也强化了生产责任制。责任制严格遵循"不劳动者不得食"的原则，同时还要履行对村庄和国家的税费义务，生产与收益直接联系，从而促使生产者努力从事提高生产效率，激发起积极性。如邓小平所说："农村改革的内容总的说就是搞责任制，抛弃吃大锅饭的办法，调动农民的积极性。"②

家庭承包制对效率的强化，还在于建构起希望机制。家庭承包制不仅仅在于家户获得生产经营自主权，更重要的是获得了人身活动的自由。在杜润生看来："集体经济已难以维持，它最大的弊端就是把人捆死了。农民说不怕累，就怕捆。中国农民有了一点自由，是能够做出许多创造的；不给他自由，他有可能变成你的包袱"。③ 获得自主权的人们得以摆脱对土地的依附，走出乡土，宜工则工，宜商则商，从而开拓一番广阔的天地。邓小平因此表示，"农村改革中，我们完全没有预料到的最大收获，就是乡镇企业发展起来了，突然冒出搞多种行业，搞商品经济，搞各种小型企业，异军突起。"④ 与此同时，大量农民外出务工经商，形成以家庭为单位、务农与务工结合的新型家户制。这种家户制极大地发挥了农村丰厚的人力资源的作用，也提升了农村人口的生活水平。

家庭承包制在强化效率的过程中，也出现了"弱公平"性，出现了农民个体与农民群体双重"弱势"的社会分化。

首先，家庭承包制以家户为单位，尽管承包制之初的起点是公平的，但由于生产经营能力等因素，造成家户之间的结果是不均等的，部分农民个体相对贫困。尽管实行家庭承包制以后，农村生活水平普遍得到提高，但内部的分化也十分明显。这种分化是传统的狭隘地域的公平观所难以接

---

① 杜润生：《杜润生自述：中国农村体制变革重大决策纪实》，人民出版社 2005 年版，第 155 页。

② 《邓小平文选》第 3 卷，人民出版社 1993 年版，第 117 页。

③ 杜润生：《杜润生自述：中国农村体制变革重大决策纪实》，人民出版社 2005 年版，第 132 页。

④ 《邓小平文选》第 3 卷，人民出版社 1993 年版，第 238 页。

受的。人们可以理解外面的高楼大厦，但如果邻居在自己平房旁边修建了豪华的住宅，则会引起人们的嫉妒，如果豪宅里的人趾高气扬，更会招致人们的不满。而这一状况在人民公社时代是不可能发生的，普遍贫困造成的是普遍心理平衡。这是家庭承包制时代尽管人们吃饱了饭，但还对公社制滋生一种怀念的重要原因之一。

其次，家庭承包制以家户为单位，缺乏村集体的共同作用。家户制作为社会组织的基本单位，其功能毕竟有限。公社制可以发挥出家户制所不具有的一些社会功能，如组织成员兴修水利等公共工程、对弱者的救助、人口与劳动的平衡等。实行家庭承包制以后，以家户为基本单位，出现各家顾各家的趋向。村集体更多是一种所有制单位，难以发挥实质性作用，也无法履行家户需要却难以履行的社会功能，由此造成人们的失落感。公平具有相对性，当原有的失去了，人们也会产生出失落心理，对现实状况持有一种不公平感。这也是相当数量的人们，特别是老年农民和弱势农民对公社制还有一种怀念之心的重要原因之一。

第三，家庭承包制以家户为单位，其生产能力毕竟是有限的，在特定条件下，甚至会出现某种"增长的极限"，其效率也是有限的。如作为家庭承包制发源地和标志的安徽小岗村，"一夜之间脱贫，30年未能致富"。相比之下，一些在农村改革以后仍然坚持集体统一经营的村庄，却成为致富的模范。一般人不可能理解这些村庄主要是依靠工业和市场经济致富，只是看到了集体单位及其内含的平均分配的价值。与家户制造成的社会分化相比，少数村庄的集体共同致富，造成人们的心理失落，认为家户制弱化了公平，从而重新激发起对公社制的怀念。

其四，家户制以家户为单位，从根本上说是一种责任制。家庭承包制实行之初，其前提条件是"交够国家的，留足集体的，剩下的全是自己的"。农民获得自主权是以对国家和集体的责任为前提的，是一种责任本位。这种责任本位在一定条件下是农民可以并且愿意接受的。但是，随着家户成员获得自主权，得以自由走出乡土时，权利意识急剧萌生的扩展，在更大范围内的"弱公平"性便成为突出问题。最为突出的是城乡二元结构造成的城乡差异。如对外出务工人员的非市民待遇、农产品的单向政府定价、农业人口不管有无收入或者收入多少都必须上交农业税费，政府公共服务的非均等性等。这种差等性的国民待遇造成整个农民群体的不公平感。尽管城乡差异在农村改革以前也存在，但因为不流动和农村内部的均等化，没有能够造成人们的足够的自觉意识。

总体上看，农村改革以后的"弱公平性"更主要体现在农民群体的弱势化，由此也连带对以家庭承包制为核心的改革的合理性的质疑。

## 四 "提效率增公平"的现代家户制

中国社会及其农村变迁是持续不断又不断往复的进程。家庭承包制的限度及其受到质疑，使人们不能不思考未来农村社会的基本组织单位，是传统的家户制，还是曾经有过的公社制，抑或是现代公司制？本文认为，可取的是现代家户制。

家户作为农业生产的基本组织单位，是与农业生产特质相吻合的。"农业是自然再生产和经济再生产的一个结合体，受生物学规律支配，要求不误农时。""农业的决策最好是现场决策"，"动物、植物都是有生命的物体，需要精心呵护。家庭经营则最适宜这种现场决策。"[①] 除非农业生产也如工业生产所具有的集聚性和可控性一样。即使是世界上的现代农业生产，家庭仍然是基本的组织单位。

但是，随着社会发展，家户制也需要提升，由传统的家户制向现代家户制转变。

现代家户制是独立的法人团体，作为独立的生产经营主体，享有平等的权利和义务。传统的家户制是与生俱来、自然形成的，现代家户制具有建构性，除与生俱来的家户以外，其他成员也可以通过注册登记成为农业经营户。农业经营户与其他工商业经营户一样，享有平等的权利与义务。传统家户制的产权是残缺不全的，在东方专制主义侵害下，"从来不讲保护个人财产权利不受侵犯。"[②] 而现代家户制是在国家法治环境下形成的，要求国家法律提供承认和保护，以使得农村家户能够获得长期稳定的预期。

---

[①] 杜润生：《杜润生自述：中国农村体制变革重大决策纪实》，人民出版社 2005 年版，第 134 页。

[②] 同上书，第 21 页。

现代家户制是社会化的家户单位。在传统的家户制下，一家一户是一个封闭的、自给自足的单位，并因其封闭性而染上了"惰性"。现代家户制下的家户处于整个社会化大生产体系之中，它只是整个社会化大生产链条中的一个环节。同时，家户的功能日益减少，原来由家户承担的功能大量由社会承担，或者其功能中的相当一部分由社会承担，如教育、赡养等。再次，家户难以承担的公共工程、公共福利等由社会来承担。家户是社会怀抱里存在，而不像传统家户本身就是一个"小社会"。现代家户制可以说是"大社会，小家户"，是一种"社会化的小农"。[①]

现代家户制是受国家保护和支持的家户单位。在传统家户制下，家户主要是责任单位，国家对于家户的存在不负责任。随着现代国家的建构，农民成为平等的公民，享有平等的国民待遇，并由于农业的先天弱势性，享有国家特殊的保护与支持。因此，现代家户制可以说是"小家户，大保护"。

由传统家户制向现代家户制转变，目的是提高效率，增进公平。

任何一种组织单位都有其限度。传统家户制因为组织规模太小，其进一步发展受到限制。但是，并不是组织规模愈大，效率愈高，特别是农业生产更是如此。"一大二公"的公社制的实行，已经充分证明。现代公司制的组织规模超过家户，其面临的问题同样在于农业生产特性更适宜小组织单位。因此，家户制的人员组织规模是适宜农业生产的。但是，任何一种生产只有具备一定规模才能提高效率，获得更多产出。因此，就农业生产规模而言，不能再只是局限于人员规模，如实行公社制和公司制，更重要的是扩大土地规模。如果仅仅扩大人员组织规模，而不是扩大土地规模，其生产效率不仅不会提高，反而会降低。公社制就是如此。因此，现代家户制要求的是"小家户，大土地"。当下，农村土地流转和规模经营便是趋势。当然，要达到"小家户，大土地"，涉及一系列配套条件，如产权制度改革、社会化服务体系的建构。

随着农业社会进入工业社会，高度依赖自然的农业具有先天的弱势产

---

[①] 自2006年以来，本人及其团队致力于对当下小农的研究，提出了"社会化小农"的概念。参见徐勇《"再识农户"与社会化小农的建构》，《华中师范大学学报》2006年第4期；徐勇、邓大才《社会化小农：解释当今农户的一种视角》，《学术月刊》2006年第7期等。

业地位，这也是家户制有其天然限度的重要原因，也不可能依靠扩大组织规模的公社制和公司来解决。建立现代家户制的重要条件或保障，是增进公平。这种公平是现代公平观，包括起点公平、过程公平和结果公平，且需要国家加以保护和实现。首先是起点公平，将家户与其他生产经营单位一样置于平等的法人地位，享受平等的国民待遇。本世纪初，国家废除农业税便是重要举措；其次是过程公平。国家对于家户制农民参与社会竞争提供平等支持，如基本公共服务均等化，建立起以政府投放为主导的"小家户、大服务"体系；再次是结果公平。对于农村家户给以普遍的保护优惠政策，以使其获得与其他群体差异不大的收益；对于贫困人群实行国家救助，使贫困个体获得基本的生活保障并分享发展成果。"保持社会公平，更多地关怀低收入群体，关怀弱势群体。""不是劫富济贫，不是限制自由发展，再回到平均主义老路。"[1]

（原文刊载于《探索与争鸣》2016年第6期，原文标题《公平与效率：中国农村组织制度变迁的内在机理》）

---

[1] 杜润生：《杜润生自述：中国农村体制变革重大决策纪实》，人民出版社2005年版，第292页。

# 第六章 阶级、集体、社区:国家对乡村的社会整合

在传统农业文明时代,乡村社会结构具有高度的分散性,并由这种经济社会的分散性导致对国家的离散性。在中国的现代化进程中,国家建构的一个重要任务就是通过社会整合,将高度分散性的乡土社会聚合和组织起来,形成相互联系并对国家具有向心力的社会共同体。这种共同体是现代国家对乡村治理的社会基础。在中国现代化进程中,主要依靠阶级—集体—社区的逻辑重新构造社会,实现对乡村社会的整合。

## 一 "阶级化":家族社会到阶级社会

自有人类社会以来,社会成员就分化为不同的群体。特别是乡村社会处于分散隔绝状态,个体成员之间缺乏有机的横向联系,组织化程度低。所谓社会整合,就是通过社会组织和社会联系的方式将分化分散的个体联结为一个整体,其目的在于促进团结,使各种社会要素之间形成一种相互统一、相互协调的状态。在中国,乡土的社会整合首先是从孤立的家族社会进入到具有更广泛联系的阶级社会。

长期历史以来,中国乡村社会是一个家族性社会。一家一户是基本的生产和生活单位。在长期的定居农耕过程中,由一个家庭繁衍一个家族,形成家族性村落。家族世代生于斯、传于斯,形成一个具有认同性的宗族。中国农村社会实行"分家析产制",从制度上不断巩固家庭财产制,形成家族利益共同体。中国人的姓氏随父姓,强调家族血统的正宗性和对祖先的崇拜。因此,中国传统的乡村社会实际上是一个家族社会。人们日常生活中的交往领域主要是家庭和家族,由此形成强烈的家族认同性。跨

越传统与现代的孙中山先生对此有深刻的感悟，他指出："中国人最崇拜的是家族主义和宗族主义。""中国人的团结力，只能及于宗族而止，还没有扩张到国族。"① 各个家庭和家族之间缺乏横向的有机联系，具有天然的分散性，孙中山先生将其喻之"一盘散沙"，因此无法形成全国性的整体社会。这种社会具有对国家的离散性，人们在日常生活中难以建构起国家意识。

分散的小农是中国传统乡村社会的根基。这种由自然经济产生出来的分散小农，更多的具有自然属性，而缺乏社会属性，即缺乏社会的广泛联系，没有丰富的社会关系。马克思对小农社会的特性有过深刻的阐述。他认为："小农人数众多，他们的生活条件相同，但是彼此间并没有发生多种多样的关系。他们的生产方式不是使他们互相交往，而是使他们互相隔离。""每一个农户差不多都是自给自足的，都是直接生产自己的大部分消费品，因而他们取得生活资料多半是靠与自然交换，而不是靠与社会交往。一小块土地、一个农民和一个家庭；旁边是另一块土地、另一个农民和另一个家庭。一批这样的单位就形成一个村子；一批这样的村子就形成一个省。"小农社会"好像一袋马铃薯，是袋中的一个个马铃薯所集成的那样。"② 马克思主义对社会的分析方法是阶级分析法。马克思对小农社会的阶级特性也有过精当的分析。他说："数百万家庭的经济生活条件使他们的生活方式、利益和教育程度与其他阶级的生活方式、利益和教育程度各不相同并相互敌对，就这一点而言，他们是一个阶级。而各个小农彼此间只存在地域的联系，他们利益的同一性并不使他们彼此间形成共同关系，形成全国性的联系，形成自己的政治组织，就这一点而言，他们又不是一个阶级。"③ 这意味着，就客观的经济地位和条件而言，小农是一个不同于其他阶级的"自在"阶级，但就小农的全国性联系和自我意识而言，小农又没有形成一个具有阶级自我意识和能动行动者的"自为"阶级。他们只有对国家行政权力的"纵向联系"，缺乏彼此之间的"横向联系"。

---

① 孙中山：《三民主义》，岳麓书社 2000 年版，第 2 页。
② 《马克思恩格斯选集》第 1 卷，人民出版社 1995 年版，第 677 页。
③ 同上。

中国的现代国家建构自辛亥革命开始。辛亥革命推翻了上层国家的帝制，但没有动摇社会根基。这一历史使命是由中国共产党承担的。中国共产党是马克思主义武装起来的先进政党。在现代中国，中国共产党一方面要推翻旧制度，建设新社会，另一方面要进行广泛的社会动员，寻求依靠力量以实现自己的目标。在西欧工业化国家，马克思主义政党的阶级基础主要是工人阶级。而在20世纪上半期的中国，百分之九十以上的人口是农村人口。用马克思主义武装的中国共产党人一开始就非常强调阶级分析。毛泽东在1925年发表重要文章《中国社会各阶级的分析》，开宗明义强调："谁是我们的敌人？谁是我们的朋友？这个问题是革命的首要问题"，[1] 并将占中国人口大多数的农民作为革命的团结力量。到1927年，毛泽东更是将农民视为革命先锋，"农民成就了多年未曾成就的革命事业，农民做了国民革命的重要工作。"[2] 为此，他将对待贫农的态度上升到对待革命的态度。中国革命走的是一条"以农村包围城市"的道路。这条道路决定了中国共产党必须在农村进行社会动员，寻求依靠力量。这一力量就是在旧秩序下生活贫苦的农民。但是，当中国共产党在农村进行社会动员时很快发现，尽管在客观上，农民的阶级地位低下，生活贫苦，但却缺乏阶级的自我意识。其重要原因就是在乡村社会长期历史形成的宗亲意识。虽然农村有贫富分化，但久远的血缘关系和血亲意识大大淡化了阶级分化和阶级对立。地主和农民、富农和贫农之间有着千丝万缕的血缘联系。毛泽东在《井冈山的斗争》一文中写道："边界的经济，是农业经济，……社会组织是普遍以一姓为单位的家族组织。党在村落中的组织，因居住关系，许多是一姓的党员为一个支部，支部会议简直同时就是家族会议。""说共产党不分国界省界的话，他们不大懂，不分县界、区界、乡界的话，他们也是不大懂得的。"[3]

尽管农民在经济地位上是一个阶级，但分散经济和家族社会使他们无法形成一个具有全国性联系的阶级并缺乏阶级的自我意识。因此，中国共产党要将广大分散的农民动员到自己的旗帜下，形成一个具有全国性联系

---

[1] 《毛泽东选集》第1卷，人民出版社1991年版，第3页。
[2] 同上书，第18—19页。
[3] 同上书，第74页。

的社会整体，必须强化阶级和阶级意识，对农村社会进行阶级化。"阶级化"是一个将客观上的阶级变为具有主体意识的阶级的过程，一方面对农村社会成员进行阶级划分，寻找可靠的阶级基础和团结力量；另一方面是对农村社会成员进行阶级教育，强化阶级意识，形成阶级认同，从而获得"阶级性"。"划成分"便是重要方法。

"划成分"是中国共产党对农村社会成员身份的确认，并由此决定其地位和命运。从阶级的角度为社会成员划定成分是一个社会改造、重组的过程，同时也是社会整合的过程。在《中国社会各阶级的分析》中，毛泽东就对中国社会的阶级阶层进行了详尽的划分。在《湖南农民运动考察报告》中，他进一步认为，对农民也要细分为不同的阶层和群体。中国共产党对农村的社会动员和社会整合是伴随着土地变革进行的。土地变革是一场土地制度革命，面临着土地关系的再调整和土地资源的再分配。1933年，毛泽东专门为井冈山革命根据地的土地革命写过《怎样分析农村阶级》一文，并作为划分农村阶级成分的依据。这篇文章将农村社会成员划分为地主、富农、中农、贫农、工人。

随着中国共产党取得全国性政权及之后的农村土地改革，中国共产党运用国家政权的力量对农村进行全国性的"划成分"。

1950年8月20日，政务院公布《关于划分农村阶级成分的决定》，全国农村全部开始"划成分"。按规定，凡占有土地、自己不劳动而靠剥削为生的为地主。其主要剥削方式是收取地租，占有或租人土地、有比较优良的生产工具及活动资本，参加小部分劳动但主要以剥削雇佣劳动为生的为富农。占有或租人土地、有相当工具、直接从事劳动并以此为生的是中农。租人土地来耕作、有不完全工具、受地主、受富农剥削的是贫农。全无土地和工具、主要以出卖劳动力为生的是工人（含雇农）。《决定》规定：18岁以下的少年和在校青年学生，一般不划成分，只划分家庭出身；地主、富农在土改后服从法令，努力生产，没有反动行为连续5年与3年以上者，可按有关程序改划成分。"划成分"不仅是确立社会成员的身份，更重要的是取得相应的待遇。正是在"划成分"的基础上，中国共产党确定了"依靠贫农，团结中农，有步骤地、有分别地消灭封建剥削制度，发展农业生产"的路线。根据这一路线，将没收的地主土地无偿分给贫农。

"划成分"是建构阶级意识的基础。"划成分"是一种资源的再分配方式，决定了有的人得到，有的人失去。物质生产和生活资料是人的存在基础。利益关系是最根本的社会关系。血缘关系尽管可以淡化利益关系，但是改变不了利益关系的客观存在。由于"划成分"可以给人们带来实际利益，因此人们更愿意认同自己所划定的某一阶级，而不是某一姓氏。而阶级可以超越血缘、地缘和业缘关系及其边界，从而形成一个全国性的整体社会。阶级不是某一个家族、某一个地方、某一个群体具有的，而是全国性的。传统的分散性的乡村社会因此成为具有阶级联系的整体性社会。由于"划成分"和资源再分配是执掌政权的中国共产党领导下进行的，阶级性的整体社会为中国共产党所组织和领导，并成为中国共产党治理乡村社会的基础。

"划成分"除了政权力量的划分外，还有被划分成员的自我认同。在土地革命和土地改革中，尽管农村社会成员被划分为不同的阶级，但仍然缺乏阶级的自我意识。因此，"划成分"的过程还是一个建构阶级认同的过程。其主要方式就是启发和提高阶级觉悟。为此，中国共产党下派工作队到农村进行阶级教育，强化人们的阶级意识。一是在经济上提出"谁养活谁？"启发农民意识到是自己养活地主，从地主手中获得土地是天经地义。二是在政治上"斗地主"，消灭地主权威。三是在思想文化上强调"亲不亲阶级分"，只有同一阶级的人才是亲人，不同阶级的人则是敌人。正是在一系列的阶级教育过程中，淡化了人们的家族意识，强化了人们的阶级意识。而这种阶级意识是中国共产党赋予的。具有阶级意识的农民因此成为中国共产党在乡村的依靠力量，形成了一个以阶级为基础的全国性政治共同体。农村家族社会转变为阶级社会。中国共产党也由此将广阔而又分散的乡村社会整合在自己的组织和领导之下。

"划成分"是对农村社会成员的一种阶级身份认定。这种认定基于一定社会目的，并且是一定阶段性的产物。但是，新中国建立以后，阶级身份延续很长时间，阶级社会意识也趋于极端化。

根据马克思主义理论，阶级是与生产资料、生活方式和相应的社会地位相联系的。列宁认为："所谓阶级，就是这样一些大的集团，这些集团在历史上一定的社会生产体系中所处的地位不同，同生产资料的关系（这种关系大部分是在法律上明文规定了的）不同，在社会劳动组织中所起的作用不同,因而取得归自己支配的那份社会财富的方式和多寡也不同。所谓阶级,就是这样一些集团,由于它们在一定社会经济结构中所处的地位不同,其中一个集团能够占有另一个集团的劳动。"① 根据这一理论,随着生产资料所有制的变化,社会成员相应的阶级属性也随之发生变化。正是基于此,1950年8月20日政务院公布《关于划分农村阶级成分的决定》,明确规定:"18岁以下的少年和在校青年学生,一般不划成分,只划分家庭出身;地主、富农在土改后服从法令,努力生产,没有反动行为连续5年与3年以上者,可按有关程序改划成分。"

但是,政务院的这一规定并没有在实际生活中体现。这是因为,"划成分"伴随利益的再分配,而且是强制性的分配。在执政党看来,那些失去生产资料和社会地位的地主、富农等剥削阶级必然会不满,从而会挑战和反对既定秩序,进行"阶级报复"。只有那些"没有反动行为连续5年与3年以上者,可按有关程序改划成分。"但是,土地改革以后,执政党继续对乡村社会进行改造,要求建立和巩固社会主义制度。在执政党看来,社会主义改造和变革仍然充满着阶级和阶级斗争。地主、富农等剥削阶级尽管失去了生产资料,但他们仍然会反对现政权和社会主义道路,因此必须对他们进行监督和改造。阶级成分因此成为一个人的政治身份和政治地位的标识,并且长期延续。赋予了某一阶级成分就如戴上了某一顶"帽子",不仅容易标识,而且很难摘下。

"戴帽子"实际上是在生产资料所有制变革完成后继续强化社会成员的阶级性。只是这种阶级性不是与生产资料,而是与实际行为表现联系在一起,并在日常生活中体现出来。在社会主义改造时期,对那些原为地主、富农阶级的人群加入农业合作社进行限制。后来因为所有农村土地都变为社会主义集体所有,原地主、富农等阶级成员才进入人民公社体系中来。但他们与出自贫下中农的公社社员有所不同,只能在劳动中改造,进行群众"管制",而不能享受一般社员的待遇。特别是随着1950年代后期,以人民公社为支撑的社会主义道路受到挫折,执政党领导人认为,农村充满着两个阶级、两条道路的斗争,强调千万不要忘记阶级斗争。而阶级斗争的主要对象就是原地主、富农等社会成员,由此对他们给予了更多

---

① 《列宁选集》第4卷,人民出版社1995年版,第11页。

的限制。1963年,《中共中央关于农村社会主义教育运动中一些具体政策的规定(草案)》明确要求:对地主、富农、反革命和坏分子等"四类分子进行一次评审,切实加强对他们的经常的监督和改造工作。已经摘掉帽子但又有破坏活动、需要重新戴帽子的四类分子,经过县人民委员会批准可以重新戴上"。① 他们不能与其他人一样参加会议和其他社会活动,需要多承担一些义务劳动。

一般来讲,阶级是与本人在经济结构中的地位相联系的。而新中国建立以后的阶级则与社会身份紧密联系。身份指人的出身和社会地位。身份一经获得不仅不容易随着经济地位的改变而改变,而且会延续到自己的后代。原划分为地主、富农的社会成员不仅本人不能享有其他人一样的社会地位,其子女也成为一个特殊的群体。他们的子弟不能参军,不能参加民兵训练。《中共中央关于农村社会主义教育运动中一些具体政策的规定(草案)》明确要求:"地主、富农的子女,一律不能担任本地的基层干部,一般地也不宜负责会计员、记分员、保管员等重要职务。"②"应当加强对地主、富农子女的教育和改造工作","争取他们背叛自己出身的阶级"。③ 该规定还披露了有些地方,"一些党员、团员和贫、下中农青年同地主、富农子女通婚的问题进行了种种限制,不准他们同地主、富农子女结婚,已经结了婚的,则被认为是丧失立场,甚至对他们进行组织处理。"④ 尽管文件认为这些做法不妥,但在强化阶级斗争的氛围下,这种做法很难限制。⑤

"戴帽子"是通过对原地主富农分子及其子女的限制,强化社会成员的阶级意识。与此同时,对原贫下中农阶级的成员也采取措施,进一步强化作为依靠阶级的阶级意识。一是突出其阶级地位。只有贫下中农及其出身的人才更有可能加入中国共产党和担任干部。同时建立贫下中农组织,

---

① 《当代中国农业合作化》编辑室:《建国以来农业合作化史料汇编》,中共党史出版社1992年版,第776页。

② 同上书,第774页。

③ 同上书,第776—777页。

④ 同上书,第777页。

⑤ 参见李海金《身份政治:国家整合中的身份建构——以土地改革以来鄂北洪县为分析对象》,中国社会科学出版社2011年版。

促使他们团结起来并巩固其政治和社会地位。二是通过忆苦思甜唤起他们的历史记忆,从而保持他们的阶级本色。三是通过政治运动整顿基层干部。这些基层干部尽管出身于贫下中农,但由于执掌权力从而背离了自己的阶级,成为蜕化变质分子。对他们要进行清政治、清经济、清组织、清思想。

强化农村社会成员的阶级性,目的是团结95%以上的农民群众,通过阶级整合社会。但是,这种整合本身又在不断再生产着社会对立和冲突,难以达致所有社会成员的一致性。如果说在革命时期通过强化阶级意识,可以改变原有社会结构中血缘主导的社会关系,建构一个阶级性的整体社会,那么伴随生产资料所有制的改变,继续强化阶级意识,则有可能造成整体社会的再分化和再离散。首先是原剥削阶级分子难以通过自己的积极努力改变自己的地位,甚至他们的子女还要背上由他们造成的历史包袱。根据《中共中央关于农村社会主义教育运动中一些具体政策的规定(草案)》的说法,"在农村青年中,地主、富农子女约占10%左右。"[①]这部分人处于社会排斥地位,难以形成对新秩序的认同。其次是作为依靠对象的贫下中农的阶级意识也开始淡化。人的意识最终取决于其经济地位和经济利益。土地革命时期,阶级认同的形成在于能够从中获得物质利益。享有贫下中农身份的人有可能得到许多好处。尽管土地改革以后贫下中农及其子女仍然可能得到一些好处,但是这种好处的边际效应逐步减少,即:"某人在近期内重复获得相同报酬的次数越多,那么,这一报酬的追加部分对他的价值就越小。"特别是土地改革后,农民总体上的经济状况改善不大。他们尽管可以在日常生活中获得某些"好处",但与其他们现实总体生活状况相比却微不足道。如1960年代初,由于饥饿而非正常死亡的人也包括贫下中农及其子女。这种状况使得在"忆苦思甜"活动中,一些贫下中农所回忆的更多的是1960年代初的饥饿痛苦。持续不断的政治运动使基层干部处于经常性的担忧之中,不知哪天政治运动又会将自己清除到政治体系之外,成为新生的阶级敌人。

因此,在生产资料所有制改造完成以后,仍然强化阶级和阶级斗争,

---

① 《当代中国农业合作化》编辑室:《建国以来农业合作化史料汇编》,中共党史出版社1992年版,第777页。

不利于社会整合,团结所有社会成员并调动其积极性。1978年召开的中共十一届三中全会决定停止"以阶级斗争为纲"的路线。1979年1月11日,中共中央发布《关于为地主、富农分子摘帽和地主、富农子女成分问题的决定》。决定要求除极少数人外,对地主、富农、反革命分子、坏分子,一律摘掉帽子,给予农村人民公社社员的待遇。地主、富农家庭出身的农村人民公社社员,他们本人的成分一律定为公社社员,享有同其他社员一样的待遇。今后,他们在入学、招生、参军、入团、入党和分配工作等方面,主要应看本人的政治表现,不得歧视。地主、富农家庭出身的社员的子女,他们的家庭出身应一律为社员,不应再作为地主、富农家庭出身。[①] 中央决定认为,这一决定将有利于更好调动一切积极因素,化消极因素为积极因素。

随着中央决定的实施,农村社会成员一律视之为社员,其阶级身份因此而淡化并最终趋于消失。由阶级而分割的社会成员结构因为统一的"社员"身份而获得社会成员的一体化,从而建构起一个统一的政治共同体。当然,数十年的阶级分割不是一朝一夕能够消失的。直到1979年过去的30年后,民间还流行着"斗地主"的游戏。尽管这只是一种纸牌游戏,但反映出一段历史曾经给人留下的深刻记忆。

## 二 "集体化":个体社会到集体社会

摘掉地主、富农帽子后,农村社会成员统一称之为"社员"。社员是长期历史以来没有的称号,是农村集体化过程中产生的人民公社的产物。除了政治社会的农村阶级化以外,经济社会的农村集体化,也是对农村进行社会整合的重要内容。乡土的社会整合除了经过家族社会进入阶级社会以外,还伴随着从个体社会到集体社会的转变。

集体化是相对个体性而言的。自秦朝以来,中国农村实行一家一户的生产经营方式。这一生产方式决定了农村社会的分散化和对政治的离散化。农村社会因此被视为"一盘散沙"状态。不仅农村成员之间缺乏组

---

[①] 中共中央文献研究室、国务院发展研究中心:《新时期农业和农村工作重要文献选编》,中央文献出版社1992年版,第12—13页。

织联系，而且国家也很难进入农村社会，从而造成政权的"悬浮状态"。

中国共产党通过阶级化的方式组织农民，实现对农村社会的重组。但土地改革以后，农村一家一户的生产方式沿袭下来。而且由于消灭了地主，历史上的农民与地主之间的经济联系也没有了，农村社会的横向联系纽带更少了，个体分散性更强了。为此，伴随土地改革，中国共产党便在农村推行集体化。

中国共产党在农村土地改革之后迅速实行集体化，是从经济的角度整合分散的农村社会。其目的主要有三个方面：一是防止新的社会分化。尽管土地改革之后，农民分得了土地，但由于各家各户的生产能力不一样，能力弱的农民很可能因经营不善而无法维持自己的生活条件，甚至失去土地。而另一部分人则可能成为所谓"新富农"。这种情况是以消灭剥削阶级为己任的中国共产党不愿看到的，也不利于巩固通过消灭剥削阶级实现社会整合的成果。二是巩固国家基层政权的需要。土地改革是中国共产党领导农民对农村的社会重组。尽管政权组织和政党组织下沉到乡村，但如果生产方式仍然沿袭一家一户独立经营，人们更多考虑的是自家利益，使得"自私自利"的农民意识得以萌生和强化，久而久之就会缺乏对政权组织的向心力，形成政治离散性。早在新中国建立前夕，中国共产党领导人毛泽东就提出要防止这一倾向，提出"严重的问题在于教育农民"。但仅仅教育是不够的，需要从经济基础上解决产生这一倾向的土壤。三是国家工业化的需要。农村土地改革刚完成，中国共产党提出要实现工业化的总路线。而工业化的积累需要农业发展提供支持。在中国共产党人看来，个体经济生产能力有限，不能满足国家工业化的需要。同时，个体经营方式更不利于国家直接从农村获取产品。1950年代初，国家对农产品实行统购统销政策，但面对亿万分散的个体农户，统购统销的实行是极为困难的。国家统购统销政策需要有一个整体统一的农民社会作为支撑。

正是基于此，土地改革不久，中国就开始了史无前例的农村集体化过程。在一个长期历史上的个体经济基础上进行集体化，中国共产党没有经验，而作为社会主义国家先行者的苏联提供了唯一的模式，这就是集体农庄制。即便如此，中国的集体化也经历了一个由不同阶段构成的过程。

第一步是互助组。中国长期历史上虽然是个体生产，但一家一户并不能完全完成其生产和生活过程，因此也有相互之间的互助。这种互助是基于农民自己的需要和意愿。愈是个体经济能力不足的地方，社会互助就愈多。中国的土地改革首先是在经济和自然条件较落后的革命根据地进行的。这些地区土地改革后，为了发展生产，出现了农民之间的互助。这种互助由于超越了个体生产组织形式，因此受到中共领导人的赞赏和鼓励。

第二步是合作社。互助组只是农民的劳动互助，生产资料仍然为农民所有。合作社则是一种超越个体经济的农业经济组织。合作社又分为初级社和高级社。初级社一般是在互助组的基础上发展起来的。其特点是：农民在自愿互利的原则下将自有土地、耕畜、大型农具等主要生产资料分社统一经营和使用，按照土地的质量和数量给予适当的土地分红，其他入社的生产资料也付给一定的报酬。初级社在社员分工和协作的基础上统一组织集体劳动，社员根据按劳分配的原则取得劳动报酬，产品由社统一支配。初级社有一定的公共积累。初级社与互助组相比，实行了土地和其他生产资料的统一经营，积累了一定的公共财产，在社的统一计划下集体劳动，产品分配部分地实现了按劳分配的原则。初级社部分地改变了个体所有制，是集体经济的初级形式。尽管建立合作社要求自愿，但由于它被认为是具有社会主义性质的组织，因此得到政府多方面的鼓励和支持并很快过渡到高级社。与"土地入股，统一经营"的初级社不同，高级社的特点是土地、耕畜、大型农具等生产资料归集体所有，取消了土地报酬，实行按劳分配的原则。

第三步是人民公社。无论是初级社，还是高级社，都属于经济合作组织，与此相并行的还有政权组织。而人民公社则是政社合一的组织，是社会基层单位和集体经济组织，还是国家政权在农村中的基层单位。在人民公社体制下，所有生产资料都归集体所有（后来允许农民保留少量的自留地，以满足日常生活需要），实行统一经营，劳动成果为集体所有。社员根据自己的劳动从公社组织中获得生活资料，必须完成集体组织所规定的生产义务。

人民公社是农村集体化的极端形式。在人民公社体制下，农民个体的经济基础和活动空间基本消失了。所有人都是统一的社员，归属于集体组织。人们从出生到死亡，从生产到生活，都离不开集体组织。即使是保留的极小部分的个体经济和个体活动也被认为是与社会主义集体格格不入的，经常受到压制。

## 第六章 阶级、集体、社区：国家对乡村的社会整合

人民公社是国家对分散的农村进行社会整合的重要形式。通过人民公社迅速、彻底地将分散的个体农民组织起来，形成一体化的农村社会。在集体化的农村社会里，没有社会分化，所有人都是公社社员。尽管地主、富农分子不能享有公社社员的待遇，但也在公社内劳动、居住并接受监督。公社社员的活动高度统一于集体，没有个体活动的空间。公社社员的日常生活高度依赖于集体组织，离开了集体组织基本上没有生存的可能。

虽然，通过人民公社实现了对农村的社会整合，但这种整合更主要的是中国共产党主导下依靠国家政权力量进行的一种强制性整合，而不是像早期互助组一样基于社会成员需要的自愿性整合。公社作为集体经济组织同时又是政权组织单位。国家可以通过公社体制实现国家意志，如保障统购统销的实行，从农村直接获得产品，巩固政权统治。但是，这种政府主导的社会整合很难实现真正的社会整合。作为政权组织单位，公社内存在干部与社员的区别。在互助组和合作社时期，干部主要是农村党和政府体系的工作人员，而在人民公社内，由于政权、经济和社会组织的一体化，干部进入经济组织体系内，成为组织的管理者。公社组织的权力由干部所掌握。公社组织内分化为干部和社员两个层次。虽然通过土地改革消灭了农村阶级分化和对立，但出现了新的社会分化和社会矛盾。这就是干部与社员群众的分化与矛盾。1960年代，中国共产党领导人注意到这一新的矛盾，并试图通过政治运动的方式来解决这一矛盾。但由于人民公社管理体制内生于干部与社员之间的区别和矛盾，依靠外部性的政治运动完全解决这一矛盾是不可能的。因此，人民公社只是在形式上实现了对农村的社会整合，且这种整合是极其脆弱的。

由于农村集体化具有政府推动和主导性，农民的个体意愿和权利没有能够得到足够的尊重，因此一开始，一部分农民就缺乏集体积极性。只是这种状况被认为是落后的个体意识，甚至被上升为敌对阶级意识而被压制。但是，长期历史上存在的个体意识并不是借助国家强制力就能够简单被消灭的。特别是农民进入集体组织体系之后，生活并没有得到根本性改善，其集体经济的动力不断减弱。相比在个体所有的"自留地"里的积极性而言，农民集体劳动的积极性大为逊色。这是希望通过劳动满足自己生活需求的生存逻辑所决定的。正是这一逻辑推动着农民对人民公社体制的突破。这就是与公社体制相伴随的"包产到户"行为。直到1980年代

初，农民要求承包到户的行为受到中央所认可。

发起于1970年代末1980年代初的农村改革是以"大包干"的形式出现并定格的。"大包干"由"包产到户"而来，但又超越了历史上的"包产到户"，更强调家庭的主体地位。它是以农户为单位，在集体经济组织统一组织和经营下，根据统一计划，承包一季或全年以至更长时间的生产任务。即根据双方签订的有关权利、责任和利益的承包合同，由农户自行安排各项生产活动，产品除向国家交纳农业税、向集体交纳积累和其他提留外，完全归承包者所有。农民将其概括为"保证国家的、留足集体的、剩下都是自己的"。在"大包干"基础上形成了农村以家庭为单位的经营体制。

家庭经营是以家庭为单位的生产经营形式，它的兴起直接导致人民公社体制的废除。1982年，国家宪法规定在农村建立乡政府，乡以下建立村民委员会。人民公社体制自然而解体，在人民公社基础上建立的农村集体社会也随之变化。

虽然人民公社体制废除了，但农村社会并没有简单地回复到公社体制之前。这就是作为农村土地等主要生产资料的所有权仍然归集体所有，农民所获得的只是土地承包经营权。生产资料的集体所有使集体社会仍然存在，只是这一集体社会是以家庭为基础的。家庭是基本生产经营单位，也是利益主体。为适应这一特性，国家在农民自发创造基础上实行村民自治制度，并试图通过这一制度对分散的农村进行社会整合。根据村民自治制度，土地等生产资料的发包要经过村民代表会议讨论决定。作为村集体资产代表的村民委员会要经过村民选举产生，并接受村民监督。村民正是在村民自治过程中真切感受和体验到作为村集体主人的存在。这种集体社会对于农民来说是真实的而不是虚幻的，是由自己决定而不是外部强加的，因此可以强化对集体社会的认同和归属。相比较人民公社的社会整合而言，家庭经营和村民自治基础上的社会整合更注重农民的主体和意愿。

实行家庭经营体制以后，集体经济的含义也发生了很大变化。在人民公社体制下，只有集体统一经营的集体经济而没有家庭个体经营。人民公社体制废除以后，除了家庭经营以外，还存在集体统一经营。这种集体统一经营的经济被称之为集体经济。特别是随着工业化和城镇化，集体经济在一些地方长期存在并发展壮大，由此形成新的集体社会。在这种集体社会里，农村社会成员生产在集体，生活在集体，并从集体中获得从未有过的社会福利。

当然，农村改革后的新型集体经济的形式有所不同。主要有三种：一是土地等生产资料完全归集体所有，实行集体统一经营，农村社会成员高度依赖于集体。村庄成为一个融经济、政治和社会一体的共同体。如江苏省的华西村、河南省的南街村等。二是实行股份合作。农村土地为集体所有，农民作为集体成员根据土地份额分红。农民可以参加集体统一经营活动，也可自主经营。这在沿海工业化、城镇化发达地区的农村较多。三是农民专业合作。农民在土地家庭经营基础上，根据农业生产需要进行专业合作。这在全国普遍存在。

在集体经济基础上生成的集体社会显然有助于形成和强化农村社会成员之间的横向联系，实现社会整合。但是，一些地方的集体经济过分依赖于集体人格代表——集体领导人的权威。一旦权威发生变化，集体经济组织难以持续，集体社会也会相应发生变化，农村社会又要以新的形式进行社会整合。同时，现有的集体经济均是以村庄集体为基础的，一旦超越村庄，集体社会就会面临新的挑战。如江苏省华西村通过合并其他村庄，扩张集体社会。但在扩张后的集体社会里存在差异，并引起社会矛盾，因此面临着新的社会整合。由此也说明，以往农村的社会整合更多的是长期存在的村庄内部的社会整合，而建立在村庄之间横向联系的社会整合较少。农村社会的分散性不仅仅是农民个体之间的分散，还是村庄之间的分散。即使是人民公社的社会整合也只是解决了前一个问题，村集体之间的联系依靠的是国家而不是社会本身。而要解决后一个分散性问题，需要以更高级的形式进行社会整合。

## 三 "社区化"：家庭社会到社区社会

从生产方式来看，农村改革后的家庭经营与历史上的生产组织形式相类似。家庭不仅重新成为经营单位，而且是基本的政治和社会生活单位。但与历史上的个体经济时代不同，农民的社会生活内容和需要大大丰富了。单个的家庭难以建立广泛的社会联系，也远远无法满足农民的生活需要。因此，进入21世纪以后，中国政府在农民自发创造的基础上，以社区建设将单个的家庭整合起来，构造农村社会生活共同体，从而在农村社区化过程中，实现家庭社会向社区社会的转变。

中国历史上是家庭基础上的家族社会。因为单个的家庭是无法满足农民全部的生产和生活需要的。如农忙季节需要他人帮助，生老病死需要他人帮助，家庭内部和家庭之间的矛盾纠纷需要他人调解等。在传统农村社会，人们能够和最愿意寻求帮助的对象是家族。家族是由若干个有血缘关系纽带连接的家庭共同体。它以家庭为基础，但由多个家庭构成，从而形成家族社会。如果说家庭是初级社会群体，那么，家族就是次级社会群体。在传统社会，作为高级社会群体的国家并没有深入到农村社会生活领域，也不可能为农村日常生活提供公共服务。大量社会生活问题依靠家族解决。正是通过家族实现农村有限的社会整合，建立起家族共同体。正如孙中山先生所说，中国人只有家族主义而无国族主义。

出于建设现代国家需要，20世纪以后，家族社会被认为是落后因素而受到冲击和压制，取而代之的是阶级社会和集体社会。但自1979年以后，相互对立的农村阶级社会不复存在。虽然集体社会仍然存在，但是由于家庭经营的长期性，农村又进入到家庭社会。但是，家庭社会解决的是基本生产经营问题，还有一些共同性的生产条件和大量的社会生活问题却没有相应的社会组织解决。农村改革之前的人民公社既是生产单位，又是生活单位，还是政权单位。国家可以通过公社集体的方式组织农民兴修水利、道路等公共设施，解决农民的生产生活条件问题。同时，公社组织还提取公积金和公益金，自我解决农村社会成员的公共福利问题。农民的日常生活纠纷也主要依靠公社组织的干部加以解决。公社就如大家庭，干部犹如大家长。只是这一大家庭和大家长难以为大家提供更好的生活而导致小家庭的重新崛起。但单个的家庭之间缺乏必要的组织联系，也难以解决公共性社会生活问题。

从制度建构的角度看，取代人民公社体制的是家庭经营、村民自治和基层政府。国家试图通过村民委员会这一群众自治组织，解决农村社会公共问题，建立新的社会联系，促进农村社会团结。如1987年通过的《村民委员会组织法（试行）》规定村民委员会的职能主要是办理本村的公共事务和公益事业，调解民间纠纷，协助维护社会治安，向人民政府反映村民的意见、要求和提出建议。但是，村民委员会并不能很好地履行解决农民公共生活问题的职能。一是村民委员会具有管理本村公共事务的公共管理职能,具有准行政组织的特点。村民委员会之上的乡镇政府的主要职能是管理本乡镇的行政事务。乡镇政府在行使管理职能时必须依托村委会。因此,在乡村治理的实际过程中,村委会很容易行政化,成为乡镇政府的"一条腿",主要承担的是政府事务。二是村委会缺乏办理公共事务和公益事业,解决农民公共生活问题的能力。人民公社能够解决一些公共生产和生活问题依托的是统一的集体经营这一基础。公社体制废除后,村委会缺乏办理公益事业的经济和组织依托。特别是大量的农业税费为地方政府所提取,村委会"无钱办事"。正因为如此,那些保留集体统一经营的村庄,公共事务和公益事业往往办理得更好。只是这类村庄毕竟是极少数。三是农村改革以后,农民的社会化生产和生活需求大量增加,远远超出家庭和村庄范围,需要政府才能加以提供。而政府公共服务却未能延续到农村,农村成为事实上的政府服务的"薄弱地区"。正是因为以上原因,家族社会因素在农村重新复活。农民只能求助于家族的力量解决自己的一些生活问题。但是,传统的家族力量非常有限。它不仅受到阶级斗争时代的打击,也受到市场经济的冲击。依靠传统家族力量已很难满足农民日益增长的公共生活需要。

为了解决自己的问题,农民开始探索出路。进入 21 世纪,为解决日益严重的"三农问题",国家废除农业税。出于减少农民负担,巩固农业税费改革成果的需要,许多地方实行合村并组。村组规模扩大,村组干部减少。农村公益事业办理更加困难。在这一背景下,位于深山区的湖北省姊归县杨林桥镇的村民自发组织起来修建通往外村的公路。这一行为为当地领导所重视,并以农村社区的名义广泛推行。在原有村委会下辖地,根据"地域相近、产业趋同、利益共享、规模适度、群众自愿"的原则组建社区,设立社区理事会,主要功能是办理本社区的公共事务和公益事业,调解社会纠纷,维护社会治安等。[①]

社区这一概念来自于外国。最初主要指农村生活共同体,后来广泛适用于城市和农村基层社会。在中国,1990 年代率先在城市开展社区建设,

---

[①] 参见徐勇《农村微观组织再造与社区自我整合——湖北省杨林桥镇农村社区建设的经验与启示》,《河南社会科学》2006 年第 5 期。

主要解决城市中那些没有单位依托的居民的日常生活问题，将分散在工作单位之外的零散人员整合起来。21世纪，随着农村税费改革，村委会不能收取提留，办理公益事业的能力大大弱化。而农民的公共生活需要却迅速扩大，实践中也出现了农民通过建立社区办理自己的事情的经验。为此，国家提出在农村进行社区建设的要求。农村社区建设因此成为在国家普遍推行的政府行为。

农村社区建设是指在村党支部和村委会的领导下，在农村建立社区组织，开展社区公益事业服务，发展社区卫生，繁荣社区文体活动，美化社区环境，调解社区民间纠纷，倡导社区互助精神，树立社区良好社会风气，建立良好的人际关系，把农村建设成为管理民主、治安良好、环境优美、文明祥和的新农村。2002年召开的中共十六大报告只是将"社区"的概念运用于城市，2007年召开的中共十七大报告则将"社区"的概念运用于农村，提出"把城乡社区建设成为管理有序、服务完善、文明祥和的社会生活共同体。"[①]

"社区"显然不同于农村家族、人民公社及其之后的村委会等社会组织，它是新型的农村社会生活共同体，主要功能是解决农村社会生活问题，并在这一过程中建立家庭之间的社会联系，实现对分散孤立的家庭社会的社会整合。

在农村社区中，社会服务是关键。农村改革后的农民正在发生迅速变化，一个重要特点就是社会化的程度和需求愈来愈高。[②] 但是一家一户的家庭社会解决不了社会化的需求问题。农村社区建设主要是提供完善的社会服务。只是这种服务形态是政府公共服务与农民自我服务的结合。长期以来，农村的社会服务主要是依靠农村自身的力量。农业税费改革以后，国家明确提出要将基本公共服务延伸到农村，实现城乡公共服务的全覆盖。在这一背景下，政府将公共资源投入到农村，并以农村社区为平台配置资源。在以往，国家与农民的联系主要是税收关系，废除农业税后，政府与农民的联系减少了。通过社区建设，政府将公共服务延伸到农村，可

---

① 本书编写组：《十七大报告学习辅导百问》，学习出版社、党建读物出版社2007年版，第28页。

② 参见徐勇《"再识农户"与社会化小农的建构》，《华中师范大学学报》2006年第3期。

以重新建立政府与农村社会的联系，增强农民对国家的向心力。

除了政府提供公共服务以外，农民还可以在农村社区建设中加强自我服务。农村社区建设主要是满足农民自己的生活需要，能够激发农民的参与意识。正是在共同参与活动中，增强了农民之间的有机联系，将分散分离的个体农民聚合起来。因此，农村社区建设过程也是实现社会整合的过程。

由于农业生产的分散性，农村社会是由一个个农民聚集地——村庄构成的。无论是阶级社会、集体社会，还是社区社会，农村的社会整合都是在村庄内部完成的。这种整合的重要特点是根据农民与土地的联系对农村社会成员的组织和聚合。农村社会是一个缺乏流动性的社会。特别是1950年代随着统购统销政策和与之相联系的户籍制的形成，城乡二元社会结构固化，农民基本上没有离开所生活的土地和村庄的可能。农村改革的重要结果是将农民从土地上解放出来，不仅有了生产经营的自主权，而且有自由流动的权利。特别是1980年代以来，随着工业化城市化，大量农村人口从土地和村庄流向城市和外地。但是，由于长期的城乡二元结构的存在，外出的农民尽管人不在村庄，户籍关系却仍然在村庄，他们没有能够融入城市社会。由此出现了与城乡二元结构相适应的"农民工"这一名词。改革开放以后，中国的农民工达2亿人以上。农民工这一名词本身就反映了农村社会成员在城市与乡村之间的流动状态。他们中间的绝大多数如"候鸟"一般，春节后流向城市，春节前返回农村；农忙时在乡村，农闲时外出。除此之外，市场经济的发展也增加了农村人口的流动性。农民的交往活动范围远远超出本村本乡。因此，1980年代后中国农村社会的一个最重要的特点就是"流动性"。农村社会处在一个大规模和持续不断的跨越城乡的流动之中。这是中国农村社会前所未有的新现象。

从国家的角度看，流动性有助于实现全社会的整合。它可以打破传统城乡二元结构对社会的分割，促使人们从狭隘的地域认同转向国家整体社会认同。但是，传统的城乡二元结构并没有因为流动性而消失，而且流动性本身就反映了城乡二元结构的存在，由此也给社会整合带来新的挑战和问题。

一是农村社会成员之间的联系弱化了。农村社会共同体是因土地而形成的。农村社会成员因为土地而产生共同的利益关系、生活方式、行为规范和情感,并建立起相互之间的联系和对村庄的认同。而在流动性社会里,相当一部分成员的大部分利益关系、交往活动都不在村庄。家庭、村庄社会不再是以往的完整状态。如大量"留守老人"、"留守妇女"、"留守儿童"的存在反映了家庭形式虽然存在,但由于流动性,它的日常生活状态是不完整的。由不完整的家庭构成的村庄社会也是不完整的。还有相当一部分农户常年举家在外,属于所谓"空挂户"。[①] 传统农村社会成员之间的相互联系中断了,相当一部分成员也缺乏对村庄的认同。

二是农村流动人员未能建立新的社会联系。农村流动人口流入城市和外地获得了新的就业机会,但不能与城市和当地人口享有同样的待遇,长期被认为是"外来人",甚至处于城市社会歧视和排斥状态。农村流动人口难以与工作地居民建立起有机的社会联系,也无法建立起新的认同。由此形成双重性人格:从收入方面他们向往城市和外地,从情感上他们更留恋乡村和家乡。一首流行于中国大地的歌《九月九的酒》中的歌词"家中才有自由,才有九月九",真实反映了农村流动人口的心态。

流动性使农村社会成员缺失了原有的社会联系以后,又未能建立起新的社会联系,从而出现了新的社会分散性和离散性。相当一部分人员处于社会管理和社会支持的"盲点"中,对社会秩序构成了挑战。由此需要对一个流动性社会进行社会整合。其重要方式就是促进城乡一体化。

城乡一体化,首先是消除长期存在的城乡二元社会结构,促进社会融合。自1950年代到1990年代的长达40多年中,城市与乡村之间横亘着制度性壁垒,城市社会排斥农村人员的进入。进入21世纪以后,制度性的有形壁垒日益消除,但地方性规范的隐性壁垒仍然存在,从而使得大量进入城市务工,而且城市社会也需要的农村人员无法融入城市社会。特别是相当一部分新生代农民工进入城市后就没有回到乡村的打算。如果他们不能迅速地融入城市社会,就会对现有秩序构成严峻挑战。正因为如此,许多地方实行加快外来人口融入城市社会的进程。广东省的一些城市甚至不再提"农民工"和"外来人口",而改称"新××人",这有助于促进农村人口融入城市,消除社会排斥,促进社会团结。

城乡一体化,其次是提供城乡均等的公共服务,缩小城乡差别,减少

---

[①] 即户籍在村,而全家人常年都不在村居住和生活的农户。

流动性。大量农村人口流向城市,除了土地无法容纳更多农村人口以外,主要是长期历史形成的城乡差距。农村改革以来,农民收入有了很大增长,但城乡差距仍然存在。特别是公共服务方面的城乡差距日益突出。相当一部分农村新生代流出乡村,是因为农村的公共服务与城市差距太大。如城市社会已进入网络社会,网络成为城市市民日常生活的一部分。而大部分农村还处于网络社会之外。如果大量新生代农村人口都流向城市,将会造成城乡差距进一步扩大。因此,在新农村建设中,除了发展生产,增加农村收入以外,更重要的是提供更完善的公共服务,让农村人口可以享受城市人一样的生活条件。只有当城乡生活条件相近,才能实现真正的城乡融合。

(原文刊载于《社会科学战线》2012 年第 2 期)

# 第七章 农民与现代化:平等参与和共同分享

现代化是一个由农业文明向工业文明转变的历史进程。在以工业化和城市化为主要内容的现代化进程中,农民很容易被抛弃在现代化进程之外,成为"历史的弃儿",不能平等参与现代化进程,分享现代化的成果;由此也很容易成为外在于现代化进程的疏离者,甚至反抗者。在后发现代化国家,这个问题愈加突出。当今许多国家动荡不安的重要原因之一,就是现代化进程不能有效地容纳和整合广大农民。如何将广大农民顺利带入现代化进程,让他们成为建设者而非反对者,成为现代化成果的分享者而非牺牲者,是一个世界性难题。中共十八大第一次在党的报告中,提出了让广大农民平等参与现代化进程、共同分享现代化成果的重要思想。这一思想将农民与现代化的关系上升到国家发展战略的高度,也给我们认识农民与现代化关系提供了进一步思考的空间。本文试图从国际比较与中国进程的角度对农民与现代化的关系作阐述。

## 一 农民与现代化:分析视角

现代化是以工业化和城镇化为核心的。"现代化带来的一个至关重要的政治后果便是城乡差距。"[1] 这种差距具体体现在作为农业和乡村主体的农民身上,农民因此成为现代化进程中的弱势群体。

现代化是一个历史过程。在现代化的历史过程中,农民包括三个层次:核心层是指从事农业生产及居住在农村的人口,过渡层指虽然从事非

---

[1] [美]塞缪尔·P.亨廷顿:《变化社会中的政治秩序》,三联书店1989年版,第66页。

农工作和离开乡村但并未完全融入城市和成为非农人口的过渡性群体，如中国的农民工和所谓"农二代"问题；联系层包括与农民有千丝万缕直接联系的人，如穷乡亲。

在传统农业社会，农业是主要产业，其他产业是附属性的。农民是农业社会的主体和最大的社会群体。而现代化是以工业和城市为主导的，作为传统社会群体的农民随之进入或者被卷入现代化进程之中。任何一个国家的现代化都将面临着如何对待和处理众多农民的问题。

中共十八大报告第一次在党代会报告中提出，让广大农民平等参与现代化进程、共同分享现代化成果的重要思想。[①] 这一思想反映了随着我国现代化进程的深入，对农民与现代化的关系问题的认识愈益深入。

平等参与是指农民以平等的资格参与现代化进程。它相对于排斥、歧视而言。这种排斥和歧视有显性的制度性的，也有隐性的文化性的。平等参与包括三个向度：

一是权利。平等作为一个现代性概念，本身就意味着一种权利。即在现代社会，遵循人人平等的原则，每个人都具有法定的平等地位。如我国宪法规定，中华人民共和国公民在法律面前一律平等。这就意味着一个现代国家的公民不论其民族、种族、性别、职业、家庭出身、宗教信仰、教育程度、财产状况、居住期限有何不同，都应该享有平等的权利，同时也不得因为民族、种族、性别、职业、家庭出身、宗教信仰、教育程度、财产状况、居住期限的不同而受到排斥和歧视。在传统国家，农民没有国家赋予的平等权利，但作为现代国家的公民，理所当然地应该享受平等参与现代化的权利。这是现代国家的基本公理。

二是条件。平等作为一种法定权利，必须在现实生活中实现，并依赖相应的经济、政治、文化和社会条件。农民作为传统社会的群体，进入现代化进程之中，处于相对弱势地位，重要原因就是他们所赖以生存和发展的条件相对落后。尽管他们也与其他国民一样获得平等的国民资格和权利，但实现权利的条件却不是平等的，甚至具有极大差异。正因为如此，尽管在法律上农民具有平等的地位，但在实际生活中农民往往是"二等

---

① 胡锦涛：《坚定不移沿着中国特色社会主义道路前进 为全面建成小康社会而奋斗——在中国共产党第十八次全国代表大会上的报告》（2012年11月8日）。

公民"。而制约农民平等参与现代化的条件除了自然、经济等条件以外，还取决于一个国家的治理状况。如在相当长时间，一些国家在现代化进程中对农民持制度性排斥立场，即便是制度性显性排斥减少，而非制度性的隐性排斥却大量存在。

三是能力。参与是主体对某一事物的参加过程并由此对结果的改变。参与行为和结果不仅取决于外部条件，还取决于由参与者的意识、素质等因素综合构成的行动能力。在现代化进程中，农民尽管属于传统社会因子，但他们并不是历史的被动者和命运的随波逐流者。他们能否平等参与相当程度取决于他们自身的行动能力。这种行动能力包括现代意识的获得、组织性的建构、行动的方式，即平等参与现代化所需要的主体素质和行为。能力不同，在同等权利和同等条件下，结果也会不一样。农民作为弱势群体，不仅是指权利弱势、条件弱势，而且包括能力弱势。

如果说平等参与是起点，那么共同分享则是结果。现代化是一个财富迅速积累的过程。马克思说过，"资产阶级在它的不到一百年的阶级统治中所创造的生产力，比过去一切世代创造的全部生产力还要多，还要大。"① 但是现代化又是一个财富占有极不均衡的过程。农民作为弱势群体不仅仅体现在参与现代化的起点不平等，更可能体现在现代化成果占有的不平等地位，甚至成为现代化的牺牲者和被抛弃者。马克思曾将传统农民比喻为"历史的弃儿"。因此，在现代化进程中，不仅要求平等参与，而且要求共同分享。

共同分享是指农民能够与其他社会成员共同享有现代化的成果，是相对剥夺、牺牲、遗弃而言的。它包括两个方面：

一是作为国家公民均等地享有现代化的成果，包括基本生活保障和社会福利。在发展中国家，之所以将生存权和发展权放在人权的首位，就是国家要首先保障所在国公民的基本生存和发展。在传统农业社会，国家并没有保障农民基本生存的制度性安排。进入现代化进程以后，将作为弱势群体的农民的基本生存和福利纳入国家保护的视野，是对现代国家的基本要求。

二是作为弱势群体享有特殊的保护。在现代化进程中，无论怎样创造条

---

① 《马克思恩格斯选集》第 1 卷，人民出版社 1995 年版，第 277 页。

件和提高能力，农民的平等参与现代化进程的弱势地位都难以根本性改变，其享有现代化成果方面也自然会出现差异，甚至很大差异。这是迄今人类都没有改变也难以改变的问题。为了使农民与其他社会群体一样获得有尊严的生活，国家还需要通过必要的措施给予这一群体以特殊保护和救济。

无论是平等参与，还是共同分享，都是一个历史过程，并会伴随现代化全过程。不同的历史阶段，表现也不一样。

农民平等参与现代化进程，共同分享现代化成果，在现代化进程具有特殊的重要意义。

其一，经济发展的动力。农民是现代化的贡献者。现代化所需要的土地、劳动力、产品、需求、资金来自于农民，特别是前两者在现代化初期具有决定性意义。

其二，政治稳定的保障。农民是现代化之初的最大群体。他们的政治态度决定着一个国家的政治大局和政治走向。亨廷顿有一句名言："在现代化政治中，农村扮演着关键性的'钟摆'角色。""农村的作用是个变数：它不是稳定的根源，就是革命的根源。"[1]

其三，社会和谐的条件。广大农民的存在使得现代化进程中的国家的社会结构复杂化。社会是否和谐，相当程度取决于农民是否融入于新的社会体系之中。

其四，文明传承的主体。文明具有传承性而不是断裂的。农民是农业文明的主体，他们也是文明传承的载体。

## 二 农民与现代化：国际比较

农民与现代化不是一个国家的问题，而是任何一个进入现代化的国家都会面临的普遍性问题。各个国家的历史国情不同，现代化进程不同，采取的措施也不同。

### （一）西方国家

现代化最早起源于西方国家。经过数百年时间，西方发达国家已实现

---

[1] [美]塞缪尔·P.亨廷顿：《变化社会中的政治秩序》，三联书店1989年版，第257页。

现代化，传统农民已不复存在。但是在西方国家的现代化进程中，也存在农民平等参与现代化进程和分享现代化成果的问题，迄今也没有完全解决。

西方国家的现代化是伴随资产阶级革命兴起和发展的。资产阶级革命在推翻封建奴役制度的同时，也使农民获得一定程度的解放。西方国家伴随资产阶级革命建立现代国家，确立了人人平等和"天赋人权"的原则，为农民平等参与现代化提供了基本的制度框架。但在西方国家，农民平等参与现代化的权利有一个实现过程。18世纪主要是经济权利，如财产自由、人身自由权利。19世纪主要是政治权利，如获得参加选举的权利。20世纪主要是社会权利，如享有社会福利的权利。

在西方国家现代化初期，也曾经面临过"农民问题"的"坎"，农民在相当程度上处于被排斥和牺牲者的处境，并带来相应的社会和政治影响。如英国的著名的"圈地运动"造成大量农民破产，他们中的相当多数进入城市，成为一无所有的无产者，生活状况极其糟糕。恩格斯专门写下《英国工人阶级状况》。只是由于工人的反抗，英国政府才在19世纪颁布了一系列改善工人生活状况的法令，同时工人在反抗中也组织了世界第一个工会类组织，增强其行动能力。伦敦东区自19世纪是贫民区，至今也未改变，而且成为动乱的策源地。

美国是西方国家，甚至是世界上唯一没有所谓传统农民问题的大国。但在美国长期存在黑人农奴制度。没有大量黑人农奴，就不可能有发达的美国大农业。但是黑人农奴的境遇和命运极其糟糕，不仅不能享有平等的权利，还长期存在身份性歧视。小说《汤姆叔叔的小屋》典型的描述了黑人农奴的悲惨境遇。美国南北战争便与废奴制有关。小说名著《飘》描述了南北战争的残酷和废奴制后不得不面对的"明天又是新的一天"的现实。直至20世纪60年代，在黑人民权运动的压力下，美国黑人才获得平等的政治权利。但是，美国仍然存在隐性的种族歧视。美国著名反映黑人农奴历史的小说《根》追溯了一个黑人农奴家庭六代以上的历史。小说中说道"就是为白人工作一千年后，你还是黑奴。"尽管包括黑人在内的外国移民的第一代主要从事农业劳动，他们的后代进了城，但其多数人生活状况长期处于相对贫困地位，并带来社会治安等一系列社会问题。美国政治学家亨廷顿在《变化社会中的政治秩序》里描述道："第一代人坚守农村的生活方式和处世态度,第二代人在城市环境中形成其梦想,为了实现这些梦想,他们先是犯罪,然后就从事其它的捣蛋活动。"[1] 因此即使在美国也存在所谓"农二代",而第二代是不稳定因素。

西方国家的现代化也是以一种不均衡的状态发展的。相对于经历过资产阶级革命的英国、法国和美国而言,德国和日本是后起的现代化,其国家和大资本推动的现代化进程迅速。这一进程一方面造成农村小农的破产,另一方面是大量的农民进入城市,却沦为底层贫民。他们强烈要求改变困境,由此构成法西斯主义的社会基础。德国纳粹为农民描绘出理想主义浪漫图景"自由土地上的自由人"。希特勒在《我的奋斗》一书写道"仓廪充实的中小农民,自古而今始终是我们抵御现今一切社会罪恶的最好保障。"这两个国家通过对外侵略扩张战争来缓和内部矛盾,给包括本国人民在内的世界人民带来灾难性后果。

总体而言,直至第二次世界大战,西方国家的农民仍然处于不平等参与地位,且更多是现代化的牺牲者。二战以后,这一状况才得到根本性改变。一是经历数百年时间,西方国家已实现工业化和城镇化,传统农民这一群体已基本消灭,如法国学者孟德拉斯写的《农民的终结》所描绘的那样。农业人口仅仅占全国人口的极小部分,且与其他产业人口之间不再有制度性鸿沟,平等享有着各种权利。二是西方国家对农业和农民给予各种保护和支持措施,且通过立法形式加以确定。发达国家的主要问题随着农民进城而演化为城市贫民问题。

**(二) 俄罗斯**

与日本、德国相似,俄罗斯的现代化起步也相对较晚。现代化起步之初,农民占全国人口大多数。尽管沙皇时代便推行了废除农奴制和土地改革措施,但农民的命运没有显著的改变。特别是持续不断的战争使农民的命运更为痛苦。正是在此基础上,爆发了十月革命。革命成功的重要原因是满足农民对土地的需求。但是,十月革命胜利后的苏联处于十分困难的环境下,革命后的政府对农民实行具有强制性的征粮制,由此开启了剥夺农民产品的先河。十月革命之后,苏联实行大规模的工业化,与此相伴随

---

① [美] 塞缪尔·P. 亨廷顿:《变化社会中的政治秩序》,三联书店1989年版,第258页。

的农业集体化在相当程度是为工业化服务的。在这一过程中，农民的利益受到损害，政府将农民挖得太苦。集体化之后的农业生产条件，特别是机械化程度得以提高，农民的生活也有所改善。1960年代，苏联对集体农庄的庄员实行工资制，农民获得了一定的社会保障。但是，由于重工轻农的政策和农村管理体制，苏联农民的积极性长期不高，农民的行动能力不强。这一问题直到苏联解体后的俄罗斯，仍然没有根本性改变。

**（三）发展中国家**

发展中国家的基本特点是农民众多和工业化、城镇化程度低。其现代化主要是由于外部因素启动的。因此，在发展中国家的现代化过程中，农民的处境更为艰难，要承受多重性困苦。发展中国家的现代化进程格外曲折，甚至反复，都与现代化进程中的农民平等参与和共同分享的境遇相关。当然，在发展中国家也有其特点：

1. 印度。印度具有古老的农业文明，1948年独立后的印度是一个农民占绝大多数的国家。由于印度经历数百年英国殖民地的历史，独立后的印度制度具有"英式"特点。农民在法律上与其他国民一样享有平等的权利和基本的公共服务，制度性排斥和歧视不多。但是，印度农民的生存条件长期得不到改善。大量农民进城以后也生活在最底层，如世界最大的"贫民窟"。他们虽然有了自由，但是只有受穷的自由；虽然有了权利，但是只有生活在最底层的权利。印度历史上长期存在着种姓制度，将社会阶层固化了，存在大量的非制度性的隐性排斥和歧视。不仅是"穷二代"，而且是"穷N代"，由此限制了下层农民的能动性。印度农民与现代化的关系状况因此表现为：强权利、差条件、弱能力，有所分享但缺乏特殊保护。由于长期历史延续的"安贫乐道"宗教和"安分守己"的种姓制等因素，印度农民问题虽然尖锐，但没有出现农民革命的大规模政治动荡。

2. 南非

南非是非洲最富裕的国家，但却是一个国家，黑白分明的两个世界。长期殖民地历史延续下来种族隔离制度。在种族隔离制度下，黑人农民不仅生存境遇差，而且没有平等的权利，具有农奴的特性。尽管伴随工业化和城镇化，大量黑人进入城市，但却被隔离在一个个贫民区内，如约翰内斯堡800万人之多的"贫民窟"。

经过长期的反种族主义斗争，南非废除了种族隔离制度，黑人不仅获得了平等的权利，而且其平等参与现代化的条件也大为改善。但是，在南非，非制度性的排斥和歧视仍然存在，且由于长期的历史原因，黑人要完全融入城市主流社会却非一朝一夕之事。

3. 巴西

巴西是拉丁美洲最大的国家，人口居世界第五。巴西长期为西方国家葡萄牙的殖民地，是典型的移民国家，大量移民最初主要从事农业生产活动，且处于被奴役状态。巴西电视连续剧《女奴伊佐拉》非常典型地反映了农奴的生活状态。直至19世纪末巴西才废除奴隶制，农奴获得解放证书，有了人身自由。他们纷纷进入城市，尽管有平等的权利，但缺乏平等参与现代化的条件，在城市形成一个个大型的"贫民窟"。他们的生存状况不如人意，但相对前辈的农奴生活而言，是"自由人"，并可以利用投票权等方式努力改善自己的生存状态。近些年，包括巴西在内的拉美国家的左派政党纷纷执政，与其在努力改善穷人生活方面成绩突出密切相关。

4. 伊朗

伊朗也是文明古国。第二次世界大战独立后，在巴列维王朝时代，现代化突飞猛进。尽管巴列维国王通过"白色革命"，分给农民土地，将农民带入现代化，但没有融入现代化。伴随经济奇迹的是贫富分化和特权腐败。高速工业化造成城市膨胀，广大进城农民以及城市劳工阶层，处于贫穷和失去尊严的状态，而且人数愈来愈多。而"农村情况几乎跟古代波斯没有多大差别：依然是赤贫如洗，百病成灾。"[①] 这种状态与伊斯兰宗教的平等教义和行为规范发生尖锐冲突，引起底层民众强烈抗拒现代化。1963年，伊朗95%的人投票赞成现代化，然而在现代化计划推行15年后，同样有95%的人却投票反对现代化。正是在此背景下，1980年代发生霍梅尼宗教革命，推翻巴列维王朝，对现代化构成抗拒。伊朗宗教革命可以说是在急剧发展的工业化城市化无法容纳消化众多进城农民的"节

---

[①] ［法］热拉德·德·维利埃等：《巴列维传》，张许苹、潘庆舲译，商务印书馆1986年版，第360页。

点"上发生的,这一节点也是现代化进程顺利与否的关键点。

## 三 农民与现代化:中国进程

中国是世界最古老和最发达的农业文明大国。在外力作用下,中国走上现代化道路。但在如何将广大农民带入现代化进程方面却缺乏足够的准备。孙中山先生提出平均地权,主张耕者有其田。但是,这一主张未能够实现。直至1949年中华人民共和国成立才通过土地改革将广大农民带入国家的现代化进程。新中国建立后,国家很快大规模启动工业化。在启动工业化初期,毛泽东表示,不能像苏联那样"将农民挖得太苦"。但是,工业化所需要的资金、产品和人力主要来自于农村和农民。为了推进工业化,优先保证城镇,国家作出了一系列不利于农民平等参与现代化的制度安排,形成了所谓的城乡二元社会结构。首先是统购统销制。即农民必须将产品交给政府,没有处理自己劳动成果的自主权,也难以获得相应的收益。其次是户籍制。即将全国人口划分为农业人口和非农业人口,后者可以获得定量供应等生活保障和相应的福利,而前者却没有。第三是公共服务的城乡分割制。农村实行与城市不同的集体所有制,教育、医疗、养老等公共服务由农民集体自己承担,城市则由政府负担。第四是农税制。无论收获如何,作为农业人口的农民必须首先完成国家下达的税费任务。尽管非农人口收入比农民高却不需要交纳税费。这一系列制度安排最终体现在公社体制之下。在这一体制下,农民被牢牢限制在所在的土地上,基本上没有自由活动的可能,具有"体制性农奴"的特性。

尽管新中国建立后,农民的生产和生活条件有了一些改善,但是整体上改善不大,贫困状态未能根本改变。特别是公社体制严重压抑了农民的生产积极性,造成世界最为勤劳的农民出现集体偷懒行为。农业和农村的落后也制约了工业化、城镇化的发展。直至1979年,中国还有百分之八十以上的人口属于农业人口,城镇化率与新中国建立初期没有太大提高。因为缺乏像苏联那样的国家基本保护,使得中国农民特别具有行动能力,他们以自己的行为突破体制的限制。政府顺应民意,从农村改革开始,开启了改革开放的大门。

农村改革的实质就是赋予农民以经济自主权,由此将农民从公社体制中解放出来，极大地调动了农民积极性，使中国一举解决多年困扰中国的吃饭问题，出现了中国农村和农民的"黄金10年"。随着农村发展，中国自1980年代后期开启了第二次工业化的新进程。

第二次工业化比第一次工业化进展更快，特别是工业化与城镇化交融。大量农民得以进城务工，甚至出国经商，获得他们祖辈从未有过的收入，同时也成为"中国经济奇迹"的创造者。但是，改革前的城乡分割体制仍然在阻碍着农民平等参与现代化进程。一是农民负担沉重。除了不断上涨的农民负担以外，教育、医疗、养老等社会问题突出，城乡差距急剧扩大。二是大量农村人口进城和从事非农产业，却不能享有与城市居民一样的平等待遇，产生了所谓"农民工"这一中国专有名词，他们生活在城市的底层。三是工业化和城镇化所需要的土地以征地的方式从农民手中廉价获得，农民难以分享工业化、城镇化的成果。正因为如此，伴随工业化和城镇化出现了一系列农民抗争事件。1990年代主要是对税费负担的不满，新世纪以来主要是对土地征用的不满。

农民抗争之所以未能演化为大规模的政治动荡，主要是工业化、城镇化对冲了政治危机，农民能够以工补农，缓解自己的生存困境。但是城乡差距的扩大与农民问题的存在也制约着中国现代化的进一步发展。新世纪以来，在科学发展观指导下，我国实行城乡统筹和工业反哺农业，城市支持乡村的战略，出台了一系列稳农支农惠农强农政策。其中最显著的是"废除农业税，建设新农村"。前者意味着不再以农业产业作为纳税的依据，是开天辟地的大事，大得人心。后者意味着国家给予农村和农民以更多支持，农民能够分享现代化成果。近十年，农民的生存状况有了很大改善，农民概括为"种田不交税，上学不付费，看病不太贵，养老不发愁"。

但是，由于长期历史和体制原因，我国农民在平等参与现代化进程和共同分享现代化成果方面还存在大量问题。例如广大农民进城务工在劳动用工、工资待遇、权益保障等方面还不能享受城市市民一样的平等权利。城镇化的特点是土地城镇化快于人口城镇化，农民不能从城市土地征用中获得更多收益，从而积累创业资本，失地的同时也可能失业。农民的农业收益较低导致大量有能力的农民进城而不是务农，农业主体能力不强，农业可持续发展前景堪忧。农村"留守儿童"、"留守妇女"、"留守老人"

等"三留守"现象大量存在。"同工不同酬、同国不同权、同命不同价"的问题突出。

特别是伴随新一轮城镇化和"二代农民工"的出现,大量来自农村的青年人口进入城镇,他们有强烈的现代平等意识和期待,却缺乏平等的权利、条件和能力,成为具有高流动性而未被体制接纳和融合的边缘人群。尽管他们的生活境遇比其前辈要好许多,但对体制和秩序的认同感却严重不足,并会以破坏性行为发泄自己的不满。2012年9月反日游行中的打砸抢者绝大多数属于这一类人。即使是进城农民已有稳定的工作也会因为子女上学等某一方面未能享有平等权利而对体制不满。这说明,我国农民对现代化的参与和分享还是表层,还有一系列深层次的理论和体制性问题有待解决。特别是随着农民大量进城,政治风险也将由农村进入城市。

中共十八大报告第一次从农民与现代化的关系的战略高度,提出了要让农民平等参与现代化进程,共同分享现代化成果。特别是强调权利公平、机会公平、规则公平,努力营造公平的社会环境,保证人民平等参与、平等发展权利。这标志着我国农民在现代化进程中进入到平等参与和共同分享的新阶段。

在平等参与现代化进程方面,首先要实现城乡平权、努力消除阻滞农民平等参与现代化进程体制性障碍。农民工是中国在城乡二元体制下形成的特有群体,体现着权利的不公平。随着权利公平原则的确立,需努力实现农民工市民化。对于已在进入城市工作的农民工,要着力解决他们的教育、医疗、社会保障、居住等公共服务问题,让他们能够融入城镇。新生代农民工与其前辈相比,没有乡土之根,基本上都不愿意回到本乡本土,他们更希望和更迫切获得城市市民一样的公平权利。对于仍然在农村的农民而言,要尊重他们对土地的合法经营权和房屋的合法财产权,让农民在与政府和各方利益团体交往中始终具有平等的地位,从制度上保障农民的利益不受侵犯。特别是在新一轮的城镇化进程中,要突出解决农民土地转让中的权利问题,让农民能够直接参与涉及他们权益问题的决策过程,实现城乡要素交换的平等化。

其次要实现城乡一体化发展,城镇化与农业现代化相互协调,为农民的发展创造更为有利的条件。农民之所以是弱势群体,关键是农业仍然是弱质产业。进入市场经济时期，农业的风险呈多重性，因此特别需要为农业的发展提供有利的条件。在21世纪，"谁来种田"成为尖锐问题。随着城乡二元体制的破除，强制性要求农民只能务农已不可能。国家只有创造条件让农民愿意务农，愿意在农村生产、居住和生活，农业才能后继有人。为此，应该将新世纪以来国家出台的一系列强农稳农惠农政策用法律制度确立下来，使之长期化。特别是在新一轮城镇化进程中，不仅不能抛弃农村，反而更加重视农村的发展，加大对农村基础设施和公共服务条件的改善。

再次是大力提升农民的主体能力。由于长期的农业文明传承，中国农民的行动能力在世界上是最强的，他们用自己的勤劳改变着自己的命运。随着平等参与现代化进程的体制性障碍的破除，他们的活力会再次高度迸发。当然，农民的平等参与除了外部性条件的改善以外，也需要自身能力的提升。尽管对农民的体制性歧视和排斥会愈来愈少，但隐性的文化的歧视和排斥将长期存在。这需要农民在平等参与现代化进程中提升自己。当然，农民平等参与现代化不是对自我的全盘否定。中国长期历史形成的优质乡土伦理仍然需要保持和发扬。

在农民共同分享现代化成果方面，首先是保障农民作为现代国家的公民获得均等的基本公共服务。新世纪以来，随着现代国家理念的确立，作为国家的平等的国民享受均等的公共服务的理念日益深入。尽管要使所有国民都能均等享有公共服务尚不可能，但是可以从教育、医疗、养老、最低保障、社会救助等基本的公共服务做起，逐步提高其服务层次，最终实现城乡人口完全均等化。

农业的特点决定了农业生产方式和生活方式的改变是一个长期的过程，在相当长时间里，农民属于弱势群体。除了国家的普惠制服务以外，还需要给予农民以特殊的支持。如我国现在尚有大量的贫困人口。这些贫困人口主要在偏远的贫困地区农村。他们的生存状况直接关系到全国人民能否在2020年全面实现小康。这些地方需要国家的特殊支持才能分享到现代化的成果，也才能促使国家走向整体现代化。

（原文刊载于《河北学刊》2013年第3期）

# 中篇　乡村治理的中国变迁

# 第八章 "根"与"飘":城乡中国的失衡与均衡

均衡是事物的理想状态,但人类社会往往是以非均衡,甚至失衡状态发展的。人类历史上每一场结构性变革都会伴随着巨大的"阵痛",甚至"痉挛"。在工业化、城镇化进程中,传统农村与现代城市形成强烈落差,并会带来巨大的心理冲击。从历史进步的角度看,工业化、城镇化是大势所趋、势所必然,但如何在这一必然中减轻"分娩"的痛苦,让广大农村和农民参与和分享必然进程的成果,而不是成为"历史的弃儿",由城乡失衡到城乡均衡,却是需要给予充分重视的问题。

## 一 城镇化:将乡土社会"连根拔起"

现代化由传统而来。传统会规制现代化进程和道路。美国学者摩尔运用其深邃的历史眼光看待传统因子对未来造型的影响,认为分崩离析的传统社会所遗留下来的大量阶级因子,会对未来历史的造型发生强烈影响。[1]

传统中国是一个以乡土社会为根基的中国。在上世纪前半叶,进入中国的美国学者费正清就发现,"自古以来就有两个中国",一个是农村,一个是城镇。"然而,中国仍然是个农民的国家,有4/5的人生活在他们所耕种的土地上。所以社会的主要划分是城市和乡村,是固定在土地上的80%以上的人口,和10%到15%的流动上层阶级人口之间的划分。这种分野仍然是今天中国政治舞台的基础,使国家统治权难以从少数人手里扩

---

[1] [美]巴林顿·摩尔:《民主与专制的社会起源》,华夏出版社1987年版,第2页。

散给多数人"。① 正因为如此，在 20 世纪的中国发生了以广大农民为基础，并以解决农民土地问题为关键的中国革命。

乡土中国不仅意味乡村人口占多数，而且意味整个国家的根基在乡村。这不仅在于作为国家经济支撑的赋税来源于乡村，更在于整个国家的价值取向重心在于乡村。无论哪一个统治者都不得不"以农为本"、"守土有责"；社会精英进城为官，最后还是要"叶落归根"；人们无论流向哪里，"衣锦还乡"仍然是终极梦想。但是，乡土中国并不是永恒的存在，更不是人类终极的美好家园。1949 年革命后，特别是 1978 年以后，中国进入了大规模的现代化建设进程，其重要后果是呈加速度的城镇化。1978 年，中国的农村人口还占全国人口 80% 以上，30 多年后，城镇人口已达 50% 以上。

如果说中国革命是 20 世纪上半期的伟大变革，那么，城镇化则是 20 世纪 80 年代以来的伟大变革，且变革更为深刻。其深刻之处就在于结构性变革，即现代社会因子愈来愈占主导地位。一个社会的进步最终取决于创新性因子的产生及其地位。传统中国也发生了无数次农民反抗，但始终是"有造反而无革命"。② 只是具有现代意识的先进政党的出现，才有了创新性的革命。但是由于传统社会因子在社会结构中仍然占有相当比例，使得革命后的现代化进程饱经曲折，先进的社会主义经常为传统的平均主义所困扰。

因此，从历史进步的角度看，城镇化将为社会植入愈来愈多的现代要素，从而获得更多现代国家的稳定性和持续性。这种稳定性内生于社会结构之中，并与创新性相伴随，而不是传统社会那样与"超稳定"相伴随的是"周期性动乱"。从世界历史进程的角度看，在城镇人口占大多数的国家里，基本没有发生过激烈的社会革命；而在发生激烈的社会革命的国家，基本上都是农村人口占多数的国家。从这一角度看，我们对城镇化的意义无论作多高的评价都不为过。

意义愈大，意味着历史反差愈大。城镇化不仅仅意味着人口、国家的

---

① 费正清：《美国与中国》，世界知识出版社 1999 年版，第 21 页。
② 斯塔夫里亚诺斯：《全球分裂——第三世界的历史进程》，迟越等译，商务印书馆 1993 年版，第 318 页。

财政的城镇比例愈来愈大，更重要的是乡土中国的根基发生动摇，是一场"连根拔起"的变革。尽管国家价值仍然强调"无农不稳"，但社会驱动则是"无工不富"；不仅大量精英进入"新学"，义无反顾地奔向城市，就是大量劳动者也弃田务工，对用热血和汗水换来的土地不再有无限的眷念；昔日的乡土为人遗忘，如画的乡村甚至成为垃圾场……正是基于此，上个世纪以梁漱溟先生为代表的人文知识分子强烈呼吁中国的根本在乡土，乡村建设就是中国建设。20世纪90年代以来，伴随城镇化的加快，对"失落的乡村"的悲叹延绵不绝，并激发起社会的强烈反响。这不仅仅是对"乡愁"的忧伤，更在于对"乡土之根"枯萎的痛惜。春节期间一些网上帖子引起了社会强烈反响，就是人们对自己故土的衰败感到深深的惋惜和淡淡的忧伤，在于我们过去都来自于乡土，而养育过我们的老树根正在枯萎。

但是，无论情感上多么真挚，我们还是不得不正视：城镇化毕竟是历史的大势所趋，更不可以因此而重返乡土中国。

## 二 城乡中国的失衡与人的"飘浮"

当然，对于城镇化造成的"失落的乡村"的呼喊，更多的是现实的城乡失衡场景造成的心理落差。

当今中国正处于城镇化进程之中，即还没有完成城镇化。中国还在由乡土中国向城镇中国的结构转变之中，处于"城乡中国"的过渡阶段和历史节点上。乡土中国的乡村人口在70%以上，城镇中国的城镇人口在70%以上，而当下中国城镇人口为对半。更重要的是农业在国家财政税收中的比例仅仅只有10%左右，农业收入根本无法支撑庞大的农村人口获得与城镇一样的收入和生活，由此形成巨大的城乡落差，城镇与乡村发展处于失衡状态。造成这一状态的原因首先在于现代社会本身。传统社会是以土地要素为核心的社会，因此人们"守土为本"。现代社会是一个以市场和资本为核心的社会。与乡村相比，城市有着特殊的位置优势，形成城乡之间的"位差"。在马克思看来："城市已经表明了人口、生产工具、资本、享乐和需求的集中这个事实；而在乡村则是完全相反的情况：隔绝和分散。"① 这种城乡位差，决定了财富和人口愈来愈向城市集中，城市呈加速度发展；乡村则是相反的情况，尽管有所发展，但始终难以与城市平行发展，由以往的中心地位日益边缘化，且愈来愈失去"话语权"和影响力，造成城乡之间的"势差"。这一趋势是世界上普遍存在的。农村和农民问题因此成为世界现代化进程中的普遍问题。而在中国，由于长期形成的城乡二元结构，使得城乡发展失衡问题又显得特别突出。如我国当下城镇常住人口达50%以上，户籍人口才30%多。世界上许多发展中国家实行的是国民收入所得税和提供城乡均等的公共服务，但中国长期延续的是农业税和教育等公共物品的农民自我提供制度。

城乡中国的重要特征是巨大的城乡失衡或者城乡落差。尽管这种城乡落差很难造成乡土中国那样的社会大动荡，但是由此出现的社会问题，则会影响社会的持续稳定。除了经济原因以外，还在于心理原因。现代化一方面造成城乡落差，另一方面又会带来现代性价值。在人们没有接受现代价值时，还有可能容忍城乡之间的落差；而一旦获得现代价值，则愈来愈难以容忍城乡失衡，从而滋生出巨大的不公平感和心理失衡。这些具有不公平感的人的心理处于"飘浮"状态，缺乏稳定的根基。

其一，农民进城，问题也进了城。进城无疑是解决因人地关系和农业产业造成城乡收入差距的路径。但是，如果农民进了城，得不到相应的就业和保障，他们难以融入城市，就会处于"飘浮"状态，对所生活的城市缺乏认同感和归属感，从而成为社会不稳定因素。这在农民工二代身上表现特别突出。他们既无乡村之根，也无城市根基，很容易造乱子。美国著名政治学家亨廷顿专门探讨过类似的问题。他引述了汉德林的话："第二代人是不稳定的因素……随着他们越来越人多势众，他们就到处捅乱子，而这正是因为他们在社会上缺乏固定的地位。"他还以美国为例，指出："第一代坚守农村的生活方式和处世态度，第二代人在城市环境中形成其梦想，为了实现这些梦想，他们先是犯罪，然后从事其他捣蛋活动。"② 中国的情况与美国不一样，但进城的农民工二代缺乏稳定的根基

---

① 《马克思恩格斯选集》第 1 卷，人民出版社 1995 年版，第 104 页。
② [美] 塞缪尔·P. 亨廷顿：《变化社会中的政治秩序》，上海人民出版社 2008 年版，第 234 页。

并有可能引发社会问题却有类似之处。当下城市治安问题大量由流动人口引起是不争的事实。

其二，农民进城，留下了问题。大量农民进城造成农村空心化、老龄化和凋敝化。这不仅仅在于优质人口流入城镇，更重要的是人生重心和取向是城市，而不是乡村。乡村不再是一生守护的家园，而是不得已的居所。仍然在农村的人的收入还是传统农业，但其生活方式和价值取向已城市化，而传统农业收入已无法支撑其城市化的生活方式，从而很容易去寻求非正当收入。尽管乡村的表象还在，但已失去了昔日的纯朴、乡情、年味，即没有了传统乡村的精神根基。乡民虽然人还在乡村，但其灵魂处于"飘浮"状态，并没有将祖祖辈辈留传下来的精神根基保留和传承下去。这正是一些春节回返乡里的城市精英深感忧虑之处。他们再也找不到魂牵梦萦的少年时代的乡村了。

城乡失衡有可能形成恶性循环，即落差愈大，人口愈是会向城市集中，乡村愈会边缘化，城乡之间的落差愈大，引起的问题愈突出。城乡中国可能不会像乡土中国那样发生大规模动荡，但会伴随大量社会问题，使得国家治理缺乏足够的政治定力，甚至处于政治紧张状态，如维稳至上。

## 三 在城乡一体中获得历史的均衡

城乡中国的结构性落差是历史形成的，也需要在历史进程中努力克服，通过城乡一体化获得历史的均衡。

一是以城乡一体化克服位差。在现代化进程中，城镇的中心化和乡村的边缘化具有一定的趋势性。在列宁看来，"城市是经济、政治和人民的精神生活的中心，是前进的主要动力。"[1] 但是，如果城乡落差过大，则会产生社会的不均衡，因此特别需要国家给予农村以高度重视和特殊支持。进入新世纪以来，我国将城乡一体化作为解决"三农"问题的基本方略，连续下发10多个中央一号文件推进农村发展，实际上就是要努力解决现代化进程中城乡失衡问题，将农村发展置于重中之重的地位。换言之，受市场驱动，城市发展有着强大的自生动力，而农村则需要外部推动

---

[1] 《列宁全集》第19卷，人民出版社1995年版，第264页。

和保护。中国要在 2020 年实现全面小康，关键在农村，重点也在农村。

二是以城乡一体化克服势差。城镇的中心化和乡村的边缘化将会带来势差，进一步导致乡村的边缘化。由此需要重新认识农民和农村的价值。在中国的现代化进程中，农民不是消极的"历史的弃儿"，而是历史的创造者。中国革命依靠的是广大农民，现代化同样要依靠广大农民。改革开放以后创造了中国奇迹，但这一奇迹的创造主体却是有着深厚历史底蕴的农民。[①] 只要给他们提供平等参与现代化的机会，他们完全可以凭借自己的力量创造奇迹。

中国城镇化进程中没有出现其他发展中国家，甚至美国等发达国家出现过的城市"贫民窟"，在相当程度得益于自力自强的中国农民。要解决进城农民的"根"的问题，最主要的是让他们在平等参与现代化进程的同时，公平享受现代化的成果，如均等的公共服务。其次要深化认识城乡关系。在城乡中国的现阶段，乡村因为难以提供城镇那样的收入和生活方式，因此而被冷落，甚至被抛弃。尽管中央出台多个一号文件，但农村并没有得到足够的重视。而随着城镇化的推进，乡村的价值会得到再次挖掘并日益凸现。乡村以往主要是农业产业功能，因为产业弱势而为人冷落。而当人们大规模进入城市后，乡村的多重价值得以显现，不仅仅具有产业功能，还是能够获得洁净空气、优质环境、宽松心态的新的生活家园，是能够从长期传统中获得历史定力的精神家园。这正是许多发达国家和地区的人们重新回归乡村的重要原因。如果从后城镇化的角度看待乡村，乡村就不会简单视为"落后"的代名词而为人冷落。

当然，认识只是指出一种趋势。在解决当下城乡中国的失衡问题时，还需要从两个方面努力。

其一，通过人的城镇化，使进城农民重新获得根基，解决农民工，特别是农民工二代的"飘浮"状态。城市高楼建筑大量的是农民工修建，他们身体进了城，更重要的是心灵进城，通过平等提供公共服务，促使他们尽快融入城镇，在城镇获得安身立命的根基。对于绝大多数"农二代"来讲，他们学校毕业后就进了城，在农村无根，也无回乡寻根的计划。这

---

① 参见徐勇《农民理性的扩张："中国奇迹"的创造主体分析——对既有理论的挑战及新的分析进路的提出》，《中国社会科学》2010 年第 1 期。

就需要为他们提供同等条件和创造同等机会，成为新的城镇居民。沿海地区的城镇逐步打开城镇大门，接纳农民工，做出良好表率。衡量中国城镇化，不仅仅在于多少人口进入城镇，更重要的是多少人口融入城镇，能够定居定心。

其二，通过人的新农村建设，使得农村成为人们的自我选择的地方，促进城乡资源的自由流动，并在流动中获得最大价值。早在20多年前，笔者拜望被称之为"农村改革之父"的杜润生先生，老人家专门题词：要让农村成为人们愿意在那里生产、生活和居住的地方。这一题词非常深刻。长期以来，农村是农民与生俱来的场所，而不是自由选择的结果。由于城乡失衡，他们很容易离乡离土，选择进城。本世纪以来，我国开启了大规模的新农村建设，在一定程度上缓解了城乡失衡问题。但是，要解决这一问题仍然有大量工作可做。许多地方的新农村建设还只是停留在建新房的表层，忽视了如何留住人，留住人心的问题。人们用政府补贴和自己多年的积蓄，甚至负债，建了新房后还是奔向城镇。其重要原因是乡村的收入、公共物品供给、生活方式与城镇尚有很大落差。物的新农村建设还会造成大量资源的闲置，甚至占用宝贵的土地。笔者2015年在30多个村庄调查时发现许多地方的房屋建筑在良田上，却无人居住，甚感痛心。其深层原因是农村土地和房产还限于本村居民集体所有，农民持有不占白不占的心理。与此同时，城市人希望投资于农业，在农村寻找一个新的家园，却又受限于现有体制。城市成为人们可以自由选择的地方，而农村却无法自由选择，农民不能将自己的田产房产变现后进城，资源不能在自由流动中获得最大价值。这不能不制约着农村发展。因为资源的自由流动才能获得最大价值；只有经过自由选择的地方，人们才生活得心安理得。所以，要让农村成为人们愿意而不是被迫在那里生产、生活和居住的地方，路还很遥远，还有许多体制性障碍需要克服。近几年我国开展的土地三权分置、宅基地流转试点改革，或许正在探索出一条出路。

（原文刊载《武汉大学学报》人文科学版2016年第4期）

# 第九章　深化对农村城镇化的认识

城镇化是一个规划性社会变迁过程。城镇未化，规划先行。规划未动，认识在先。近段时间，城镇化是一个热门话题，但对城镇化的认识还有待深化。只有认识上去了，城镇化才有高起点。本文试对农村城镇化若干问题进行探讨。

## 一　农村城镇化的目标定位

### （一）城镇化是中国改革发展的起点之一

长期以来，一般认为，农村改革发展是中国改革发展的起点。但与农村改革发展相伴随而行的则是农村城镇化。

直到1949年，中国仍然是一个农村和农民大国。1950年代我国逐步形成了城乡二元体制。这一体制将广大农民牢牢地束缚在土地上，造成人对"地"的依赖；而土地产出有限，又造成人对"物"的依赖；物的分配权由干部掌握，从而又造成人对"人"的依赖。其直接后果是，农民依然贫困。正如邓小平所言："坦率地说，在没有改革以前，大多数农民是处在非常贫困的状况，衣食住行都非常困难。"[1] 中国改革因此首先从农村开始，"为什么要从农村开始呢？因为农村人口占我国人口的百分之八十，农村不稳定，整个政治局势就不稳定，农民没有摆脱贫困，就是我国没有摆脱贫困。"[2] 农民贫困的另一个后果是城镇化受到压制。1949年我国的城镇化率为10%，1979年才17%。农村改革的最大成果是极大地

---

[1] 《邓小平文选》第3卷，人民出版社1993年版，第237—238页。
[2] 同上书，第237页。

解放了农民，农民不仅获得了土地经营自主权，更重要的是获得人身自由权和选择权。改革后，地还是那么大的地，人还是那些人，农民不仅摆脱了贫困，并创造了所谓"中国奇迹"。关键是广大农民获得了自由，他们走出乡村，来到城镇，走出农业，从事其他行业，由此极大地释放出人的能量。如果说农村改革发展是起点和基础的话，那么，城镇化则是后果和条件。农村城镇化一方面促使大量农民摆脱土地的束缚，寻找到新的发展空间，大大缓解了长期历史上存在的人地紧张关系。1978年以来，我国的耕地减少，人口增多，但并没有出现历史上长期存在的人多地少引发的经济社会危机。另一方面，城镇化使相当部分的农民依靠外出务工，来改变农民务农所造成的局限，自我形成"以工补农"的格局。在人均耕地不到2亩的资源紧缺条件下，仅仅依靠土地收益，农民是不可能达到小康的。如果说，农村改革使中国获得了稳定的基础，那么，城镇化则使中国获得了发展的基础。城镇化可以说是广大农民摆脱土地及其体制束缚，脱离贫困，走向发展的标志之一。

**（二）城镇化是城乡双向互动的历史过程**

城镇化与工业化一样都是现代化的伴随物。城镇化的进程取决于城乡社会的双向互动。

英国是最早进入现代化轨道的国家，其重要特点就是农村商品经济的活跃与城镇的兴起相偕而行和良性互动。持续长达数百年时间的"圈地运动"，不仅促进了农村商品经济的发展，而且造成了传统农民的消失和大量新兴城镇的崛起。正如巴林顿·摩尔所说："'圈地运动'是一项决定性的扫荡，它摧毁了体现在传统村庄中的整个农村社会的结构。"[1] 英国"以部分采用商品化农业来适应那些具有自己强大经济基础的贸易和工业加工生产的阶级的发展，这就使农民问题不复存在了。"[2] 而大量新兴城镇的崛起又吸纳了从农业转移出来的人口，使他们得以顺利转化为城镇人口。因此，英国的现代化是渐进主义的，没有发生结构性断裂。

中国在历史上是世界上最为典型的农业社会和官僚社会，是典型的政

---

[1] ［美］巴林顿·摩尔：《民主和专制的社会起源》，华夏出版社1987年版，第15页。
[2] 同上书，第30页。

治统治型城市和乡土农民社会对立的社会结构。当中国在外部力量的入侵下进入现代化进程时，其传统农业社会内部未能生长出新的社会因素，农业商品经济极不发达。近代以来的城市工商经济不仅比例极少，而且与广大农村是脱节的，农民更多的是以牺牲者的状况进入现代化。极少数量的城镇根本无法吸纳大量的农村人口。1949年以后，政治上的城乡对立消除了，而经济社会上的城乡二元结构却形成并固化了。改革开放以来，我国的工业化和市场经济得以迅速发展，但是这种发展是以地区和城乡发展不平衡的格局进行的。相当一部分农村人口流向沿海城镇务工，但这些城镇没有直接接纳农业转移人口，将他们变为城镇人口，相反，农业转移人口融入城镇还存在着大量体制性障碍。这就是所谓的农民工问题。农民工问题说明我国的城镇化尚是不完整，或者说是残缺不全的城镇化。城镇化在相当程度上不是农村商品经济发展的自然产物，也不是城镇主动吸纳农村人口的结果。这与过往没有科学思考和规划城镇化有关。当下，国家已将城镇化作为发展战略目标，就必须充分思考城镇化的条件和路径。一方面是推动农村内部市场经济的发展，让更多的农业人口自然转移出来，而不是简单的"逼民上楼"；另一方面是消除体制性障碍，不仅让城镇主动接纳农村人口，而且能够使农村人口融入城镇，实现城乡社会要素的双向良性互动。

**（三）城镇化是为了人们过上高品质的生活**

城镇化成为一个热点是在国际金融危机，外贸出口不足的背景下产生的。人们普遍将城镇化作为扩大内需，提升GDP的主要增长点。作为经济动向晴雨表的股市甚至出现了所谓的城镇化概念股。

毫无疑问，城镇化是可以拉动经济增长。但我们要看是什么样的城镇化？城镇化的终极目的是让人们过上高品质的生活。马克思早在世界城镇化初期，就认为："城市本身表明了人口、生产工具、资本、享乐和需求的集中；而在乡村里所看到的却是完全相反的情况：孤立和分散。"[①] 因此，城镇化不仅意味着生产的进步，还意味着生活质量的提高。特别是随着温饱生活的满足，人们有了更丰富的需求，要求提高生活品质。只有人

---

① 《马克思恩格斯选集》第1卷，人民出版社1972年版，第56页。

口相对集中的城镇才能提供更好的公共服务设施和更丰富的生活样式。反之，如果城镇化不能提供高品质的生活，人们为什么要进城镇呢？发达国家因为城市过度发展而产生的"城市病"造成大量人口逃离，出现所谓"穷人在城，富人下乡"的"逆城市化"现象。目前我国的大城市也出现了"城市病"，北京等地"十面霾伏"，生活痛苦指数上升。因此，大规模推动城镇化的一开始，就必须有高的定位，追求以人为本的高品质城镇化，而不是简单的 GDP 增长。

### （四）城镇化是为了进一步推动"三农"问题的解决

前些年我国政府为解决"三农"问题，提出了社会主义新农村建设。而城镇化成为一个热点有政府即将换届的背景。有人因此认为，城镇化是新一届政府的重点，以示与上届政府工作重点的区别，并将城镇化与新农村建设割裂开来，甚至认为新农村建设不再重要。其实这是缺乏历史的眼光。当年新农村建设是在"三农"问题特别突出，农民纷纷弃农而去的背景下提出的一项重要举措。由此出台了一系列稳农支农惠农强农政策，农民生活发生了重大变化，从而有了"种田不交税，上学不交费，看病不太贵，养老不发愁"之说。但我们也应该看到，前期新农村建设的成果主要还是稳农，且是低水平的"稳"。核心问题就是农民收入有限，城乡差距仍然较大。主要原因就是人多地少的格局没有发生根本性变化。在人均耕地 2 亩多的条件下，仅仅依靠农业生产是难以致富的。让更多的人口离开农村和农业，不仅可以推动城镇化，而且有助于扩大农户经营规模，推动现代农业发展，最终增加农民收入。因此，城镇化是社会主义新农村建设的扩展，而不能将两者割裂开来、对立起来。如果说前期新农村建设重在稳农，那么，城镇化则重在富农。粮食增产和农民增收是衡量城镇化成功与否的重要标志。

### （五）城镇化包括农村人口享受与城镇均等的公共服务

一般理解城镇化就是人口进城，或者农村人口变为城镇人口。这还只是狭义的城镇化。广义的城镇化则包括农村人口享受与城镇均等的公共服务。当前，一些地方对于城镇化率看得很重，片面追求更多的人进城，甚至出现"逼民上楼"。农村有再次被遗弃，甚至被抛弃的倾向。有人甚至认为，人都进了城，还管农村干什么。其实，这是短见。在农业还未实现工厂化的条件下，无论如何，农村都会存在，农民也不会终结。问题在于要创造让人们愿意在农村生产、生活和居住的条件。如果城镇化造成的是农村被抛弃和遗弃，那将是一场社会"灾难"。我们追求的是中国特色的新型农村城镇化，"新"在不抛弃和遗弃农村，反而是以农村繁荣为前提条件。而衡量农村是否衰败和繁荣的重要标志是农村人口也能享受城镇均等的公共服务。在温饱阶段，城乡差距在于收入。在小康阶段，城乡差距主要在于公共服务。农村人口实现温饱后最渴求的是有良好的教育、医疗、养老、社会救助、文化生活等。因此，在城镇化进程中，一方面是"人口进城"，另一方面是"服务下乡"，这才是完整的城镇化。发达国家的富人之所以愿意居住在乡镇，原因除了有更新鲜的空气，更适合人居的环境外，也可以享受城市一样的公共服务。

## 二 农村城镇化的路径方式

### （一）城镇化是一个多层次和有重点的城镇体系

我国农村人口众多，未来至少有 3 亿农村人口完全进城，在农村的人口也要享受城镇均等的公共服务。这就决定了我国必须构建一个由特大城市、大城市、城市群、中等城市、县城、镇区、农村社区等单元共同构成的多层次城镇体系，从而实现由乡土中国向城镇中国的转变。

但是，城镇化体系的构建也要有重点。其重点就在于中小城镇，着力点则在于县城。这是因为，经济发展和高品质生活都离不开规模。城市与乡村相比就在于集中和规模效应。要给一家一户分散居住的农民提供便利的公共服务成本太高。但是，任何规模都是有限度的。规模过度化带来的是负效应。我国的特大城市和大城市的规模已近饱和，很难容纳更多人口。更重要的是中国城镇化有一个重要使命就是带动农村发展。而少数特大城市和大城市对农村的带动是十分有限的。北京五环以外的郊区农村与五环以内的城区是两个迥然不同的世界，城乡差距巨大。城镇化带动农村发展则需要以特大城市和大城市为龙头，借助中小城市的桥梁，加上镇区和社区作为桥头堡，才能形成城乡一体的均衡发展格局。而当前，我国城镇化，特别是除沿海以外的内地城镇化的薄弱环节是县城。在乡土中国，县城是"农村的头,城市的尾",县城发展面向农村,县城建设乡土化。即使是个别城乡一体化的标杆,农村社区相当不错,城市却如农村,城乡一体化呈城乡一样化。为此,需要在城镇化中给县城重新定位,应该是城镇化的头,以高品质的城镇生活吸引农村人口就地转移。

**(二)城镇化是一个多动力推动的多类型城镇结构**

与自然形成的乡土社会不同,城镇社会是人为建构的。推动城镇化的动力是多种多样的,并由此形成多样化的城镇。我国改革开放以来,农村城镇化的动力类型有:一是市场推动型的城镇化,其特点是"因市场而生",如浙江省温州市龙港产生了一座"农民城",其居民完全是离开农业经商的农民。再如浙江省义乌国际小商品城的崛起带来的城镇扩张。就是内地也有不少"因市场而生"的城镇化样本。湖北省宜昌市金东山商业城在一片荒地上崛起,带动数万农民进城经商居住。二是工业推动型的城镇化,其特点是"因工业而生",如江苏省江阴市的华西村。华西村已经完全工业化,常住人口数万人,早已成为工业城镇,只是因为历史因素而保留村的建制和称号。三是政府推动型的城镇化,其特点是"因政府而生",在政府的主导和推动下,实现人口集聚。这一类型在内地城镇化先行一步的河南较多,其中有成功的案例,如"背井不离乡,上楼先就业"的"舞钢经验",也有不成功,甚至失败的案例,如"逼民上楼"。除此以外,还有"开发区推动型"、"特区推动型"等特殊类型的城镇化样式。

市场推动和产业推动是理想类型的城镇化。因城镇化不在于有多少人居住在城镇,关键在于有多少人从事非农产业,否则就可能是空壳城镇化和"伪城镇化"。但是仅仅有市场和产业也不行,毕竟城镇化是一个综合性的社会变迁,需要政府规划和整合各种利益。

**(三)城镇化是一个包含人、地、财、治、路等核心要素在内的系统工程**

城镇化是一场具有革命性的社会工程,它意味着社会要素的重新配置和社会关系的重新组合,由此需要统筹思考和规划。其中最核心的要素:一是"人",即人往哪里去,是进城还是在乡,进城进什么层次城,在乡在什么类型乡？人进入城镇能否融入城镇？二是"地"，即地从哪里来？城镇化无疑要占地。而我国18亿亩耕地是不可逾越的底线。2012年中央农村工作会议专门提到守住"底线"的问题。有的地方的城镇化向山坡要地是一种探索。三是"钱"，即钱从哪里来？城镇化无疑是钱堆出来的。愈是高品质的城镇化，需要的财力就愈大。在一些政府推动型的城镇化，最缺的是钱，因此往往打土地的主意，形成"土地财政"，由此最容易滋生矛盾。因此，城镇化进程中需要多元投资，引入社会资本。四是"治"，即如何治理？传统的治理是依土而治，人固着于土地，属于封闭型治理；城镇化治理则是依业而治，人处于流动状态，属于开放型治理。随着城镇化，原有治理体系愈益不适应。如华西村早已是超级小城镇，治理体系却是村的模式，属于"大人穿小衣"。五是"路"，即城镇化道路如何走？中国是一个超大乡土国家，要在短时间内实现城镇化，必须在借鉴外国经验基础上走出自己的道路。

### （四）城镇化是一个长期渐进但又十分紧迫的过程

中国的城镇化是21世纪的一场影响深刻的重大革命。如果说20世纪中国的发展道路是"农村包围城市"，那么，21世纪一定是"城镇引领农村"，城镇化成为社会发展主题。这意味着整个中国的社会根基发生重大变化。城镇化进程面对的并不是铺满鲜花的地毯，而是充满着各种矛盾。随着农民进城，问题也将会进城。对城镇化的长期性和艰巨性要有足够的认识。当前最为突出的是两个问题：一是农业转移人口的市民化。由于长期的城乡二元结构，大量农村人口进城务工经商，却因为户籍在乡而不能享受城市市民一样的均等待遇。"一城两制"的格局造成相当多数的农民工对城市缺乏归属感，甚至因被排斥而反叛秩序。尤其是"在乡无根，在城无靠"的二代农民工愈来愈不满意"一城两制"的处境。这是历史遗留的紧迫问题，需要尽快推进农业转移人口市民化，让这部分人分享城镇化的成果。二是加快农民享受市民化的公共服务。近几年这方面成就斐然，但由于历史欠账太多，农村公共服务建设还远远不能适应农民的要求。特别是水、电、路、环境等基础工程较差，制约着农民享受市民化的公共服务。

**(五) 城镇化将使中国处于现代化进程中的新的节点上**

城镇化与现代化一样是一个历史变动过程。在现代化之初，面临的是一个乡土中国，主要问题是农民问题、土地问题和贫困问题。这三者是一体的。农民问题因为相当多数的农民缺乏土地而引起，缺乏土地自然容易陷于贫困状态。因此，现代化的第一个节点是解决农民问题、土地问题和贫困问题。由此有了孙中山先生提出的"耕者有其田"、毛泽东推动的"打土豪、分田地"，邓小平支持的田地承包到户等主张。这一系列变革满足了广大农民的要求，中国的现代化因此步入正轨。正如亨廷顿所说："政治现代化的源泉在城市，而政治稳定的源泉却在农村。"[①] 伴随城镇化，大量农村人口进入城镇，城镇成为主导性社会力量。而城镇社会与乡土社会有很大的不同。如果说乡土社会的特点在于"稳"，那么，城镇社会的特性则在于"变"。城镇社会充满着变革，也带来着一系列变数。城镇人口更加注重个人的权利，更加关注社会的公平正义，他们希望政治能够不断回应社会的要求和呼声。随着农民进城，问题也集中到城镇了，而且由于城镇本身的"集中性"，还会放大问题。因此，城镇化意味着中国的现代化进入到一个新的节点上。在这个节点上，发展问题与公平问题同时存在，自由的要求与秩序的维护的张力同时存在，公共需求不断扩大与满足需求的能力之间的矛盾同时存在。这使得国家的政治发展面临着新的挑战。

（原文刊载于《东南学术》2013 年第 3 期，原文题目《深化对农村城镇化的认识十题》）

---

[①] [美] 塞缪尔·P. 亨廷顿：《变化社会中的政治秩序》，三联书店 1989 年版，第 402 页。

# 第十章 新农村建设的合力与互动机制[*]

中共十六届三中全会提出，要按照"生产发展，生活宽裕，乡风文明，村容整洁，管理民主"的要求建设经济繁荣、设施完善、环境优美、文明和谐的社会主义新农村。简言之，就是要将农村建设成一个人们愿意在那里劳作、居住和生活的地方。显然，这是一项历史性的艰巨任务。历史上尤其是近代以来仁人志士们在乡建运动中的求索未能有解，当下全国很多地方的新农村建设探索与实践也充满变数。无论是昔日乡建中"乡建运动乡村不动"的尴尬，还是今日新农村建设处处可见"政府主导"、处处难觅"农民主体"的现实，都表明新农村建设的关键在其动力机制，在于能否撬动农民的内生力，形成上下互动、内外勾连的合力机制。位于广东省佛冈县的广东省社会主义新农村建设试验区（以下简称"新农村试验区"）在新农村建设实践中通过体制机制创新，建立起了新农村建设的合力与互动机制，一定程度上破解了新农村建设动力不足这一历史性难题。

## 一 历史困境：新农村建设动力不足

1. 农民自建无力

千百年，农民劳作、居住和生活的地方是农民自我建设的，由此形成了一个个的自然村落。这些自然村落正在成为宝贵的历史遗产。而在当下和未来的一段时间，人们愿意劳作、居住和生活的新农村，则是我国农民无法自我建设而成的。农业本身就是弱质产业，投入大，回收慢，风险

---

[*] 本文与吴记峰合作，在此致谢！

高；农业生产本来就需要辛苦的劳作，辛劳之后却无法掌控劳动成果，而更多要看天吃饭；而农村居住方式的相对分散与隔绝①又使得农民很难享受与城市居民均等化的公共服务。再加上我国长期的城乡二元结构，就使得城乡之间在收入水平、劳动强度、生活方式等各方面产生了巨大的差距。城乡区别就是社会最现代部分和最传统部分的区别。处于现代化之中的社会里政治的一个基本问题就是找到填补这一差距的方式，通过政治手段重新创造被现代化摧毁了的那种社会统一性②。而很显然，农民自身没有能力进行新农村建设，新一代农村居民更是对农村家园避之不及，纷纷离乡离土。农民自建无力。

2. 文人救助无能

近代以来，工业化、城镇化导致乡村衰败。一批有理想、且对农业文明怀着深深敬意的文人忧患于乡村衰败导致的中华文明衰败，因此发起乡村建设运动。这一运动的余火一直延续至今。从民国时期的梁漱溟、晏阳初到新时期的乡建者，他们怀揣着不同的理念，尝试着不同的路径，朝着同一个方向与目标努力。但是，文人救助并未能解决农民亟须的生产发展问题，更未能站到现代化的大背景下考虑农村社会的宏观走向，而是反对工业文明，主张回归以农立国，未能激发和调动农村的主体性和积极性③。文人救助的情怀令人钦佩，但其实际效果并不理想。乡村建设运动的领袖梁漱溟先生也哀叹十年乡村建设运动，结果是"乡村不动"④。文人救助无能。

3. 政府改造无效

1949年以来，依靠农民取得政权的中国共产党开展了对传统农村的社会主义改造运动。正是在农业集体化的高潮之中，1958年中共中央提出了建设社会主义新农村的口号。而这一建设具有连根拔起，进行翻天覆地改造的意识形态指向。尤其值得一提的是，这场摧枯拉朽的社会改造运动带有强烈的政府主导思维，农民的主体性被压缩到了最小。这就使得很

---

① 《马克思恩格斯选集》第1卷，人民出版社1995年第2版，第104页。
② [美] 塞缪尔·P. 亨廷顿：《变化社会中的政治秩序》，三联书店1989年版，第67页。
③ 徐勇：《国家整合与社会主义新农村建设》，《社会主义研究》2006年第1期。
④ 孙诗锦：《启蒙与重建：晏阳初乡村文化建设事业研究》，商务印书馆2012年版，第339页。

多措施无视甚至是违背了农民的意愿。当然,这场建设也未能遵循现代化进程乃至人类社会发展的一般性规律,过于强调人的主观能力、强调精神的力量而忽视了物质条件[①]。结果是导致农村贫穷的基本状况没有得到根本性改变,反而失去了农村迁徙的自由。由此才兴起了农村改革。政府改造无效。

4. 实业援建无果

民国乡村建设运动中,与梁漱溟等文人"文化教育—乡村社会改造"相对应的,还有以卢作孚为代表的实业界"以经济建设为中心"的乡村现代化建设理论,他们也着手实践了一场旨在谋"民生"、保"民享"的乡村建设计划。但时代的背景以及自身的弱点,使得这一最具现代思想元素的乡村建设运动流产。上世纪八九十年代,改革春风下新一轮的农村实业的发展,也就是国家政策引导与支持下乡镇企业的发展,在造就了为数不多的超级村庄的同时,也未能对整个农村的发展产生实质性作用。到上世纪末本世纪初,乡镇企业纷纷倒闭。企业的最大目标在于追求利润,如果不能实现共赢,就很难建立现代企业与新农村建设的链接机制。企业援建无果。

## 二 上下求索:新农村建设形成合力

新农村建设不可能一蹴而就,更不可能自发建成。只有解决新农村建设的动力机制,这一伟大的历史工程才能不断取得进展。农村改革北有小岗,在于先吃螃蟹。然而,靠着一时的开拓意识走在全国前面的小岗在吃完螃蟹之后却未能找寻到继续发展的持续动力,先吃螃蟹所释放出来的发展活力也逐步耗尽,从而有了"一夜之间脱贫,三十年却未致富"的尴尬。幸而,新农村建设南有佛冈,佛冈的可贵之处在于寻求动力,形成了政府主导、农民主体、企业支撑、社会支持构成的合力机制,解决了新农村建设的持续动力问题。

1. 政府主导

政府主导主要是指政府将更多的资源分配到农村。政府是资源的拥有

---

① 党国英:《50年前的新农村建设运动》,南方网,2007年9月15日。

者和权威分配者。近代以来,农村缺乏吸引力,从根本上说是城乡差别。本来,农村处于相对落后状态,但政府还是从外部大量汲取农村资源。改革前的政府改造农村失败的根本原因是政府汲取资源的战略。新农村建设战略目标的设立,从根本上说就是让更多的资源流向农村。新世纪以来,农村发生的"种田不交税、上学全免费、看病不太贵、养老不发愁"等一系列变化,为新农村建设奠定了基础。

新农村试验区建设过程中,就积极发挥了政府的主导作用,以有限的政府力量撬动乡村社会的发展。新农村试验区建设过程中政府作用发挥,主要着眼于方向的主导、思想的指导、理念的引导、技艺的辅导,主要落脚于基础设施的建设、社会保障的供给以及公共服务的提供。首先,在新农村试验区发展方向上,管委会坚持新农村建设与城镇化进程相结合、现代农业产业发展与生态宜居村落建设相结合、传统社会习俗与现代文化元素相结合的整体发展方向,并将其潜移默化到村民的意识中,具体落实到试验区的发展中。其次,新农村管委会通过邀请"三农"专家讲课、打造村民表达平台、形成村民学习机制、组织理事外出考察等多样化渠道,促进村民尤其是村干部的思想观念的转变。再次,新农村管委会积极牵线搭桥,引进现代农业企业,输入现代生产要素,促进农业经营体制创新,提升村民现代农业经营水平。当然,这一切的背后都是政府尤其是各级财政资源在分配上对农村的补偿性偏重。

2. 农民主体

农民主体主要是指新农村建设要尊重历史、尊重农民的意愿,让农民成为自己美好家园的建设者和参与者。文人救助之所以无能,政府改造之所以无效,都是违背了历史,违背了农民意愿,只是将农民作为被教育、被改造的对象,而不是农村建设的主体性力量。当下,新农村建设的最大潜力在农民,但这一潜力却远远未能挖掘和激活,甚至因为政府过度包办而失去了久远的农民自力意识。由此,要建立"以农民为主体,让农民得实惠"的新机制,在此基础上再构建政府引导新机制①。

新农村试验区在建设过程中牢牢把握新农村是农民的新农村,新农村

---

① 徐勇:《构建"以农民为主体,让农民得实惠"的乡村治理机制》,《理论学刊》2007年第4期。

建设必须尊重农民的意愿，尊重农民的主体性地位。农民在现代化进程中不只是被教育、被改造的对象，更是新农村建设的主体性力量。新农村建设的最大潜力在于农民，而这潜力在很多地方的新农村建设中还远远未能被挖掘与激活。新农村试验区最大的特色就在于建设初衷缘于村民的发展诉求、建设过程保护村民的主体地位、建设成果实现村民的共同分享。新农村试验区最重要的经验就是尊重民意、撬动民力、保障民利、实现民益，让农民成为了美好家园的建设者、参与者、受益者。具体而言，试验区建设规划吸纳群众意见，提交村民大会审核；试验区产业引进更加注重现代农业企业对农民的技术带动与观念引领功能；试验区建设方案更倾向于农民自选，建设资金更加依靠农民自筹，建设项目更着眼于农民自建；试验区社会公共服务更多依靠农民自我服务，社会保障更多依赖村民间的相互帮扶，生产社会化更多是在村内实现互帮互助，金融服务也是主要依靠互助金融的发展。

3. 企业支撑

企业支撑主要是指运用企业这一最活跃的市场经济主体为乡村社会注入现代经济元素，带动农村经济的发展，支撑起整个新农村建设。当然，这其中，合作社、家庭农场等其他新型经营主体也要参考企业文化，参照企业化管理，进行自我的提升与发展。而就目前的实际而言，最为现实的是要引进具有农村社会责任、愿意向农民让利、在长远发展中实现企业与农民双赢的农业社会企业。

新农村试验区四方共建单位中极为重要的一方就是国家开发银行广东分行，而在具体的建设过程中，新农村试验区十分注重产业的支撑，尤其是现代农业企业的支撑作用。具体说，一方面，在新农村建设过程中引进具有乡村建设情怀与社会责任感的农业社会企业，在为农业输入现代生产要素与经营模式的同时，通过理念引导与技术带动农村经济的发展；另一方面，新农村管委会还注重在集体经济组织的基础上，通过农村产权改革与农民合作社的成立，推进集体经济向合作经济转变。更为关键的是，通过整合信用社、合作社、供销社的功能，促进合作社的公司化运作，将农民合作社打造成为合格的市场经济主体，进而提升农村的组织化程度，促进农村经济的发展。可以说，新农村试验区通过现代农业社会企业的引进以及集体经济的企业化改造，打造合格的市场经济主体，为新农村建设提供了坚实的支撑性力量。

4. 社会支持

社会支持主要是指社会力量以各种方式将农村最为紧缺的要素输入农村。新农村与传统农村最大的不同在于要素不同。农村原有的劳动力和土地要素使农村无法自我建设一个新农村。仅仅依靠政府分配资源是有限的，只能济贫兜底。即使大手笔投入，也只能造就若干样板村。且农村需要的资源不仅仅是资金，而是能够支持农村全面持久发展的多种要素。这就需要全社会的支持。特别是将先进的要素引入农村，激活农村要素，从而推动新农村建设持续深入发展。

新农村试验区建设过程中，恰恰就是注重协同各方力量，建立各个层面的社会协同机制，共同推进新农村建设。首先，挖掘内部力量，构建内部协同自建新机制。新农村试验区建设过程中，不仅发动试验区居民积极建设美丽家园，而且召开乡贤大会，鼓励外出乡贤回馈乡里，支持新村建设。其次，整合县域力量，搭建县局协同共建新平台。在新农村建设中，县委县政府提出倾全县之力建设新农村。或是资金帮扶，或是政策扶持，或是技术支撑，或是科研支持，县局级单位纷纷加入到了新农村建设中来。再次，吸引外部力量，形成产学研协同创新机制。新农村试验区建设过程中，国开行广东分行提供理念支撑，农村改革协同创新中心提供学术支持，中央党校三农问题研究中心推进金融改革，广东移动公司提供卓越村务管理系统支持。此外，中国农村研究院、中国乡村设计研究院、广东省农村政策研究中心、广东省城乡设计研究院、广东省农科院等科研单位也纷纷加入到了新农村试验区建设中来，形成了较为完备的科研支持体系。

## 三 深化链接：新农村建设互动机制

如何将广大农民顺利带入现代化进程，让他们成为建设者而非反对者，成为现代化成果的分享者而非牺牲者，是一个世界性难题[1]。新农村建设中最困难的也就是农民只是成果的享有者而非参与者。新农村试验区

---

[1] 徐勇：《农民与现代化：平等参与与共同分享》，《河北学刊》2013年第3期。

以机制作为杠杆推动农民参与。如发挥历史上自然村落共同体的作用，增强农民的集体行动能力。政府以奖励代替补助，调动和激发农民参与建设美好家园的积极性。由此，新农村试验区不仅形成合力，还形成了互动机制。具体说，新农村试验区在建设过程中，创新建设机制，依靠规划牵动，运用资金撬动，发挥项目推动，改善民生带动，统筹城乡互动，最终实现力量互动、机制联动。

1. 规划牵动

传统农村是自然历史的变迁，新农村建设是规划性变迁。但这一规划必须尊重历史、尊重乡村特性、着重农民意愿。新农村着力于保持岭南特色而不是推翻重建，但又注意解决农村普遍存在的公共设施落后的问题。新农村试验区建设过程中，十分注重规划的牵动作用，丰富过程，完善结果，利用村庄规划增强村民参与意识与参与能力。具体说，新村规划、产业规划首先都是满足村民需求的产物，规划的初衷就是以人为本的。在具体的规划过程中，每一个整体规划方案，甚至是每一个细节都要经过理事会讨论后再征求村民的意见，最终的方案必须经村民大会审议通过后方能实施。同时，规划项目还包括村民住房装修规划，由规划单位为村民提供多样化的民居外立面装修方案，供村民自主选择，这在很大程度上提高了村民的兴趣。新农村试验区就是这样依靠问计于民的规划牵动，带动村民的参与积极性，最终激发村民建设家园的热情。

2. 资金撬动

新农村建设过程中，如何使用财政资金，也是一个大问题。资金使用好了，可以撬动整个社会力量；资金使用不好，则很容易造成群众的"等、要、靠"思想。新农村试验区是要探索一条可借鉴、可复制、可推广的新农村建设路径。由此，在整个建设过程中，试验区少用政府力量，慎用财政资金，而是创新机制，更加注重财政资金的撬动作用，一两拨千斤，带动社会资金的投入。新农村试验区基础设施建设，先是政府通过名镇名村示范村建设专项资金与"一事一议"投入一定的资金，让农民看到实惠，再发动农民筹资，吸纳乡贤捐资，吸引企业注资，从而实现了资金筹资渠道的多元化。新农村村居建设，政府承诺补助村民外立面装修，这对群众带动作用非常大。外立面装修是村居建设的最后一环，要想拿到补贴，就必须完成前面的建设。以大田村为例，2013年6月份以来，大田修建新房或加盖二层的农户共18户,而大田共有农户72户,其中,之前已经盖完两层半的已有21户。再考虑上老弱家庭的元素,有限的外立面装修补贴对新居建设的撬动作用是非常可观的。

3. 项目推动

新农村建设只有抓住农民生产生活中迫切需要解决的问题才能取得实效,农民作为主体才能积极参与。当年乡村建设无路就是因为缺乏对农民关心的紧迫问题的准确把握。佛冈在问计于民的基础上,通过不同的项目进村,稳步推进新农村建设。新农村试验区前些年效益较好的砂糖橘种植近年来遭遇了黄龙病的毁灭性冲击,农业产业面临转型压力,农民有较强的产业升级需求。新农村试验区的项目引进就是基于群众的需求,在具体操作过程中,又坚持问计于民,让群众选择引进项目。新引进的农业项目既保持了农地的基本用途、农村的自然生态,又促进了农民增收,提升了集体经济收入。更为关键的是,农业经营体制的创新解放了村庄劳动力,他们或外出务工,或在家经营小生意,村庄经济焕发出了更大的生机。"农民通过产业引进,尝到了甜头,看到了盼头,建设新农村的积极性就更大了",大田村村庄理事长戈国星如是说。

3. 民生带动

新农村建设成功与否的关键是能否撬动乡村社会、吸引农民参与到新农村建设中来。而这也是现在很多地方的新农村建设中所未能解决的问题。佛冈新农村建设中紧紧抓住民生带动这一关节点,通过改善试验区民生状况、推进城乡公共设施、公共服务、社会保障一体化,让农民分享改革的红利,起到了很好的带动作用。新农村试验区在建设过程中,整合县区各方力量,积极推进新农合、新农保的全覆盖,为农民提供最基本的社会保障;加快建设聋哑儿童、留守儿童、助学家庭帮扶机制,建立起全覆盖式农村贫困家庭救助机制;整合企业、政府、社会力量,规划新的农村社会保障体系,逐步实现城乡公共服务一体化。新农村试验区正是通过民生工程,聚人心、赢人心、暖人心,很大程度上提升了村庄凝聚力,并对试验区其他工作的开展产生了较好的促进作用。

4. 城乡互动

新农村建设要着眼于农村,又要走出农村看农村,走出农村才能解决农村的问题。当前,最为重要的就是要将新农村建设与城镇化结合起来,以工促农、以城带乡、工农互惠、城乡一体,让广大农民平等参与现代化进程、共同分享现代化成果[①]。佛冈在新农村建设过程中,通过农村产权制度创新,盘活土地、宅基地等农村资产,推进小城镇建设,推进城镇化进程,形成了城乡互动的建设新机制。城乡互动也是多方互动的结果。新农村试验区建设过程中,就是将新农村建设与城镇化结合起来,统筹城乡发展,以工促农、以城带乡、工农互惠、城乡一体,让广大农民平等参与现代化进程、共同分享现代化成果。具体说,新农村试验区经营体制创新主要着眼于解放村庄劳动力,促进农民生产方式转变,推进农民工市民化进程;试验区农村产权改革更是着眼于建立加速农民资源到资产、资本、资金转变的新机制,促进农民带资进城,推进城镇化进程。同时,试验区村居建设也是采用"核心区+组团"的方式,新农村与城镇化在这里本身就是融为一体的。

佛冈的新农村建设实践集聚了政府、农民、银行、学者、媒体的资源,是各种力量共同作用的结果,体现了新农村建设的合力作用,形成了新农村建设的互动机制。佛冈新农村实践重要意义在于改变着在新农村建设中存在着的若干普遍性问题,创设着新农村建设的佛冈标杆。

其一,它纠正了政府刻意打造而无法复制推广的样板村行为。佛冈新农村试验区的新农村实践着重于体制机制的创新,着重于产业的建设与支撑,而非单纯的新村的建设。更为重要的是,新农村试验区的目标是探索一条可借鉴、可复制、可推广的新农村建设路径,这就决定了佛冈新农村建设试验区最大的使命在于为全国的新农村建设树立一个标杆,创设一种模式,找寻一条路径。

其二,它终止了处处可见"政府主导"、处处难觅"农民主体"的尴尬。佛冈的新农村建设最为难得的是通过政府的引导与统筹撬动了农民的力量,带动了社会的力量,引回了企业的力量,从而形成了新农村建设的合力与互动机制。这中间最为可贵的是,农民的主体性地位得到了保障,农民的主体性作用得到了发挥,农民的主体性意识得到了呵护。可以说,在新农村试验区,农民真正成为新农村建设的组织者、参与者、获益者。

---

① 徐勇:《深化对农村城镇化认识十题》,《东南学术》2013年第3期。

其三，它超越了未尊重历史和农民意愿的改天换地建设的思维。佛冈的新农村建设尊重历史，尊重农民意愿。并以此为最高准则修正着每一项改革措施，约束着每一项改革措施。这里的新农村建设不是改天换地式的大拆大建，而是和风细雨般的引导与转变。也正是因为这样，这里的建设进度有些慢。但"慢"或许也正是新农村试验区的最优良的品质，是"以人为本"的最好体现，是建设思维创新的表现。

其四，它领先了注重先进要素投入实质性建设新农村的理念。党的十八届三中全会指出，要鼓励和引导工商资本到农村发展适合企业化经营的现代种养业，向农业输入现代生产要素和经营模式。没有现代生产要素以资本形式向农业投入，就无法走出传统低效农业的陷阱[①]。佛冈在新农村建设之处就超越了以前不注重先进要素投入而进行形式化的新农村建设的陈旧模式，注重工商资本的引入，注重先进要素的注入，注重经营模式的创新，真正将"生产发展"放到了新农村建设的首要位置。

当然，佛冈新农村建设实践更是一场未尽的社会实验，一方面，这场建设实践还是现在进行时，很多思维还在形成，很多改革还在进行，一些改革的实际效果也还正在发酵，尚未完全呈现。另一方面，作为一个系统性的改革建设实践，它的实效也需要放在更长的时间跨度中来检验，在改革的过程中只能预测走向而无法预知结果。佛冈能否最终探索出一条可借鉴、可复制、可推广的新农村建设路径还尚不得知，但佛冈的新农村试验区在通往目标的路上已经创设出了很多值得学习与借鉴的经验。尤其是它解决了新农村建设的动力机制问题，已经朝正确的方向迈出了一大步。

（原文刊载于《河北学刊》2014年第5期）

---

① 徐勇：《徐勇自选集》，华中理工大学出版社1999年版。

# 第十一章 乡村文化振兴与文化供给侧改革

中共十九大提出乡村振兴的战略，是解决工业化和城市化进程中城乡差别问题的重大举措。振兴一词具有相对性，即相对衰败、失落而言。要振兴乡村，首先得振兴人的精神文化。这在于乡村振兴的主体是广大农民。农民是有思想文化观念的人。在工业化和城市化进程中，只有通过乡村文化振兴，赋予乡村生活以意义感、幸福感、快乐感，才能激发起人们愿意在乡村生活，并努力振兴乡村的活力和动力。因此，在乡村振兴中，文化振兴比任何时候都更为紧迫。2018年3月，中共中央总书记习近平第一次提出乡村文化振兴的理念，具有很强的针对性。[①] 在现阶段，需要通过文化供给侧改革，为人们提供增量优质的公共文化产品和服务，以助推乡村文化振兴。

## 一 从"文化重建"到乡村文化振兴

文化有着丰富的涵义。广义的文化包括：价值、道德、习俗、知识、娱乐、物化文化（如建筑等）等，狭义的文化主要包括知识、娱乐等，但贯穿于价值、道德、习俗等思想元素。总体上看，文化属于观念形态，是对人的精神的塑造。文化具有特殊的力量，能够提升人的认识，形成相互联结的精神纽带；凝聚人心，在共同的文化活动中消解困顿，赋予生活以意义、价值和快乐。

中国正处于乡村社会向城市社会的深刻历史变革之中，文化对于乡村

---

[①] 习近平：《乡村振兴战略是一篇大文章》，《新华每日电讯》2018年3月9日。

振兴具有特别重要的意义。乡村文化振兴具有鲜明的时代价值。

中国有着数千年的农业文明传统，并创造了灿烂的农业文明。在漫长的农业文明时代，整个社会是一个以乡土为根基的社会，社会的精神文化体系是以乡土为基础形成的。"叶落归根"、"回归乡里"。无论人们走多远，位多高，其"根"在乡村，"魂"在家乡。费孝通先生将传统中国称之为"乡土中国"。"乡土中国"的含义不仅仅在于农业生产，还在于整个社会以农为本。社会的农本价值系统为人们生活在农村提供了行为理据，使得人们只有生活在乡村才能寻找到人生的终极目的和意义。如果不能回归乡里，会被视之为"孤魂野鬼"。与此同时，乡村自我创造各种各样的文化活动，人们在极具乡土气息的文化活动中，获得辛勤劳作后的快乐，身心得到一定程度的愉悦，使其乐以忘忧，从而延续自己从事农业生产的人生。从华中师范大学中国农村研究院的"深度中国调查"看，传统农村有着丰富的文化生活形态。总体上，乡村文化为乡村生活赋予了价值和乐趣，使得人们愿意在乡村生活和劳作，形成了安于农村生活的习俗，由此创造了丰富灿烂的农业文明。美国的汉学大家费正清有深刻感受，在他看来，"对一个享有较高物质生活水平的美国人来说，使他感到惊异的是中国农民在这样困苦的生活条件下，竟能维持一种高度文明的生活。问题的答案在于他们的社会习俗，这些习俗使每个家庭的人员，按照根深蒂固的行为准则经历人生的各个阶段和变迁。这些习俗和行为准则，一向是世界上最古老而又最牢固不变的社会现象。"[1]

20世纪以来，中国快速进入现代化进程中。现代化以城市为中心，与日益兴盛的城市相比，乡村日渐衰落。在马克思看来，"城市已经表明了人口、生产工具、资本、享受和需求的集中这个事实；而在乡村则是完全相反的情况：隔绝和分散。"[2] 列宁认为，在工业化时代，"城市是经济、政治和人民精神生活的中心，是前进的主要动力。"[3] 在工业化、城市化时代，城乡地位的翻转，造成乡村衰落，其标志不仅仅是物质形态，更在于精神文化形态。重要特点是乡村"丧魂落魄"，农本价值的解体。

---

[1] [美] 费正清：《美国与中国》，张理京译，世界知识出版社1999年版，第21页。
[2] 《马克思恩格斯选集》第1卷，人民出版社1995年版，第104页。
[3] 《列宁全集》第19卷，人民出版社1959年版，第264页。

乡村不再具有传统社会那样的价值优越感，反而被视之为"落后"，属于"问题"的范畴。

20世纪上半叶，梁漱溟先生面对城市化进程中的乡村衰败深感忧虑。在他看来，当时严重的农村问题从根本上说是"文化失调"。都市导向破坏了传统的风俗习惯和道德规范这一中华文明赖以存在的基础。都市化会造成中华文明"失根"、"失魂"、"失血"。只有复兴"以农立国"的中华文明，进行文化重建，才能为中国解决农村农民问题寻求一条出路。为此他提出乡村建设，基本任务就是依靠乡村自治，创造一种以理性和伦理为基础的新团体组织，由此推动经济、政治与社会的全面进步。

在世界工业化、城市化的大趋势下，梁漱溟先生的主张显然不合时宜，他的实践也屡屡受到挫折，他本人也为之叹息："工作了九年的结果是号称乡村运动而乡村不动"。但是，梁漱溟先生对于以工业化、城市化进程会造成农本价值的解体，农村农民被遗弃，农民难以在乡村生活中获得价值、意义和乐趣的担忧是值得重视的。他希望通过文化重建，重建乡村价值和乐趣的思路也是有积极意义的。直到1949年新中国建立后，大规模工业化得以启动，他还建言献策，不能在工业化进程中，忘记了农村，忘记了农民。

20世纪后期，中国历经艰难曲折，终于解决十多亿人的温饱问题，从而步入大规模和快速度的工业化、城市化进程。这一进程无疑使得包括广大农民在内的全体中国人都从中受益。但在工业化和城市化进程中，城乡差别日益突出，农业农村成为全面建成小康社会的短板。农业农村农民问题的表现是多方面的，其中一个重要方面是既有的精神文化系统难以为人们愿意在农村生产和生活提供足够的意义感、幸福感和快乐感。面对现代化的城市崛起，农村不再是一个充满希望和快乐的地方，而只是不得已的栖息之地。

当下，大量年轻人"义无反顾"离开乡村，走向城市。其重要原因是缺乏"义"。在乡村务农除了收入不高以外，更重要的是被认为"没本事"、"没能耐"。根据笔者及所在机构的调查，当下农村的性别结构严重失衡。大量青年女性奔向城市、落户城市，农村青年男性娶妻难，只有背井离乡脱离土地。一部分外出务工人员返乡后的最大不适应是文化的匮乏和心灵的荒漠。他们返乡是一种不得已为之的行动，但凡有机会有条件，便不会像其先辈那样自愿"叶落归根"和向往"回归乡里"。

老年人务农和居住农村在全世界是一个普遍现象。但农村老年人对自己的社会地位的评价低于城市。据2011年华中师范大学中国农村研究院的抽样调查，农村老年人认为自己社会地位低的比例达到22.6%，城市则为7.2%。[①] 这就意味着相当部分的农村老年人仍然在农村生活是属于不得已的选择。与此同时，农村分散，青年人大量外出，老年人没有昔日"儿孙绕膝"的乐趣，最害怕精神孤寂。文化本是将老年人联结在一起的最好纽带。但由于缺乏文化纽带，老年农民找不到生活的价值，不能通过共同的文化活动忘记日常生活的失落，以致在宗教迷信中寻求精神寄托。

中共十九大提出乡村振兴的战略，是解决工业化和城市化进程城乡差别的重要举措。而城乡差别不仅在于物质差别，更在于文化落差。要振兴乡村，首先得振兴人的精神文化。因此，在乡村振兴中，文化振兴比任何时候都更为紧迫。近些年，习近平总书记高度重视农村农民问题，非常关注乡村的价值，提出要记得住"乡愁"。2018年3月，习近平第一次提出乡村文化振兴的理念，具有很强的针对性，是对乡村振兴战略的深度思考，反映了现阶段中国农村精神文化领域面临的突出矛盾。

一是农村初始改革主要解决的是吃饭问题。随着物质生活由温饱到小康的转变，文化小康提上议事日程。在绝大多数农村人口解决温饱以后，存在的问题是物质生活与文化生活之间的不对称，物质获得感与文化获得感的不均衡。在相当多数的地方，人们富了口袋穷了脑袋。总体上看，随着物质生活的改善，农村人口对美好文化生产的需求在迅速增长。2013年至2016年，全国城镇人均文化消费从945.7元增长至1268.7元，人均绝对值增量323元，年均增长率10.27%；全国农村居民人均文化消费从174.8元增长至251.8元，人均绝对值增量77元，年均增长率13.86%。[②]

---

[①] 邓大才等：《中国老年人的政治意识与行为》（上），中国社会科学出版社2015年版，第325页。

[②] 《发改委报告：文化消费带动旅游等相关产业发展》，《经济日报》2018年5月22日。

近些年电影发行的主要增长地域是县乡，小城镇青年成为重要消费群众。

二是原有的乡村文化体系所依托的条件发生变化。传统乡村社会的意义感在于有一整套文化体系及其依托。如集体化时代，集体劳动、集体娱乐，虽然物质贫穷但有文化赋予的存在意义。农村改革以后，实行分户经营，集体公共文化供给缺乏物质基础和组织依托。人们难以通过集体文化消解家户经济单位内生的冲突和矛盾。许多人由于日常生活冲突而自杀属于一时"想不开"，没有公共性的文化加以消化和排解。根据我们的调查，物质生活的获得感与精神文化生活的幸福感并不是绝对对称的。在许多西部地区，尽管物质生活相对贫困，但长期历史传承的共同体的文化生活为人们的生活提供了幸福感和快乐感，社会心理问题不甚突出。相反，在长江区域的典型的家户生产地域，物质条件大为改善，集体性的文化活动欠缺，精神心理问题更为突出。

三是人们对文化生活的需要更为丰富。在物质匮乏时期，人们的文化生活相对简单。随着物质生活的充裕，人们的精神文化生活需要增多，更为丰富。当今的农村人口质量正在发生历史性的变化。这就是义务教育普及使得农村人口有了相当程度的知识水平，全球化使得农村成为"全球村"，农村进入信息社会，农村人口的视野前所未有地开阔，其文化生活需要迅速丰富。根据一份调查，农村文化生活需求居首位的是建公园或广场。[①] 其重要原因是城市流行的广场舞已迅速向乡村蔓延。

应该看到，在相当长时间里，城乡差别还会存在，乡村振兴是一个长期努力的战略目标和系统工程。在推进乡村振兴战略中，通过文化振兴，满足人们日益增长的美好文化生活需求，为人们愿意在乡村劳作和生活提供意义感、幸福感和快乐感，可以稳住人心、稳住人口，使得农村有吸引力和凝聚力，从而为乡村振兴创造主体条件。近年来，春节期间大量人口由城市到农村，重要因素之一是农村更有集体喜庆的"年味"和群体性记忆的"乡愁"。这说明，在城乡差别长期存在的当下，乡村文化振兴具有一种特殊的力量，能够缓解，甚至化解因为物质条件差别造成的乡村生活的意义感、幸福感、快乐感的缺失问题。

---

[①] 中共襄阳市委宣传部、襄阳市社会科学联合会编：《走向全面小康——襄阳市文化小康建设研究》，华中师范大学出版社 2017 年版，第 181 页。

## 二 以文化供给侧改革促进乡村文化振兴

在现阶段,农村文化领域的主要矛盾表现为人民日益增长的美好文化生活需要与供给不平衡不充分之间的矛盾,矛盾的主要方面在供给。

一是供给不平衡。在整个文化供给体系中,以城市为中心,乡村文化供给较欠缺。从统计看,2013—2016 年城乡人均文化消费差距在 5 倍左右,远远高于城乡收入差距。在乡村文化供给体系中,贫困地区又较欠缺。贫困地区不仅是物质贫困,更是文化贫困。

二是供给激发需求不足。文化供给与物质供给不同,具有激发需求的功能。当今农村人口的物质生活和物质设施需要已基本满足,而由于现代化、城市化激发的精神文化方面的需求却呈现出无限增长的势头,存在巨大的空间。文化供给需要激发广大农村人口的精神文化需求。

三是以供给引导需求不足。文化需求有健康和非健康之分。如何"文以载道",寓教于乐,以有效供给引导需求的提升尚不够。根据 2010 年华中师范大学中国农村研究院的抽样调查,农村人口的闲暇时间增多,约六成农民一天的平均闲暇时间在 3 小时以上,但文化消费层次却较低。有 81.56% 的农村人口选择看电视,45.57% 的选择打牌。而打牌中则会带入赌博等问题。[①]

解决农村文化领域的主要矛盾,需要推进文化领域的供给侧改革。其核心是提高文化产品(服务)的供给质量和效率,形成健全的供给体系,提供丰富多样的文化产品和服务,更加注重文化供给的可接受性,通过体制机制创新,实现文化领域健康可持续发展。

### (一)文化供给主体的一主多元

文化供给主体是提供文化产品(服务)的人或者机构。文化供给侧改革要适应农村人口对美好文化生活的需求,形成以政府为主体,多元配

---

① 邓大才等:《莫让农民"富了口袋,穷了脑袋"——全国 20 个省 68 个村庄 1942 户农民文化体育调查》,徐勇:《中国农村咨政报告》(2010 年卷),中国社会科学出版社 2011 年版,第 505 页。

合的有效供给体系。

　　在传统社会，乡村文化供给者和文化消费者是基本同体的。乡村自我组织开展文化活动，自娱自乐。民间艺人具有一定的职业性，但生活在乡土社会之中，属于草根艺人。进入20世纪，政府成为文化供给主体，在政府部门设立有专门的机构，既是文化管理部门，又是文化产品提供部门。改革开放以来，特别是近些年来，文化产业兴起，并成为文化产品的重要提供者。

　　在多元的文化供给体系中，政府是主导力量。现阶段的文化供给主要是公共文化。这首先在于随着农村社会发展，人们的生活领域和文化需求愈来愈超越狭隘的私人性和地域性，其公共性愈来愈强。同时，只有通过公共文化建设，才能将人们从狭隘的私人性和地域性中解放出来，促进公共性的生长。如文化场馆、集体性的文化活动，既能够满足人们对公共文化的需求，又能培养人们的公共意识。正如马克思所说："培养社会的人的一切属性，并且把他作为具有尽可能丰富的属性和联系的人，因而具有尽可能被广泛需要的人生产出来——把他作为尽可能完整的和全面的社会产品生产出来"。[①] 其次，在相当长时间里，政府提供的文化产品和服务更多集中于城市，农村人口相对短缺。近年来，中央提出城乡基本公共服务均等化，也应该包括基本文化公共服务。只有政府才能满足农村人口公共文化的需求。再次，文化活动和文化产品具有一定的意识形态属性，政府为主导的供给能够充分体现文化的意识形态属性。现阶段，在农村精神文化领域，政府供给在许多地方还处于缺位状态。如类似于城市图书馆的"农家书屋"尚存在不少空白地带。

　　在政府主导下，也要发挥农民的自我供给和市场供给的积极作用。文化消费与一般物质消费有所不同。其最终目的是消费者精神愉悦。这种愉悦不仅仅在于获得产品，还在于直接参与。农民是消费主体，同样是生产主体。作为消费主体最清楚自己最需要什么样的文化产品和服务，并希望通过直接参与其中获得创造性乐趣。当下，许多农村人口之所以走出家门参与公共性的文化活动，不再只是守着电视机，就在于电视只是被动地接受，缺乏主体性和参与性，难以享受主体性和参与性的乐趣。

────────
　　① 《马克思恩格斯全集》第46卷，人民出版社1979年版，第392页。

随着社会发展，文化产业前途无量。文化产业的重要特点是以市场为纽带，对文化需求的信号捕捉最敏感。社会愈进步，人们的文化需求愈丰富，变化愈快。文化产业的市场机制促使它迅速了解和把握需求，及时提供相应的文化产品。但文化产业的供给需要相应规模。如何发展适应于农村特点的文化产业，还需要引导和支持。

**（二）文化供给内容的多层次性**

文化供给侧改革的重要目的是提供高质量、多层次的文化产品和服务，以满足人们日益丰富和多层次的文化需求。

文化是一定历史阶段和社会环境的产物，是社会进步的标志。由于不同的历史条件，产生了丰富多样的文化。文化无优劣，文明有高低。文化中体现着文明进步的成分，有"文野之分"。

文化随着经济社会发展而不断提升。在物质匮乏的社会，文化也相对贫乏，更多的是与低层次的物质需要相一致的文化需要，即"俗文化"。改革开放以来，随着人们的物质生活的改善，文化需求空前活跃和旺盛，但较为流行的还是"俗文化"，与物质生活水平的提高不同步。吃饭已上了层次，不仅是吃饱，还要吃好，但在文化方面还处于吃饱阶段，甚至饥不择食。相当数量的文化供给是弱智的，甚至是反智的。如抗日神剧，满足了人们一种情感需求，但造成的是智力低下。

现阶段文化供给侧改革的重要任务是，加强优质的文化产品供给，促使人们的文化生活水平与物质生活水平同步提高，甚至优先提高。优质文化产品不仅能够满足人们的情感需求，而且能够提高人们的文明层次。中国有着"文以载道"、"以文化人"的优良传统。即使是农民自我供给的乡村文化，其中也蕴含着能够促使农业文明持续发展的核心价值。富使人羡慕，贵才使人尊重。俄罗斯的经济发展不如人意，但长期历史形成的重文传统得以保留下来，物质的不充裕并不妨碍其成为"精神贵族"。正是这种高贵的文化品质使其处变不惊，也赢得了广泛的尊重。赵本山小品在国内很火，但在外国冷落，就是其文明格调不高，触及了对残疾人尊重的文明底线。过往，城市人不尊重，甚至歧视乡下人，重要原因是乡下人缺知识，少文化，文明低。乡村振兴的重要内容就是通过文化振兴，让农民不仅富起来，更要贵起来。而要让城里人看得起，首先要提升自己，让自己看得起。

文化生活需要是多层次的。在高层次文化之下，还要大量亚文化。这种文化形态被称之为具有地域性的大众文化、通俗文化、民间文化、乡土文化等。其重要特点是地域性、民间性、通俗性、草根性强，人们喜闻乐见。在传统社会，民间文化广受欢迎，如说书，这种文化花费不大，但因为扎根生活，容易接受，影响广泛。民间文化尽管提供主体在民间，但也可以传播与主流意识相一致的文化信息。如传统社会的说书大量传播的是忠孝礼义等，只是以故事的方式表达。我国社会主义核心价值观也可以通过讲故事等民众喜闻乐见的方式加以表达。

### （三）接受性强的文化供给方式

文化供给最终需要消费者所接受。文化供给侧改革要改变传统单向的供给方式，注重消费者的接受性，使得文化产品和活动能够为民众所接受，发挥最大效益。

一是从可接受性出发。过往的文化供给，特别是政府提供的文化，更多是单向度的提供，不关心消费者是否需求，能否接受。如建立乡村图书室，摆放的图书不是农民爱看和能看的，造成大量资源浪费。农村电影"2131工程"在许多地方放的是老电影，放电影的比看电影的还多。

二是可选择性。在文化需求匮乏时期，文化供给方式单一，人们只是被动接受。"文化大革命"期间，八个样板戏反复演看。改革开放以来，随着文化需求愈益丰富，文化供给方式要注意主动选择性。如一些地方实行"超市化供给、菜单式服务、订单式配送"，让人们有更多的选择，总有一款能够满足。

三是精准性。在文化匮乏时期，文化供给更多的是大众性文化，属于文化"大锅饭"。随着社会发展，小众文化需求愈益增多。文化供给方式需要瞄准供给对象，以合适的方式满足多层次的需求。如农村人口的老龄化是大趋势，老年人行动不方便，需要采取合适的方式为老年人提供文化产品。现阶段，通过低保等方式，农村老年人口的物质生活有了一定保障，但特别缺乏适应农村老年人口的文化产品供给。

四是信息化。信息化是大趋势。文化供给方式要充分运用现代信息手段，采用"互联网+文化供给"可以产生文化供给的倍加效应。如微信现在已在农村广泛流行，但尚缺乏运用微信的方式提供适合农村人口需求的文化产品。

**（四）持续有效运转的文化供给机制**

乡村文化振兴是一个持续不断和提升的过程，需要通过体制机制创新，获得持续不断的动力。

一是联动机制。在相当长时间，经济是主角，文化只是配角。地方普遍流行的是"文化搭台，经济唱戏"。而乡村振兴是一个系统工程，文化不再只是配角，而是重要内容之一。由此需要将文化纳入政府工作和考核指标体系，成为党和政府高度重视，各部门相互协调的重要工作。同时，要制定科学、合理、可评价、可操作的标准，以此使得文化供给不再是"软任务"，而是硬指标。

二是互动机制。在一主多元的供给机制中，要通过政府的作用，造成多元互动和衔接。对于供给评价不仅仅是政府一方，还应该包括消费主体。在供给侧改革中，要努力将广大民众吸引到文化供给体系中来。实现政府引导和号召，群众主动和积极参与的良性互动。

三是激励机制。改善文化供给，提供优质高效的文化产品和服务，需要极大地激发社会活力，形成共建共治共享的治理格局。与城市相比，农村居住相对分散。政府的文化供给可实行直接供给和间接供给相结合，更加重视间接供给。如不是直接分配资源，而是自愿申请＋绩效奖励，以鼓励乡村文化的自我供给。特别重视发挥乡土文化骨干的领头作用，给予相应的激励。农村文化资源相对匮乏，但存在诸多潜在的文化资源。政府要通过适当手段开发和挖掘文化资源。如激励农民将祠堂改造为农村社区文化中心。

（原文刊载于《东南学术》2018 年第 5 期）

# 第十二章　城乡一体化进程中的
## 乡村治理创新

党的十八大报告明确提出：城乡发展一体化是解决"三农"问题的根本途径。习近平总书记在中共中央政治局第二十二次集体学习时指出："推进城乡发展一体化，是工业化、城镇化、农业现代化发展到一定阶段的必然要求，是国家现代化的重要标志。"中国农村社会经历了"传统乡土中国"、新中国建立后的"城乡二元结构"时期，现在正处于城乡一体化发展阶段。随着城乡一体化进程，乡村治理面临新的趋势，并要求在实践中探索和创新。

## 一　以城镇为中心的乡村治理

在传统乡土中国阶段，乡村治理是国家治理的基础。这不仅在于作为国家治理支撑的人口和赋税主要在乡村，更在于整个国家治理的价值取向重心在于乡村。在城乡二元结构时期，城市与乡村相互隔离，乡村治理与城市缺乏关联。习近平总书记指出，城乡一体化的"着力点是通过建立城乡融合的体制机制，形成以工促农、以城带乡、工农互惠、城乡一体的新型工农城乡关系。"[①] 与城乡一体化相伴随的是城市中心地位和农村城镇化，乡村治理呈以城镇为中心的趋势。

在列宁看来，随着历史进程，"城市是经济、政治和人民的精神生活

---

[①] 中共中央宣传部：《习近平总书记系列重要讲话读本》，学习出版社、人民出版社2016年版，第160页。

的中心，是前进的主要动力。"① 在城镇化进程中，城乡一体化的乡村治理要适应人口和精神价值的城市取向，在城乡开放互通的趋势下创新乡村治理。

首先是将乡村治理纳入整个国家统筹发展的治理体系之中，给乡村治理更为重要和突出的位置，避免在城镇化进程中造成乡村治理的边缘化和虚置化。在一些地方，由于人口向城镇流动，乡村治理受到忽视，造成"治理真空"，产生许多新的社会问题，甚至成为缺失治理的"自然状态"。乡村治理只能简单维持基本运转，难以适应城镇中心趋势进行创新。近年来，针对乡村治理基础薄弱空虚的状态，实行"第一书记"和"村官大学生"制度，取得了一定成效，但如何将加强乡村治理力量常态化还有待探索。

其次是通过以城镇为载体的先进治理元素带动乡村治理。传统的乡村治理毕竟是在相对封闭的状态下形成和运行的。在城乡一体化进程中，城乡人口和要素开放流动，原有的乡村治理已很难适应现代社会的要求，需要以城镇为载体，将现代治理要素引入乡村治理之中。如传统乡土中国时期的乡村治理主要是"礼治"，即主要以传统道德加以治理，造成"皇帝无为而天下治"。城乡二元结构时期，主要依靠"力治"，即以国家行政力量加以治理，由此造成政权下乡和党政主导。进入城乡一体化阶段，乡村治理更多依靠的是"法治"，即各种治理力量都在国家宪法和法律范围进行活动。在乡村治理中，最为稀缺，也最需要的是"法治"元素。近年来湖北恩施实施"律师进村"。其特点是"寓法于治"，将法治的要素寓于治理过程之中。通过利益、公平、需求、激励等机制将领导管理和群众诉求都引入法治化轨道，让人们"信访更信法"，取得了良好的成效。

## 二 以社区为单元的乡村治理

在传统乡土中国和城乡二元结构阶段，农业村庄是基层治理的基本单元。在城乡一体化阶段，农村社会日益社区化，社区成为乡村治理的基本单元，乡村治理呈现社区化的趋势。

---

① 《列宁全集》第19卷，人民出版社1995年版，第264页。

社区显然是不同于传统村庄的治理单元。由于集体所有制，传统村庄的村民作为集体成员相对固定，村庄相对封闭。社区则不为集体所有制所限制，其成员呈多样化和流动性。传统村庄是生产和生活为一体的单元，社区更多的是生活单元。因此，社区作为乡村治理的新型单元，有其自身的特点，并需要根据社区单元进行治理创新。

传统村庄治理是以熟人为基础的，是基于熟人的治理。社区是重新聚合的生活单元，并容易造成高度个体化。人们通过社区获得个体独立的同时也失去了相互的联系，成为同在一栋楼房里的陌生人，"猫狗之声相闻，老死不相往来"。不熟悉就缺乏信任，不信任就缺乏安全，不安全就缺乏和谐。"重建社会"和"创建熟人"成为以社区为单元的乡村治理的重要议题。其重要方式就是运用各种趣缘组织将人们从孤立的个体状态中解放出来，走出独居，进入社会，相互熟悉，彼此信任。广东佛山在社会治理中推动社区建设的"创熟活动"。通过读书会、青少年篮球赛、书画展、绘本阅读、美食节、糖果节等各种趣味娱乐活动将人们从独居的房子里吸引出来，由陌生人变为熟人，建立起广泛的社会联系。

应该看到，社区作为乡村治理单元是一种趋势，但也是一个过程，需要把握其节奏。在城乡一体化进程中，一些地方的治理单元按城市体制设置，如变乡镇为街道，变村庄为社区，忽视了乡村的产业、村庄和所有制属性，给乡村治理带来新的问题，需要加以防范。

## 三　增强服务能力的乡村治理

在乡土中国和城乡二元结构时期，乡村的公共服务由乡村自我承担，服务内容简单，服务水平较低。城乡一体化的重要要求是"促进基本公共服务均等化"。由国家提供的公共服务愈来愈多地进入农村，使得乡村治理呈现服务性趋势，服务内容愈来愈多，服务要求愈来愈高。在城乡一体化进程中，乡村治理中的服务元素愈来愈重要。

首先是增强服务能力。在部分地方，村改为社区，引进专业力量，相当程度是提高服务能力和水平。在广大农村，如何提高服务能力仍然有待探索。近年来，广东清远实行自治重心下移，在原有的村委会基础上建立公共服务站，目的是增强对农村基层的服务供给。但在提高原有工作人员的服务能力方面还需要努力。

其次是服务规模。服务作为公共产品的提供，需要一定规模。规模过小，可能导致资源浪费。近年来，湖南省等一些地方合村并组，普遍建立村级服务机构，并固定化和专业化，与服务规模的考虑相关。但合村并组式的固定化服务也要注意农村分散性的特点。

再次是服务类型。公共服务除了以政府主体以外，还有社会的自我提供。政府提供的服务要一定规模，社会自我提供的服务，规模则尽可能小，尽可能靠近群众。

最后是服务手段。公共服务增多为乡村治理增加了难度，需要通过技术创新，提高治理绩效。如将"互联网＋"引入乡村治理的服务过程。湖北省巴东因山高偏僻，国家公共服务的阳光很难进村入户。该县将现代信息技术引入乡村治理，"让数据多跑路，让群众少跑腿"，极大便利了每个村民享受公共服务的阳光。

## 四　激发自治活力的乡村治理

传统乡土中国主要依靠乡村自我的力量进行治理。城乡二元结构时期，自上而下的行政力量直接介入乡村治理。在城乡一体化进程中，一方面是国家提供的公共服务愈来愈多进入乡村，另一方面也要激发乡村的自治活力，发挥农民群体的主体作用。

2013年，中央提出"探索村民自治的有效实现形式"。在此前后，地方上进行了相应的探索实践。一是广东清远的自治重心下移。其特点是乡村治理体制变动。原行政村变为服务站，原村委会下移到自然村或者村民小组，让村委会组织向自治本质复归。二是湖北秭归、四川都江堰、广西河池等地的村落、院落、村屯自治。其特点是原有体制不动，在村委会以下做实更基层一级的自治，充分发挥群众自我管理、自我服务和自我教育的功能。

上述地方的乡村治理创新，都涉及自治单元的界定，需要从理论和标准上加以把握。以村民自治为重要内容的基层群众自治是中国特色社会主义的基本政治制度之一。其特点：基层性，与民众日常生活最接近的地方；群众性，与群众利益密切相关，并由群众参与治理；直接性，即群众能够直接参与，作出决定，并自我执行。根据以上特性，我国村民自治单元的选择要考虑以下因素：

1. 利益相关。利益是自治的基本动因。经济利益是核心利益。经济利益主要通过产权实现。我国人民公社时期实行"三级所有，队为基础"，生产小队是主要的集体产权单位，利益主要通过小队（小组）实现。现有的村民小组在村民自治中发挥的作用不够，需要加强。

2. 地域相近。人们因为共同居住而带来共同生活问题，并需要相邻居住的人共同处理。农村社会是血缘、地缘与利益关系的复合体。如自然村。1987年《村民委员会组织法》要求村民委员会建立在自然村，后因人民公社体制的延续而建立在行政村，造成地域联系松散，制约了村民自治的活力。一些地方实行以村落、院落、村屯为单位的自治，充分考虑到地域相近的因素。

3. 规模适度。自治要通过自治体的每个人的直接参与体现出来，而每个人的直接参与需要合适的规模。规模太大，参与困难。无论是村委会下沉到自然村，还是在村委会以下做实更低层次的自治，都考虑到适度规模便于开展自治活动。

4. 群众自愿。自治是自我决定，是共同处理自己的事情，建立在熟悉和信任，能够产生认同感和归属感基础上。在一个熟人社会里，自治容易。将村民自治重心下移到行政村以下，在于其熟人社会有助于群众自治的因素。

## 五　创造性利用传统的乡村治理

乡土中国主要实行传统治理。城乡二元结构时期，对传统因素否定较多。城乡一体化不是城乡一样化，也不是将传统推倒重来，而要利用传统治理要素推进乡村治理创新。

其一，强化家庭的社会治理基本单元的正向功能。

改革开放以后，特别是随着市场经济发展，人们的生活和价值愈来愈个体化，家庭的功能及治理有所弱化。但个体不可能天然具备现代社会要求的素质，还必须在家庭怀抱里得到良好的规训。中国农村改革从家庭承包制开始，乡村治理也需要激活家庭细胞的治理功能，将家庭作为乡村治理的基本单元，发挥家庭在社会治理的基础性作用。特别是强化与社会主义核心价值观相一致的良好家教，建立与国法相衔接的家规，提倡树立良好的家风，鼓励通过撰写家史传导良好的家传。

其二，发挥现代乡贤在基层社会治理中的积极功能。

"现代乡贤"通常指有知识，有社会名望，热心公益事业的人。当今社会生活愈来愈丰富和复杂，政府不可能包揽所有事务，大量社会事务需要民众自己处理。民众处理自己事务时，需要有热心人发起和领头。这些人热心公益事业不是为了图物质报酬，主要是获得社会声望。在传统社会，社会分层有三个维度：因财富分成贫富，因权力分成官民，因名望分成绅劣。中国历来将"富"与"贵"连结在一起，富不等同于贵，富使人羡慕，贵才能使人尊重。改革开放以来，产生了一批先富群体，但需要由富向贵提升。这就需要为这些人提供平台，让他们有能够为公益事业作贡献的机会和渠道，并能够得到政府鼓励，从而带动社会向善治的方向发展。云浮是广东经济相对落后的农业区域，社会建设任务重，经济资源欠缺，大量公益事业难以办理。自2011年，云浮市建立了以乡贤为主要力量的村民理事会，发挥乡贤的作用，兴办了大量过去想办而没有能力办的公益事业。

（原文刊载于《中国农村经济》2016年第10期）

# 第十三章 对集体经济有效实现形式的探索[*]

近些年,学术界对集体经济的研究进展不大。一则在于改革开放以来,我国重新恢复了家户个体经营。二则在于学界更多的是从价值方面讨论集体经济,主要限于集体经济的历史得失。这种讨论犹如两条平行的铁轨,永远无法达成学术共识。说好者好,说不好者不好,各执一端。[①] 三则在于理论上将以往出现过的集体经济组织视之为集体经济的唯一形式,将集体经济的发展自我封闭在一个狭隘的领域。在当今中国,集体经济是一个无法回避的领域。这在于中国的土地仍然为集体所有,作为具有农村集体成员权的农民,其生产生活一体化,如何在集体成员共有的土地上实现农村社会的共同发展,成为一个仍然值得探索的问题。中共十七大报告明确提出"探索集体经济有效实现形式"。近几年,包括山东东平县土地股份合作在内的集体经济有效实现形式在实践中迅速兴起,不断创新着集体经济。这说明,在我国,集体经济并不是走投无路,更不是毫无价值,关键在于要有有效的实现形式。由此需要我们从学理上对集体经济有效实现形式进行深入的探讨。

## 一 集体经济的内在价值及其实现形式

在人类社会,个体与集体作为组织概念,是一对相互依存的基本命

---

[*] 本文与赵德建合作,在此致谢!
[①] 谭贵华:《农村集体经济组织的研究回顾与前瞻》,《重庆大学学报》(社会科学版)2013年第1期。

题。个体，一般指一个人或是一个群体中的特定主体。集体则是若干个体因利益、信念、目的结合而成的群体组织。个体是集体的基础，没有个体，集体无法存在。反之，通过集体，个体有可能得到更好的存在和发展，这就是利用群体力量和集体行动弥补个体力量的不足。

集体经济是集体成员在集体共有资源基础上实现共同发展的经济形式。有学者认为："集体经济至少经历了100多万年的历史，它大大早于个体、私有经济的历史。"[1] 这里所说的集体经济是广义而言的，泛指一切以集体形式从事经济活动的经济形式。这种经济形式有个体被迫的选择，也有个体自愿的选择。一般而言，愈是人类早期社会，其被迫性愈强。如马克思在评论原始形态共产制组织时所说："这种原始类型的合作生产或集体生产显然是单个人的力量太小的结果，而不是生产资料公有化的结果。"[2]

而我们现在所说的集体经济，恰恰是生产资料公有化的结果，是相对历史上生产资料私有及其相应的个体经济而言的。集体经济是个体经济充分发展且难以更好实现人类社会目标的产物。相对于个体经济，集体经济有双重价值：其一是个体能够获得更好发展，能够获得个体发展无法比拟的条件和基础，其标志就是收益。其二是集体成员能够共同发展，在互利共生中获得个体发展，其标志是共同。这一价值属性对于以土地等自然资源为生存条件的农业及其农民特别重要。因为在农民看来，土地等自然资源是自然赋予的，且经历了世代的经营，理应每个人所享有，而不是某个人或者某些人所独占。正因为如此，可以说，农民是天然的社会主义者。以土地为生的农民，其生产资料和生活资料都具有很强的不动性，个体发展与共同发展的关系特别紧密，共同体状况直接关系到个体状况。

集体经济所具有的双重价值，使其从理论上讲高于个体经济。生产资料私有制基础上的个体经济可能使少数人获得发展，但会伴随着社会分化。而生产资料公有制基础上的集体经济有可能实现集体成员的共同发展。这正是马克思主义及其实践者主张农村集体化的重要依据。

---

[1] 王景新：《村域集体经济：历史变迁与现实发展》，中国社会科学出版社2013年版，第36页。

[2] 《马克思恩格斯全集》第19卷，人民出版社1963年版，第434页。

但是，集体经济的内在价值及其优越性不是与生俱来，更不是永恒存在的。

首先，集体经济并不排斥个体发展，恰恰相反，它的发展基础是能够带来比个体经济更大的好处。否则，集体经济就缺乏吸引力，甚至成为个体发展的对立物。马克思在论及集体时曾经使用过"虚幻的共同体"和"真实的共同体"的概念，认为："在真正的共同体的条件下，各个人在自己的联合中并通过这种联合获得自己的自由。"① 原始的集体经济之所以为私有制基础上的个体经济所替代，正在于后者更有效率，也更能够给个体发展提供条件，尽管这种发展是缺失共同性的发展，但没有这一个体性发展，共同性发展也缺失基础。

其次，由个体经济向集体经济的发展是一个历史过程，它需要一系列客观条件和动力基础。集体是个体的自愿结合，愈是自愿结合的集体，集体存在的基础愈牢固。反之亦然。正因为如此，马克思恩格斯一方面从否定私有制的角度指出了集体所有制方向，另一方面他们又非常谨慎地指出农民劳动者的结合是一个长期的历史过程，主张"让农民自己通过经济的道路来实现"土地私有制向集体所有制的过渡。② "要使集体劳动在农业本身中能够代替小土地劳动这个私人占有的根源，必须具备两样东西：在经济上有这种改造的需要，在物质上有实现这种改造的条件。"③ 正因为如此，马克思恩格斯主张合作经济，前提是作为农业生产主体的农民有合作的意愿和条件。而其意愿和条件又与上述的能否通过集体获得个体更多发展相关。一般来看，经济形式愈高级，所要求的条件愈高。从理论上看，集体经济高于个体经济，那么，它所要求的条件就愈高。如果实践中忽视条件，甚至不顾条件，集体经济的内在价值就难以体现出来。

再次，在不同历史阶段，由于不同的条件，集体经济的内在价值需要有相应的形式加以有效实现。有效是一种符合预期目的的成效或者效果。集体经济有高于个体经济的双重价值。但是，如果不能根据不同主客观条件，寻找相应的实现形式，人们在集体经济活动中难以，甚至长时间也难

---

① 《马克思恩格斯选集》第1卷，人民出版社1995年版，第119页。
② 《马克思恩格斯全集》第18卷，人民出版社1964年版，第695页。
③ 《马克思恩格斯全集》第19卷，人民出版社1963年版，第438页。

以看到成效，其集体活动的动力基础就会衰退，即便有外部性力量干预也难以改变总体趋势，集体经济也有可能为其他经济形式所替代。

最后，集体经济发展受制于主客体条件，其内在价值的有效实现形式必然是多样化和发展变化的。如果人为地设定一种形式，甚至将其固化，提升到"道路"、"方向"的层面，就有可能将其内在价值抽象化或者"虚幻化"。从理论上看，集体经济更强调集体共同发展，不容易承认个体发展，甚至排斥个体发展，因此更容易造成思维的固化和形式的僵化。这正是集体经济发展步履艰难的重要原因之一。

所以，集体经济的内在价值，或者说其优越性需要通过一定形式加以有效实现。王景新从现实的角度对于集体经济有效实现形式作了如下概括："农村集体经济发展的有效实现形式，是指能够有效调动农村集体经济组织成员积极性、有效保护集体经济组织成员合法权益、有效增加集体经济发展能力和市场竞争能力、有效提升集体经济成员收入水平的一系列制度安排。"[①] 这一表述有重要参考价值。只是集体经济的有效实现形式不会自然生成，需要在实践中加以不断探索。

## 二 集体经济实现形式的三个阶段及其特点

与长期自然形成的个体经济不同，集体经济是人类历史上出现的一种新的经济形式，既是经济发展的自然要求，也具有很强的人为探索性。在我国，集体经济的实现形式经历了三个阶段，并具有其阶段性特点。

### （一）统一劳动经营和政社合一的集体经济

以生产资料私有制为基础的个体经济在我国经历了一个漫长的历史时期，曾经创造了世界上灿烂的农业文明。伴随新民主主义革命，缺地和少地的农民通过土地改革获得了土地。但一部分农民还缺乏必要的生产工具，或者家庭劳动力不足以从事完整的生产。于是，这部分农民在自愿基础上进行各种类型的互助，由此产生了互助组。这种基于自愿的互助合作

---

[①] 王景新：《村域集体经济：历史变迁与现实发展》，中国社会科学出版社 2013 年版，第 47—48 页。

在中国有着很久远的传统，是家户个体经济的必要补充。①

随着新中国的建立，实行农业的社会主义改造，开启了农村集体化运动。其目的一则在于提高生产效率，二则在于共同发展，避免生产资料私有制基础上的两极分化。集体化的核心是生产资料集体所有和集体成员共同劳动。其进程是由初级合作社到高级合作社，再发展到人民公社，由此形成集体经济。

我国集体经济的原型是集体化过程中产生的人民公社，其特点是生产资料为人民公社、生产大队和生产队三级所有，农村社会成员均为公社社员，并在三级组织领导下统一劳动，按人口和劳动分配生活资料，获得集体福利；人民公社既是集体经济组织，又是基层社会生活单位，还是基层政权组织，实行经济、社会和政治三位一体的统一管理。

集体化奠定了我国集体经济的基础，人民公社是集体经济的实现形式。这一形式的主要特点在于"统"，即统一劳动、统一经营、统一管理，千百年来的个体劳动为集体劳动所替代。这种前所未有的集体劳动在举办公共工程，强化国家与农民的联系方面确比个体经济更强。农村社会成员统一为一样的社员，在获得农村社会的共同性方面也大大优于个体经济。

但是，人民公社这一形式在实现集体经济两大内在价值方面有着内在的缺陷。其一，集体经济是建立在个体充分发展基础上，是个体自愿选择的结果。但在我国集体化进程中，伴随生产资料集体所有，是个体愈来愈失去自愿选择或者自主性的过程。互助组是农民自愿的选择，因此出现了多种样式的互助合作。初级合作社具有一定的自愿成分，农民有选择参加或者退出合作社的自主性。农民作为地域性的村民与作为集体经济组织的合作社员尚未同一化。随着高级合作社的建立，一村一社，农民作为地域性的村民与作为集体经济组织的合作社社员同一化。由高级合作社很快进入人民公社后，公社更是将地域组织、集体经济组织与政权组织三位一体，加上严格的农业户口和非农业户口管理的国家户籍制，农民不再有自主选择的可能。即便是不具有公社社员资格的"地主、富农、反革命和坏分子"也只能在人民公社的属地内就地劳动改造。集体经济要实现共

---

① 徐勇：《中国家户制传统与农村发展道路》，《中国社会科学》2013 年第 8 期。

同发展，所需要的合力要大，即每个集体成员积极的共同创造。而积极性和创造性是以主体的自主性和由此产生的能动性为前提的。正因为缺乏充分而持续的内在能动性，国家更多依靠外部性力量保持人民公社的延续，如与人民公社相伴随的社会主义教育。其二，集体经济要创造更多财富，实现共同发展，所需要的各种条件更高。人民公社实行集体成员共同劳动，必须解决共同劳动所需要解决的管理问题。这一问题在家户个体劳动时不存在。而农业生产是一种高度依赖自然的生产，其管理的不可控性高于工厂化生产。特别是人民公社的政社合一体制，为政权组织直接干预生产提供了体制上的便利，而这种直接干预往往是无效，甚至失败的，如"农业学大寨"运动中的"一刀切"。集中统一的管理模式使得集体成员也缺失对集体的控制，新产生的集体干部并不能保证都是为了集体。因此而不断发动整肃干部为目的的政治运动，以维护集体经济。

显然，人民公社作为集体经济的初始形式并没有充分有效实现集体经济的内在价值。与人民公社集体劳动付出的代价相比，集体成员所获得的收益远远不成比例。这也预示着这一形式要为其他形式所替代。

**（二）家庭经营基础上统分结合的集体经济**

事实上，自集体经济形成之际，生产力发展就开始寻求其出路，这就是在集体经济组织内部实行生产责任制，其重要形式就是包工包产到户，即以家户为生产和分配单位。但这种方式被认为是"一小二私"，与"一大二公"的公社体制相背离，只要一冒头就在政治上受到压制。直到"文化大革命"结束后，随着政策的松动，由包产到户而形成家庭承包制，[①] 并最终替代人民公社体制。

家庭承包制是以家庭为生产经营单位的一种经济体制，从形式上看与传统家户个体生产经营相类似。正因为如此，1980年代初有人认为实行包产到户是"辛辛苦苦三十年，一夜回到解放前"。但是，1980年代以后的家庭经营与传统家庭经营有本质区别，这就是它建立在生产资料集体所有制基础上，家庭只拥有承包经营权和相应的收益权。从所有权的角度看，家庭承包经营仍然是集体经济的一种实现形式。

---

① 徐勇：《包产到户沉浮录》，珠海出版社1998年版。

家庭承包经营作为集体经济的有效实现形式，其主要特点是"分"。一是实行分户经营，以各个农户为生产经营单位。二是政权组织与经济组织分离，政权组织没有直接干预经济的体制性通道。这种以"分"为主要特点的经济形式是改革统得过死的公社体制弊端基础上发生和发展的。首先，分户经营赋予农民以生产经营自主性，从而极大地调动了农民的积极性，农民有了更多的自主选择。其次是政社分开，使得农业生产经营不再需要繁杂且听命于行政的管理，与农村生产特性相适应。正因为如此，伴随家庭承包制的实行，大大提高了生产力水平，农民个体发展有了较为充足的基础。

农村改革中产生的农村经济制度的完整表述是生产资料集体所有制条件下，以家庭承包经营为基础，统分结合的双层经营体制。但是在由以"统"为特点的集体经济原型向家庭承包经营转型之时，"分"的方面更为彻底，"统"的方面却缺乏必要的经济条件。尽管1980年代开始的工业化，使得一些农村仍然保留了集体统一经营组织，并获得了相当大成功。但这种村庄毕竟是少数。绝大多数农业型农村的农业发展和农村治理受到相当的制约。一则农业生产并不是孤立的农户能够完全自我进行的。特别是随着生产的市场化、社会化，农户对统一提供社会化服务的需求愈来愈高，以统一的集体行动适应外部市场的需求愈来愈大。二则农民的社会化服务需要和集体行动需求难以自发满足，党组织和村民委员会组织即使有满足这种需求的愿望，也缺乏必要的经济能力，大量村庄成为没有集体经济收入基础的"空壳村"。这种情况在废除农业税之后更为突出。三是分户经营导致农民更关心自我发展，村集体的共同性相对缺失，甚至出现乡村衰败现象。这种现象也不利于村民的全面发展。如农民尽管收入提高，但生产生活环境却不理想。

以"分"为主的家庭经营体制在实现集体经济内在价值方面还有相当限度，也需要继续探索集体经济的有效实现形式。

### （三）以家庭承包权为基础的合作经营的集体经济

为克服家庭经营的局限性，伴随经济发展，农村出现了农民合作的经营形式。这种合作有多种类型，并是渐次发展的。

农村改革开放以来出现较多的是专业合作，即根据专业领域进行生产、流通、服务等类型的农民合作。这种合作以农民的劳动合作为主。2006年国家颁布了《中华人民共和国农民专业合作社法》。随着市场经济发展和扩大再生产的需要，农村出现了股份合作。这种合作是劳动合作与资本合作，按劳分配与按资分配的结合。

从集体成员共同发展的角度看，专业合作和股份合作都有一定限度。首先是合作成员有一定限度。只有那些有专业能力和资本的人才能实现联合。其次，合作所产生的收益在合作社组织内部分配。合作社所依赖的村庄地域环境和公共服务没有足够的经济能力加以改善。正是在此背景下，一种新的合作形式——土地股份合作在山东东平等地迅速崛起，并显示出勃勃生机和特有优势。

土地股份合作是农户以"农村土地承包经营权"入股合作社，把土地承包经营权变成股权，农民将土地交由合作社统一经营，除劳动收益外，还可享受股权带来的分红。这种合作有以下特点和优势。首先，合作成员的范围尽可能扩大。农村土地为集体成员所共有。农民可能没有特殊的专业能力和现金资本，但都有属于自己承包的土地，也就有参加合作的基础。从理论上看，土地股份合作意味着农村集体成员都可以参加合作。其次，农民将分户经营的土地，交由合作社统一经营，可以扩大经营规模，特别是适应市场经济发展，有可能产生更大的土地收益。土地由资产变为一种能够不断增殖的资本。农民也可借此获得更多收益。再次，土地股份合作可以将土地集体所有权与家庭承包经营权联结起来，让虚化的土地集体所有权通过合作社的方式具体体现出来，并增强其村庄共同性。行使村土地集体所有权的村组织也有一定的经济能力为村民共同发展提供更好的公共服务。山东东平土地股份合作崛起的背景之一就是为改变"空壳村"造成的乡村治理困难及其乡村衰败的问题。

由此可见，近些年中国农村出现的各种形式的合作经营也是对集体经济有效实现形式的积极探索，这种探索以"合"为主。这种"合"是克服分户经营之不足产生的，不是对分户经营的简单替代。它以充分承认和肯定土地家庭承包经营权为基础。特别是土地股份合作进一步将农民的土地承包经营权以"股份"方式具体化、明晰化和刚性化，解决了以往土地产权模糊化的问题，农民自愿合作的产权基础更牢实。农民合作是为了获得更多收益，这种合作有持续的动力。特别是土地股份合作，让尽可能多的农民都有可能和条件参加合作，能够较好实现资源集体共有基础上的集体共同收益和共同发展，因此是集体经济得以有效实现的重要形式。

## 三　集体经济有效实现形式的条件与基础

从山东东平等地的土地股份合作发展的经验看，在我国，集体经济并不是走投无路，更不是毫无价值，关键在于要有有效的实现形式。当然，集体经济作为一种其成员交互作用、组织规模较大的经济类型，远比个体经济更为复杂，价值承载也更大，其有效实现形式所需要的相关性条件与基础更高，而且这些条件和基础在不断发生变化。如果缺失相应的条件和基础，集体经济的内在价值就难以实现，甚至还不如个体经济。邓小平1992年在审阅中共十四大报告时表示："关于农业问题，现在还是实行家庭联产承包为主的责任制。我以前提出过，在一定条件下，走集体化集约化的道路是必要的。但是不要勉强，不要一股风。如果农民现在没有提出这个问题，就不要着急。条件成熟了，农民自愿，也不要去阻碍。"[①] 在邓小平看来，采用什么样的经济形式，必须注重条件和条件的变化。从我国集体经济发展的历程看，集体经济有效实现形式所需要的相关性条件和基础有以下方面：

1. 产权相叠。产权是经济发展的基础。集体经济是以集体产权为基础的经济。集体产权是集体成员共有的产权。共有产权需要相应的形式加以体现。集体化过程中产生的人民公社时期，注重的是集体所有权，实行公社、大队和生产队三级所有。作为集体成员的农民在所有权方面处于虚置状态。家庭承包制的重要进步是由所有权分离出来承包经营权，将集体所有权落实为本集体成员的承包经营权，由此极大调动了作为生产者的农民的积极性。但是，随着家庭承包经营权的延续并长久不变，集体所有权却处于虚置状态，没有具体的组织加以体现。土地股份合作则使集体所有权有了组织载体，形成了一个产权叠加的产权共同体。在这个共同体内，农民作为集体的成员享有承包经营权，通过土地股份合作社享有集体所有权，同时由于这两权而享有相应的收益权。由所有权、承包权、经营权和

---

① 《邓小平年谱（1975—1997）》（下），中央文献出版社2004年版，第1349页。

收益权相叠加形成的产权共同体,是集体经济得以有效实现的重要产权基础。

2. 利益相关。利益是经济发展的动力。集体经济由集体成员的相关利益而产生,也由于相关利益而维持,是一个利益相关者互利合作的利益共同体。个体因为联合更有利而形成集体,集体联合因为能够给个体带来更多利益而持续。人民公社不是因为利益相关者自愿联合而形成的集体经济组织,且农民作为生产者与公社组织的利益相关性不紧密和不直接,因此缺乏相应的生产积极性。家庭承包制使农民获得承包经营权,将集体共同利益直接体现到具体的农户,由此调动了农民的生产积极性。随着开放的市场经济发展,家庭生产经营的限度日益明显,由若干类似的农户,即利益相关者自愿联合,形成互利合作的经济组织。这种经济联合不仅能够使农户个体获得比过去更多的利益,而且能够带来个体农户经营不可能带来的公共利益,因此是集体经济更有效的实现形式。

3. 要素相加。生产要素决定生产收益。生产组织形式是否有效,与其所具有的生产要素相关。集体经济是生产要素相加的产物,本质上是要素共同体。但要素有量和质的区分。由互助、合作而形成的人民公社,主要是劳动要素的相加,属于劳动合作。这种相加的要素属于均质要素,是机械的简单的量的相加,因此不能带来更多的经济收益,反而会增大管理成本。在农村生产只有土地和劳动要素的前提下,家庭经营及其简单的互助是更好的生产经营形式,因为它不需要相应的管理成本。这正是家庭承包制替代人民公社制的重要原因。而在家庭承包经营基础上形成的各种合作经济,之所以能够产生且持续发展,就在于有新的要素的进入,是不同质的要素相加的结果。如山东东平土地股份合作将农业生产过程中最缺乏的资本、技术、市场、管理等要素引入进来,能够获得比家庭经营更多的收益,成为集体经济更有效的实现形式。

4. 收益相享。人们从事经济活动是为了获得相应的报酬收益。集体经济的吸引力在于人们可以从中获得比个体经济更多的收益,同时作为一种互动性的经济形式,人们的报酬收益需要一种公平性,即所有必有所得,所劳必有所得。人民公社是一种由众多人构成的集体经济形式,劳动与收益关系格外复杂,内在的主要困难是所劳并不能够所得。其外部分配序列是先国家,后集体,再个人,且缺乏明晰的合约。其内部分配也因为劳动过程的复杂性很难实现有劳有得。而家庭承包制恰恰克服了这一困难。一是外部分配建立在合约基础上，农民有稳定的预期收益，二是劳动与报酬直接相联系。但家庭承包制也有不足。人们的收益不仅仅来源于自己的劳动，还取决于外部性环境。而外部性环境与集体所有密切相关。在现有的家庭承包制下，特别是"村提留"这一体现集体所有权的收益伴随农业税的取消而取消之后，所有必有所得难以体现，也无法利用集体所有的收益改善外部性环境，个体发展也受到限制。土地股份合作的兴起则弥补了所有必有所得的不足，将所有必有所得与所劳必有所得结合起来。

5. 治理相适。任何有组织有目的的经济活动都需要有与其相适应的治理。反之，没有相适应的治理体系和治理能力，经济形式也无法实现其目的。集体经济作为多个成员共同结合而成的经济共同体，本应是集体成员的共同治理，或者民主治理。人民公社实行集体所有和共同劳动，作为集体所有权代表的干部是主要的治理主体，而作为集体成员的生产者未能体现出集体成员的主权地位，难以参与集体经济活动的治理，并保证集体收益能够集体共享。因此，人民公社时期主要是依靠外部性的政治运动来约制干部的化公为私的行为，如若干年一次的社会主义教育运动。家庭承包制之下的家庭既是经济共同体，也是情感共同体和命运共同体，人员和组织规模不大，治理结构相对简单，且有成效。合作经营是比家庭经营更复杂的经营方式，需要与其相适应的治理形式来维持。许多合作经营之所以难以持续就是缺乏相适应的治理体系和治理能力。

6. 主体相信。任何经济活动都是在一定的社会关系下运行的。人与人进行经济交往，并从中获得收益，基于对对方的相信，产生相互信任，并愿意与对方发生交往。集体经济是众多主体共同参与和互动的经济形式，也是一种信任共同体。这种信任一是对集体经济组织的信任，从而自愿加入；一是对集体成员的信任，从而愿意合作。长期历史上存在的互助合作就是基于相互间的信任，如集体化初期存在各种形式的互助组。人民公社得以产生，在一定程度上也是基于人们对这一组织的信任，相信可以给自己带来更多好处。但人民公社组织在解决主体信任问题上却有内在的困难，包括个人对组织和个体之间的相互信任。家庭是人们与生俱来并长期生活其中的组织，家庭成员之间的相互信任较容易。这正是家庭承包制得以替代人民公社制的重要原因。合作经营是不同主体之间的合作，特别是非熟人也参与合作，主体的相信问题更为重要。许多地方的合作经营难以产生或者难以持久，重要原因就在于相信机制的欠缺。正是因为如此，一旦集体成员对统一经营的组织不再信任，应该允许并可以退出统一经营组织。

7. 政府相持。任何经济活动都是在特定的政治环境和政治关系下运行的。经济活动需要政府的相应支持。集体经济作为人类初生和新型的经济形式，作为产权制度变革的产物，更需要政府的支持。但政府毕竟是政治组织，它的支持应该是与集体经济发展相适应的支持，而不是简单的替代、包办，甚至强制。恩格斯在谈到改造传统小农经济时说："我们对于小农的任务，首先是把他们的私人生产和私人占有变为合作社的生产和占有，不是采用暴力，而是通过示范和为此提供社会帮助。"① 人民公社体制的失效，其重要原因是"政社合一"在体制上给政府直接干预经济提供了方便，造成政府对经济组织的替代和包办，经济组织和生产者缺失自主性。家庭承包制将"政社合一"压制下的活力释放出来。政府的支持更多是外部性的支持和引导，而不是直接干预。而在个体经营走向合作经营的过程中，对政府相应的支持要求更高。既要从政策、资金等诸方面支持合作经营的发展，同时又要避免直接干预。在什么条件下、什么时间里给予什么支持，都是集体经济有效实现形式的重要基础。

8. 头人相带。任何经济组织活动都需要相应的领头人发起和带动。领头人的状况直接关系经济组织的发展。集体经济是由各个利益主体共同参与的经济形式，它更需要领头人相应的带动，对领头人的要求也更高。一是要求领头人的能力强，能够带领集体成员共同发展；二是要求领头人有责任心和公益心，甚至自我牺牲精神，能够获得集体成员的共同认可。人民公社产生了众多的领头人，但不能保证每个组织的每个领头人都能达到集体经济发展所需要的品性。而家庭承包制下的家庭比较好地解决了头人相带的问题。一是家长具有天生的权威性，一般具有较强的能力；二是家长作为当家人，具有天生的责任感。尽管随着时代变化，"家长"并不仅仅是父亲，但无论谁是家长，其内生的权威性都较强。家庭承包制基础上形成的合作经营是利益主体意识更强，外部环境开放的经营，对领头人

---

① 《马克思恩格斯选集》第4卷，人民出版社1995年版，第498－499页。

的要求更高。领头人不仅需要企业家一样的创新精神，而且需要强大的道德感召力。以当下中国，无论是保留的原有集体统一经营形式，还是新产生的合作经营，都与一个强有力的领头人相应的带动密切相关。

## 四　探索集体经济有效实现形式的价值

无论从理论价值，还是从事实经验看，集体经济是一种值得发展，同时也对条件要求更高的经济形式。对于集体经济，不能因为有难度而放弃其追求，也不能因为有价值而不顾条件。因此，"探索集体经济有效实现形式"这一命题具有特殊的理论与实践价值。

其价值首先在于将思想从僵化思维中解放出来，创新集体，赋予集体经济以新的内容。

以往对集体的理解，是在集体化过程中产生的，特别是这种集体化是在强大的外力推动下进行的，因而过于强调集体的整体性，而忽视了集体的个体性。应该看到，集体是各个个体相互作用的产物。集体经济是各个所有者共同联合的产物。集体所有是基础，共同发展是目的。共同发展就包括每个个体的发展。因此，集体经济是个体和集体共同发展的有机结合。根据这一认识，可以得出以下结论：

一是集体经济并不直接等同于集体共有经济，它还包括集体所有权基础上的集体成员的个体经济。集体共有经济是集体所有权基础上集体成员共同享有的经济，而由集体所有权派生和延伸出来的承包经营权所产生的个体经济也属于集体经济的范畴，前者是狭义的集体经济，后者是广义的集体经济。从个体与集体相互作用的角度看，使用广义的集体经济更有利于探索多样化的集体经济有效实现形式。中华人民共和国宪法第八条就明确规定，"农村集体经济组织实行家庭承包经营为基础、统分结合的双层经营体制。"个体家庭承包经营也属于集体经济的内容，但这一集体经济显然不同于原来只有集体统一经营的集体经济形式。

二是集体经济并不直接等同于共同产权、共同劳动和共同收益三位一体的集体经济组织。我国的集体化过程中形成的集体经济组织是集体经济发展的原型，因此人们很容易将这一原型视之为标准的集体经济，否则就是非集体经济。这正是长期历史上将包产到户简单等同于传统个体经济并视之为洪水猛兽的重要原因。应该看到，集体经济组织方式不是固定不变的，也不只是一个模式。统一劳动经营属于集体经济，分户劳动经营也属于集体经济，家庭承包基础上的合作经营更是集体经济，且是一种新的更高层次的集体经济。刘荣荣认为集体的转变有两个环节："一是个体从传统集体中分解出来变成权利主体，二是分解出来的权利主体按照新的交往方式和行为法则重新组合起来。这两个环节构成一个完整的进程。如果看不到这一点，势必会消极看待旧集体的分解过程，以为其终点必然是社会的原子化和沙漠化。"[①] 这一观点正是我国农村集体经济变迁转型的写照，也表明了集体经济也是一个不断创新的过程。

三是集体经济组织并不等同于共同劳动。我国集体化过程中形成的集体经济组织主要是劳动与劳动的联合。而随着生产发展，除了劳动联合以外，资本与劳动的联合愈来愈多。特别是土地股份合作制，使集体成员既是劳动者，也是资本所有者。有集体成员即使不参与集体经济组织的统一劳动，也不排除他是集体经济组织的成员之一。

四是集体经济组织并不等于仅仅只有集体成员参与的经济。我国的集体化是在地域性村庄和经济型组织同一的基础上产生的，集体所有权及其相应的集体经济具有相对封闭性。应该看到，随着生产方式的日益社会化，集体经济的地域封闭性也会打破，并呈开放状态。原属于本集体成员共有的集体资产有可能融合在更大的经济体内，成为混合经济体中的一部分，如江苏华西村股份企业经济的产权和收益者并只是属于原华西村成员。原归属于本集体成员的集体经济也会有外来成员的参加，如集体企业中的外来人口和外来资本。

其价值其次在于实践上改变对集体经济的固化模式，积极探索多层次多形式多类型的集体经济。

集体经济是一种相对传统个体经济更为复杂的经济形式，是参与其中的人们相互作用的结果。它有可能产生比个体经济更大的收益，但所要求的条件相应更高。长期以来，集体经济被固化为一种模式，从而束缚了生产力的发展。"探索集体经济有效实现形式"这一命题的实践价值就在于重视实践，根据不同情况和条件，积极探索集体经济的有效实现形式。无

---

[①] 刘荣荣：《集体与集体主义辨析》，《中共中央党校学报》2008年第2期。

论是什么形式，关键在于有效。邓小平对待包产到户的态度就反映了尊重实践、尊重创造、重视有效的标准。1962年7月7日，邓小平在共青团三届七中全会上，就主张使包产到户合法化："生产关系究竟以什么形式为最好，恐怕要采取这样一种态度，就是哪种形式在哪个地方能够比较容易比较快地恢复和发展农业生产，就采取哪种形式；群众愿意采取哪种形式，就应该采取哪种形式，不合法的使它合法起来。……刘伯承同志经常讲一句四川话，'黄猫、黑猫，只要捉住老鼠就是好猫。'"①

中国是一个情况十分复杂的大国，集体经济的有效实现形式将是一个多层次多形式多类型的体系。

一是多层次。集体经济是一种比个体经济需要更多条件的经济形式，要随着条件的完善而不断发展，因此集体经济发展是一个长期的过程。早在1980年代初，邓小平针对包产到户的争议指出："我们总的方向是发展集体经济……只要生产发展了，农村的社会分工和商品经济发展了，低水平的集体化就会发展到高水平的集体化，集体经济不巩固的也会巩固起来。"② 后来他谈到农村经济发展时使用了"两个飞跃"的提法。他提出："中国社会主义农业的改革和发展，从长远的观点看，要有两个飞跃。第一个飞跃，是废除人民公社，实行家庭联产承包为主的责任制。这是一个很大的前进，要长期坚持不变。第二个飞跃，是适应科学种田和生产社会化的需要，发展适度规模经营，发展集体经济。这是又一个很大的前进，当然这是很长的过程。"③ 这一提法既肯定了集体经济的发展趋向和内在价值，又注意到集体经济发展的不同阶段和层次。单纯从生产组织形式看，人民公社的规模更大，效益应该更好。但由于缺乏必要的条件支撑，对于集体成员而言，其收益甚至不如个体经济，集体经济组织形式因此转型为家庭承包，随后又在家庭承包制基础上向合作经营扩展。因此，集体经济的有效实现形式应该是多层次的。什么层次最合适，取决于相应的条件，而不仅仅是个人的主观愿望。

二是多形式。集体经济需要相应的条件。中国是一个地域辽阔的大

---

① 《邓小平文选》第1卷，人民出版社1994年版，第323页。
② 《邓小平文选》第2卷，人民出版社1994年版，第315页。
③ 《邓小平文选》第3卷，人民出版社1993年版，第355页。

国,各地情况不一样。特别是农业生产对自然条件要求更高。不同的情况和条件,需要不同的形式来有效发展集体经济。人民公社时期集体经济发展受到限制,重要原因就是形式过于单一化,且模式化和政治化。因此,集体经济的有效实现形式应是多样化的。邓小平认为:"在生产关系上不能完全采取一种固定不变的形式,看用哪种形式能够调动群众的积极性就采用哪种形式。""要承认多种多样的形式。"[1] 从总体上看,集体经济比较强调统一。这种统一性在一定条件下是必要的,但统一的形式却是多样的,关键在于有效。如山东曾经实行过"两田制",将土地分为主要由家庭控制的"口粮田"和主要由村组织控制的"责任田"。但由于村组织控制的土地并不能有效实现预期目的,使这一形式未能延续。[2][3] 由此有了土地股份合作制下对土地的统一经营。这也是集体经济的实现形式之一,它能否延续,还取决于相应条件及其有效性。

三是多类型。集体经济作为一种经济形式,有一个不断探索、发展和丰富的过程。有些形式经过实践检验证明确有成效,便被制度化、规范化,可以说是法定类型。有些形式还处于探索之中,成效还有待实践检验和证明,也应该是允许的,前提是集体成员的自主意愿。我国农村改革之初在人民公社体制为法律规定的情况下,对待兴起的承包经营的态度是"可以,可以,也可以",就反映了鼓励探索的精神。因此,集体经济有效实现形式是多类型的、动态的。

(原文刊载于《华中师范大学学报》2015年第1期。原文题目《创新集体:对集体经济有效实现形式的探索》)

---

[1] 《邓小平文选》第1卷,人民出版社1994年版,第323页。
[2] 彭超:《"两田制"兴衰及其原因分析——以山东省平度市为例》,《山东省农业管理干部学院学报》2006年第3期。
[3] 马克思:《不列颠在印度的统治》,《马克思恩格斯选集》第1卷,人民出版社1995年版,第760—766页。

# 第十四章　与市场相接的集体经济有效实现形式[*]

自改革开放以来，我国集体经济发展形成两种走势和实现形式：一是为数不多的村庄仍然坚持集体统一经营，有的村迅速发展壮大，成为"明星村"；二是不少村庄在分户经营基础上，通过土地股份合作等方式，实行统一经营，由此引起对集体经济和统一经营的不同认识。通过大量经验研究，我们发现，以上两种走势的共同特点都是将集体经济与市场经济相连接起来，从市场经济体制中获得发展的动力和更大收益，与市场经济相连接才是集体经济有效实现的重要形式和生成发展机制。否则就无法理解为何在人民公社统一经营时代没有能够出现集体经济大发展的"明星村"，也无法理解在分户经营基础上为何农民又重新联合，走上统一经营之路。本文就此作出探讨。

## 一　集体经济与市场经济的对接与相融

在集体经济的发展史中，曾先后与自然经济和计划经济等宏观经济环境相连接，而在市场经济背景下，集体经济组织与市场经济的对接和相融，却是我们从未面临过的新命题。

### （一）原始公社时期的集体经济与自然经济相接

集体经济是集体成员在集体共有资源基础上，通过集体生产与共享劳动成果，实现共同发展的经济形态。人类创造集体经济的目的，在于克服

---

[*]　本文与沈乾飞合作，在此致谢！

个体势单力薄的缺陷，让个体在集体之中实现利益。就广义的集体经济而言，原始公社是人类最早的集体经济形态，它是人类社会早期，在生产力极其低下，个体无力战胜自然环境压迫，被迫组织起来的社会经济形态。正如马克思所言，"在较古的公社中，生产是共同进行的，只有产品才拿来分配。这种原始类型的合作生产或集体生产显然是单个人的力量太小的结果，而不是生产资料公有化的结果。"①

人类在原始公社时期的集体经济，与生产力水平极低的自然经济相适应。首先，原始公社时期的自然经济，是一种高度依赖自然的经济形态。由于人类开发自然的能力有限，维持人类生存所需的生活资料，大多直接取自于自然。马克思认为，在原始部落时期，生产力水平低下，"当时人们是靠狩猎、捕鱼、畜牧，或者最多是靠务农生活的。"② 人类生活高度依赖自然，就意味着，人类要从大自然获得维持生存所需的资源，需要通过集体的力量，共同占有足够多的自然资源。同时，人类面临自然环境的限制和压迫，就须要联合起来，依靠集体的力量去适应自然。因此，当时与之相适应的集体经济实现形式，就是部落所有制经济。人们以部落共同体为基本单位，共同占有和利用一定地域范围内的自然资源。人类由有血缘关联的原始部落时期，发展到无血缘关系的氏族联盟，及至以男女对偶为特征的母系公社时期，即使农业耕作技术有了一定的发展，但此时的宏观经济背景仍然是自然经济，仍然需要直接从自然界获取生存资源，所以，此时的经济形态，仍然是原始的集体经济。

其次，原始公社时期的自然经济，是一种自给自足的经济形态。一方面，在生产力水平低下的情况下，人类的生产是一种简单再生产，生产的规模既不能小于维持正常的生存之所需，也不能超过自身的劳动与生产能力之所限。因此，在原始公社时期，劳动成果在满足自身的生活消费之后，没有多余的产品用于交换。另一方面，社会分工仅限于共同体内部成员间的自然分工与劳动协作，社会分工还没有形成，因此也就不存在商品生产和商品交换。原始公社时期的集体经济，就是在这种自给自足经济环境下，人类对经济形式的被迫选择。因为，自给自足的自然经济，使任何

---

① 《马克思恩格斯全集》第 19 卷，人民出版社 1963 年版，第 434 页。
② 《马克思恩格斯全集》第 3 卷，人民出版社 1960 年版，第 25 页。

个体都无法通过交换，获得生存所需的生活资料，只有通过集体的力量，个体才能获得维持正常生活的生存资源。

### （二）经典理论指导下的集体经济与计划经济相接

根据马恩等经典理论家的构想，集体经济与计划经济紧密相连。在他们看来，资本主义社会的基本矛盾是生产社会化与生产资料私人占有之间的矛盾。要改变这种矛盾，就要变生产资料私有制为生产资料公有制，同时将市场化的经济模式转变为计划经济管理模式。

马恩经典理论认为，生产资料公有制必须与计划经济相连接。一方面，因为生产资料私有的资本主义是一种生产的无政府主义，容易给社会生产带来破坏，而计划经济通过国家对社会劳动和生产资料按比例有计划的分配，能够避免社会生产的无政府主义带来的破坏。正如恩格斯所言，"一旦社会占有了生产资料，商品生产就将被消除，而产品对生产者的统治也将随之消除。社会生产内部的无政府状态将为有计划的自觉的组织所代替。"① 另一方面，由于生产资料公有制消灭了资本主义私有制，商品和货币也就将随之被消灭，计划经济调节社会资源分配，也就成为必然结果。正如马克思所言，"在一个集体的、以共同占有生产资料为基础的社会里，生产者并不交换自己的产品；耗费在产品上的劳动，在这里也不表现为这些产品的价值，不表现为它们所具有的某些物的属性，因为这时和资本主义社会相反，个人的劳动不再经过迂回曲折的道路，而是直接地作为总劳动的构成部分存在着。"②

列宁后来在社会主义建设的实践中，同样坚持集体经济与计划经济相连接。即使后来在经济困境中不得不暂时选择放弃计划经济，退而实施新经济政策，但他依然没有放弃对计划经济的坚持。在他关于新经济政策的论述中明确指出，"新经济政策并不是要改变国家统一的经济计划，不是要超出这个计划的范围，而是要改变实现这个计划的办法。"③

新中国成立之后，也曾将集体经济与计划经济捆绑在一起。国家先后

---

① 《马克思恩格斯选集》第3卷，人民出版社1972年版，第323页。
② 同上书，第10页。
③ 《列宁全集》第52卷，人民出版社1988年版，第40页。

通过互助组、初级社、高级社和人民公社，一步步将分散经营的传统小农经济，过渡到经营管理高度集中的集体经济模式，同时全面实施统购统销的计划经济政策与之相配套。

高度集中的集体经济经营管理模式，与计划经济相适应。首先，计划经济是一种规划经济，国家按照预先确立的发展目标，制定国民经济发展计划，并将计划以任务的形式，分解到各个部门，然后由部门逐层分解任务，并最终将任务落实给具体的生产者。因此，任何生产经营主体，都不享有经营自主权，一切生产经营活动，即生产什么、生产多少，都必须以完成计划任务为目标。同时，一切生产资料和劳动产品，按照统购统销政策，由国家统一调配。农村集体经济，作为国民经济的重要生产部门，生产经营活动同样以执行计划任务为己任。农业生产中，种什么、种多少，都必须依据国家的计划任务而定。农业生产资料及农产品，都由国家统一收购和调配；其次，计划经济是一种指令性经济，强调行政指挥的强制性，要求下级对上级命令的绝对服从。这种由行政部门，以行政的手段和方法指挥生产的模式，追求的目标是生产管理的高效率。同样，集体经济的管理权力高度集中，"大跃进"时期，甚至以"组织军事化、行动战斗化、生活集体化"的军事化编制及指挥方式，组织和管理集体经济。后来，"三级所有，队为基础"的集体经济管理模式，则由公社按照国家指令，负责管理集体生产，大队配合公社，监督执行上级命令，生产队长领导生产，具体落实生产任务。

### （三）与市场经济相接是集体经济发展的新命题

在改革开放之前，集体经济长期置于计划经济体制的管理之下，从未面对过市场经济。因此，集体经济与市场经济对接，在我国还是一个全新的命题。

改革开放以来，我国经历了由计划经济向市场经济转轨的过程。在此过程中，我们逐渐解除了将市场经济与计划经济作为区分不同社会制度的基本标准的思想束缚，认识到计划经济与市场经济只不过是资源配置方式和手段的不同，正如邓小平所言，"计划和市场都是经济手段。"[①] 由此，

---

[①] 《邓小平文选》第3卷，人民出版社1993年版，第373页。

我们逐渐开启了建立社会主义市场经济体制的大门。

市场经济是一种让市场在资源配置中起基础性作用的经济形态。市场经济，通过发挥价值规律的作用配置市场资源，即是由供求关系变化引发价格波动，通过价格信号的传递与反馈，引导市场活动主体完成资源配置。发挥市场在资源配置中的基础性作用，需要满足以下条件：首先，市场能够自由交易，任何合法的市场交易活动，都不能受到限制；其次，市场主体以平等的身份进行交易活动，市场没有特权者；再次，市场活动必须遵循公平交易原则，人们正当的利益不能受到损害；最后，市场要有良好的经营秩序，任何市场活动主体，都必须遵循市场活动规则。

改革开放以来，国家为不断完善市场经济体制，从以下几个方面做了重要努力：一是开放市场价格，放弃对商品价格不必要的管制；二是放弃行政对经营主体的不必要管制，赋予市场主体独立自主的经营权利，使其具备独立经营的能力；三是逐渐树立起尊重和保护产权的意识，并以《物权法》与《知识产权法》等形式，保障市场主体的产权利益；四是逐渐建立起较完备的法制体系，使法律制度承担起了规范市场秩序的责任；五是逐渐解除了市场贸易壁垒，开放了市场活动空间，无论是区域之间还是行业之间的贸易壁垒逐渐被解除，市场主体之间的公平竞争和商品的自由流通得到充分保障。此外，成熟的市场经营主体和市场文化开始形成，劳动力、资本、土地、技术、管理和信息等较完备的市场体系逐渐建立和完善。

在日益完善的市场经济背景下，努力实现集体经济与市场经济相对接，是发展和壮大集体经济的基本前提。因为，集体经济与国有经济、个体经济和私营经济一样，都是市场中的微观经济组织，都是独立自主的市场经营活动主体。在市场经济背景下，任何微观经济组织，都不可能独立于宏观经济体制之外而孤立存在。一方面集体经济组织生产所需的各种要素及产品，都必须高度依赖市场，包括集体经济在内的任何微观经济组织，都不可能脱离市场而生存下去。另一方面，价值规律作为一只无形的手，发挥着调节资源分配的作用，包括集体经济在内的任何微观经济组织，都要受价值规律的支配和影响，只有充分尊重和利用好价值规律，集体经济才能获得生存和发展的机会。

质言之，在市场经济的宏观背景之下，集体经济必须要做好与市场经济对接的工作，不断改进和完善集体经济与市场经济对接的形式。由于集体经济与市场经济对接，是我国经济发展史上从未经历过的新鲜事物，因此，在市场经济背景下，探索和创新集体经济有效实现形式，仍然是一个具有挑战性的工作。

## 二　集体经济在市场经济中生成与发展

集体经济可分为"由统到统"与"由分到统"两种发展模式，前者是集体经济在计划经济的缝隙中成长起来，在向市场经济的转轨中继续坚持统一经营，并很快实现与市场经济对接，从而使集体经济获得了更大的发展机遇。后者是集体经济在经历了改革开放初期的分户经营之后，为更好地实现与市场经济对接，不少村庄又重新走上了集体统一经营的发展道路。

### （一）集体经济在计划经济的缝隙中成长

在人民公社初期，国家鼓励发展社队企业，主要是为农业生产服务的小型工业，"以自产自用为主，如农具的修理，农家肥的加工制造，小量的农产品加工等。"[①] 后来在"一大二公"的人民公社时期，国家将"工、农、商、学、兵"合一的大社作为人民公社的发展目标。尽管通过群众运动的方式，形成了大办社队工业的高潮，但那种"一大二公"、不计成本与低水平重复建设的模式，并没有给社队工业带来真正的发展。到了六十年代初期，国家对发展社队企业的政策，由鼓励调整为限制。1962年11月22日，国务院发布《关于发展农村副业生产的决定》，要求"公社和生产大队一般不办企业，不设专业的副业生产队。"[②] 以防止社队企业与国营企业竞争紧缺资源，同时也是对"以粮为纲"农业政策的坚守。

尽管政策环境对社队企业的发展极为不利，但仍有部分干部和社员，冒着巨大的政治风险偷偷地坚持了下来。以华西村为例，1969年春，大队书记吴仁宝组织20名社员，冒着被"割资本主义尾巴"的风险，秘密

---

[①] 《建国以来重要文献选编》第11册，中央文献出版社1995年版，第226页。
[②] 同上书，第703页。

办起了小五金厂。正是这个"地下工厂",在十年时间里创造了一百多万的利润,为华西村后来的发展奠定了基础。① 在苏南地区,有过华西村这样经历的集体经济还有很多,他们在计划经济的缝隙中顽强成长,为改革开放初期乡镇企业的繁荣发展打下了坚实基础。

这部分集体经济,之所以能够在计划经济中成长起来,是因为他们利用了计划经济的缝隙,规避了计划政策的管制。而所谓的缝隙,就是计划之外,极为狭窄的市场空间。具体而言,主要包括以下几个方面:

一是原材料主要来源于国营企业淘汰的废旧机器和废旧材料。因为在计划经济条件下,工业生产所需的物资,主要为国家所控制和调配。社队企业,不可能从计划经济的正常渠道获得生产所需的原材料,而只能通过国营企业,获得被他们淘汰的废旧品和边角料,如大工厂废弃的边角塑料、旧橡胶轮胎,被大工厂拒收的劣质棉花,以及废铁等。②

二是生产的产品,主要为技术含量低,国营企业不愿生产,而市场亟需的小商品。计划形成的短缺经济,为社队企业的产品销售,留下了市场空间。因为,在计划经济时期,工业发展更偏重于重工业,与人们生活息息相关的轻工业,发展相对不足。因此,市场上生活类商品的供给无法满足人们的消费需求。而社队企业所生产的,正是人们生产生活亟需,而计划市场供给不足的小商品,如小五金、塑料盆等。此外,在计划市场上,同样存在着工业制品供不应求的现象,一些社队企业抓住机会与国营企业联营,由后者提供机器、原材料并负责收购产品,而前者利用农村廉价劳动力,只负责产品的生产。

三是充分利用社会资本为集体经济的生存和发展拓展空间。在计划经济条件下,留给社队企业的生存空间极为有限,无论是生产所需的原材料,还是产品所需的销售市场,都不可能通过正规渠道得到解决。由血缘情感与地缘情感构筑的社会资本网络,成为社队企业发展所必不可少的资源。例如,在外面政府机关、国营企业和学校工作的老乡、亲戚和朋友,成为支持社队企业发展不可或缺的人脉资源。

四是充分利用社队企业不受计划指令控制的缝隙,获得了国营企业所

---

① 《华西村原党委书记的"第一桶金"》,《人民日报》2008年10月6日第4版。
② [美]黄宗智:《长江三角洲小农与乡村发展》,中华书局2000年版,第256页。

不具备的经营管理自主权。由于当时的计划经济政策,并不太重视发展社队企业,甚至在一段时间内,还取消了社队企业的合法地位,因而社队企业的经营管理,也就不存在受计划指令控制的问题。这种不利的政策环境,反而为社队企业赢得了难得的生产经营自主权利。在这种情况下,生产什么、生产多少,都由社队企业自己说了算,从而为集体经济发展留下了宝贵的自主空间。

到人民公社末期,华西村和刘庄的集体企业,已经在计划经济的缝隙中获得了较好的发展成果。当全国农民还在为解决温饱问题努力的时候,华西村就已经靠小五金厂掘取的"第一桶金",让200户社员住进了新房。远在河南的刘庄,集体经济发展水平更高,村集体的汽车喇叭厂、奶粉厂和造纸厂等集体企业,解决了大多数社员的就业问题。集体和社员,每年从集体企业中获得的收入,超过了总收入的七成。因此,改革开放初期,当全国各地都在包产到户,实行家庭联产承包责任制的时候,尝到了集体经济发展甜头的华西村和刘庄等一些村庄,选择了坚持集体经济统一经营的模式。这不仅保住了集体经济已有的发展成果,同时,还为集体经济迅速实现与市场经济对接准备了条件。目前,华西村和刘庄等集体经济已经高度融入市场、利用市场和依赖市场,他们所取得巨大成就,无不得益于从国内外市场中所获得的广阔发展空间、丰富的经济资源和众多的发展机遇。

### (二) 市场经济引导农民从分户经营走向统一经营

在计划经济时期,集体经济坚持高度集中的统一经营管理模式,严重束缚了集体经济的发展。一是集体经济缺乏生产经营自主权,生产经营主体,不能有效发挥主观能动性,不能因地制宜、因时制宜进行决策和生产。导致不合实际的计划和指令,得不到及时有效的纠正,从而造成了生产的破坏和资源的极大浪费;二是集体经济的一切生产经营活动,都以服务于计划指标为宗旨,而劳动成果的分配即劳动者的利益诉求长期得不到满足,因而劳动者的生产积极性受到了打击,人们普遍以消极怠工的方式应付生产;三是由于农业生产具有自然性,集体难以对社员劳动实施有效的监督,生产的低效问题长期得不到解决。尽管国家不断以政治运动的方式,对干部和群众进行整肃和教育,以促进集体经济发展和巩固集体经济地位，但始终得不到农民的积极响应。最终，在改革开放之初，国家不得不迎合农民对家户经营模式的诉求，将集体资产拆散，分配给农民，实行分户经营。

集体经济的分户经营，具有高效与灵活的特性，能在短期内显著提高农业生产能力。同时，农村富余劳动力，可以通过市场转移到城镇就业，增加劳务收入。但是，在人多地少的资源约束下，分户经营就是小农经营，集体经济就蜕变成小农经济，集体经济的发展空间就会受到极大限制。此外，在开放的市场经济背景下，小农经营最大的问题是缺乏独立驾驭市场的能力，市场多变与激烈竞争，往往会给小农带来损失。因此，市场经济背景下的分户经营，农民脱贫容易而致富难，温饱有余而富裕不足。此外，最具挑战的是，分户经营使村庄成了空架子。集体资源匮乏，导致村庄的治理、服务和发展，存在着能力严重不足的问题。

在市场经济环境下，经营的规模化与专业化，是适应市场的基本条件。分户经营，可以解决计划经济条件下集体经济发展动力不足的问题，却可能成为制约集体经济与市场经济对接的障碍。作为后起之秀的南街村，在包产到户大潮中，曾经和全国绝大多数村庄一样，不仅将集体土地承包给了农户，而且将七十年代末建立起来的集体砖厂承包给了个体经营。但他们很快发现，分户经营尽管能够解决村民的温饱问题，但却很难解决乡村致富的难题。因此，在村民的支持下，又重新开启了集体经济统一经营的模式。重新组织起来的南街村，并没有重走计划经济时期孤立于市场之外的老路子，而是将全村两千多亩土地集体承包给了十几户村民实行规模化的经营，其余大多数村民进入二、三产业，发展市场化的集体工业。南街村的起步与发展，完全是集体经济与市场经济对接，并充分利用市场经济壮大起来的典型。

除了南街村那样的工业型集体经济之外，还有更多普通农业型集体经济，也在市场经济的引导下，由分户经营走上了集体统一经营的路子。例如，山东东平的股份合作社模式、四川崇州的农业共营制模式等，都是对市场经济条件下农村集体经济实现形式的有益探索。之所以出现这样的格局，在于随着市场经济的深入发展，集体经济统一经营的优势不断凸显。首先，实行专业化、规模化与市场化的集体经营，可以增强集体经济对市场信息的搜集、把握与预测能力，从而能很好地避免生产经营的盲目性。

同时，也能在生产资料的购买和农副产品的销售中，更容易掌握谈判和议价的主动权，从而能更有效的避免谷贱伤农与丰产不丰收的难题。其次，随着农村剩余劳动力大量转移，农村耕地粗放经营甚至撂荒的问题凸显，这对农民和国家都是资源的极大浪费。通过市场化的集体统一经营模式，对农民而言，既增加了农村留守人员的劳务收入，同时通过经营权的流转，还增加了农民的资产收益。对国家而言，无疑稳定了粮食生产，确保了粮食安全。再次，集体经济在市场经济环境下的统一与规模化经营，壮大了村集体的经济实力，为基层治理和农村公共服务提供了经济保障。

## 三　集体经济与市场经济对接中的转型与挑战

在与市场经济的对接过程中，集体经济需要由身份集体转型为利益集体，使其变成为真正意义上的市场经营主体，以更好的面对市场经济。同时，集体经济在完成自我转型之后，将会面临市场波动与产权稀释对农民利益带来的影响和挑战。

### （一）集体经济需要由身份集体转型为利益集体

集体经济在与市场经济对接的过程中，面临着由身份集体向利益集体转型的问题。特别是那些在计划经济缝隙中成长起来，并在改革开放后一直坚持统一经营的集体经济，尽管在其发展过程之中，曾不断努力摆脱计划经济对自身发展的束缚，但一些计划经济的烙印，却不可避免留在了集体经济身上，并一直延续到了现在。质言之，目前集体经济还是一种带有计划经济烙印的身份集体，而不是市场经济下的利益集体。

所谓身份集体，是指由某种特定身份的人群，组合而成的身份共同体。主要特征是，共同体内部成员，具有身份上的同质性，人们因这种特定身份，获得成员资格、享受成员权利和分享共同体福利。因此，身份集体对内具有凝聚力，对外具有一定的封闭性和排他性。作为身份共同体的集体经济，村民因集体成员的身份，天然享受集体福利。那些在计划经济缝隙中成长起来，并一直延续下来的集体经济，早在计划经济时期就已经作为身份共同体而存在，随着计划经济向市场经济转轨，这些集体经济的身份共同体特性，一直被延续了下来。

身份集体存在的最大问题是,他们还不是真正意义上的市场经营主体,这在一定程度上制约了集体经济进一步与市场经济对接。原因在于:

首先,身份集体担负了沉重的社会负担,使他们很难轻装上阵,参与市场经营活动。这在某种程度上,如同计划经济时期的国营企业一样,在从事经营活动的同时,也承担起了本该由公共部门负责的社会事业。如一些集体经济负担起了村民住房、教育、医疗和养老等公共事业。有的集体经济,甚至以按需分配的方式,无偿为村民提供粮、油、蔬菜、水果等日常生活用品。集体经济在社会公共事业及福利上的配给,不仅加重了自身的经济负担,同时也分散了其作为市场经营主体的大量精力,这无疑会制约集体经济的长远发展。

其次,作为身份共同体的集体经济,因身份的自然性和固定性,在一定程度上强化了其封闭性和排他性,这与市场经济的开放性原则有一定的差距。市场经济的开放性,是保障产品和要素自由流通,进而发挥市场对资源配置起基础性作用的重要前提。作为集体经济的身份共同体特性,在某种程度上会阻碍其与市场经济的对接,因为集体身份固化了集体经济的成员资格,使内部成员无法自由流出,外部新成员难以流入,不利于集体经济自身的发展。

再次,一些集体经济在计划经济向市场经济的转轨中,被赋予了引领时代的典型身份。塑造典型,是政府在历史实践中创造出来,并一直延续至今的行政经验。塑造典型的基本原则是锦上添花而非雪中送炭,即典型要具有一定的发展基础,要具有一定的可塑性。同时,典型也会得到政策和资源上的特殊惠顾,从而比其他经营者,赢得更好的发展条件和机遇。获得典型身份的集体经济,因享有特殊待遇,使其与市场经济的平等原则格格不入。在市场经济中,任何微观经济组织,应享有公平的参与权利,避免特殊照顾对公平秩序的影响。随着我国市场经济体制不断完善,公平原则将会进一步确立,特殊惠顾会进一步减少。在这种情况下,集体经济不得不完善自己,以更好地适应市场经济。

集体经济要转型成为利益集体,就是要使其成为利益相关者组合而成的利益共同体。在利益集体中,人们因利益而非身份结成经济共同体。人们也不能因身份而享有集体经济的特殊福利,而是因股权和劳动,获得相应的资产收益和劳动报酬。同时,由公共服务部门而非集体经济组织,承担起社会公共事业的责任。此外，集体经济与其他市场经营主体，享有同等的地位和权利。由此让集体经济转型成为真正的市场经营主体，使其更好的面对市场经济。

**（二）集体经济在自我转型中面临着风险与挑战**

市场经济既蕴含着机遇，同时又潜藏着风险，集体经济在与市场经济的对接与转型过程中，不可避免要面对市场中的风险问题。其风险主要包括两个方面：

一是集体经济经营效益的波动，对村民经济收益的影响。在市场经济背景下，市场在资源调节中发挥基础性作用，不可避免会产生市场波动的问题，即使国家通过经济杠杆发挥其宏观调控作用，也只能够缓解而不可能彻底消除市场波动对经济发展带来的不利影响。宏观市场波动，会直接影响到微观经济组织的经营状况和收益。同时，微观经济组织对宏观市场的驾驭能力，也会受到很多因素的影响。因此，集体经济与市场经济对接，其经营状况，不可避免会受到市场波动的影响。

在作为身份共同体的集体经济中，村民因身份而享有的各种福利收益具有一定的刚性，即它不完全受市场波动与集体经济经营效益变化的直接影响。因此，虽然这会加重集体经济的负担，影响集体经济的正常经营和发展，但村民却可以享受较为稳定的福利收益。集体经济由身份集体转型为利益集体之后，村民由身份带来的福利收益，将被股权带来的资产收益和劳动投入获得的工资报酬所代替，而这些收益将直接受到宏观市场波动与微观经营者经营效益变化的影响。这种变化，对村民会带来经济收益上的影响，更会带来心理上的冲击。

二是集体经济与市场对接对村民资产权益的影响。集体经济与市场经济对接，需要现代化的组织、经营与管理制度，经营权由农户转移到了专业化的公司，由职业经理人具体负责日常经营管理。农民虽然是集体经济的股东，但只能以普通工人的身份参与生产并获得劳务收入，农民作为分散的"小股民"，无权参与具体的经营管理工作，甚至也不掌握监督经营者的权力。同时，随着集体经济的不断发展，通过合资、参股乃至上市融资等方式，集体经济的资本规模在积聚扩张，参与主体也日趋多元化。农民的土地产权会逐渐被资本所稀释，并变得越来越渺小和模糊。在这种背景下，如何保护农民的产权和利益，将会变得越来越具有挑战性。

总之，在市场经济的宏观背景下，集体经济与市场经济对接，无疑将是未来一段时间内，集体经济完成自我转型与创新实现形式的主体方向，但在这个过程之中，如何确保农民权益不受伤害，并让农民能够最大限度的从中获益，是值得我们进一步思考和解决的问题。

（原文刊载于《东岳论丛》2015年第3期，原文题目《市场相接：集体经济有效实现形式和生发机制》）

# 第十五章　对村民自治有效
　　　　实现形式的探索

在我国，村民自治作为一项制度已实行30多年，经历了一个复杂曲折的过程。新世纪以来，由于以村委会为自治体的村民自治在实践中遇到很多困难和问题，处于发展的瓶颈状态，农村治理更多的是依靠外力推动，有人因此宣告"自治已死"，村民自治研究由一度的红火而淡出学界，甚至为学界所遗忘。但是，近几年，村民自治以其内在的价值和力量不断在实践中为自己开辟道路，"失落的自治"显示出新的生机和活力。在广东、广西、湖北、安徽等地先后出现了在村委会以下的多种村民自治实现形式。同时，其中的做法也引起了不同的看法和争论。2014年中央1号文件提出："探索不同情况下村民自治的有效实现形式"。为何和如何探索村民自治的有效实现形式，这需要学界从理论范式上"找回自治"，对我国村民自治的内在价值、发展历程和现实走向进行深入的理论研讨。

## 一　自治与村民自治的内在价值

人类社会最有力量的是实践。村民自治为何由"失落"到复兴，学界为何要"找回自治"，这源于自治和村民自治的内在价值和力量。

自人类社会产生以来，就有如何治理从而获得秩序和发展的问题。从治理主体和来源看，人类社会治理又可分为两类：一类是自治，即人的自我自治；一类是他治，即自我以外的他者治理。自治总是相对他治而言的，是个人或群体对于自身事务的处理并对其行为负责的一种制度和行为。

自治至少包括以下核心要素：首先是自主性。自我治理来自于个人或群体能够自主支配自己的行为。为外力所强制和限制者，如奴隶、犯人是无所谓自治的。因此，自主性可以说是自治的前提。其次是自力，即自我的力量。人和群体之所以能够自我治理，是因为其自身所具有的治理能力，能够处理其面对的事务。这种能力尽管可能有大有小，有弱有强。再次是自律性。个人和群体都是在一定环境下进行治理活动的，为了获得自治的条件和能力，必须对自己的行为加以约束。只是这种约束来自于自治者的内心和自愿，尽管内心自愿也有外部性影响。英国政治学者戴维·赫尔德因此认为："'自治'意味着人类自我思考、自我反省和自我决定的能力。它包括在私人和公共生活中思考、判断、选择和根据不同可能的行动路线行动的能力。"[1]

自治的内在要素决定了其在人类治理过程中的特殊价值。人是社会主体。人自主做出的决定，能够最大限度得到自我认可，并激发其内在的动力。不需要外部压力则可减少相应的成本。自治所产生的自我约束，有助于社会的自我调节和自我平衡。因此，自治可以形成一个社会的基础性动力和秩序。

当人类处于初始状态时主要实行的是自治。但是，自治总是有限度的。这在于自我治理是在一定范围内的活动，如最早的部落自我治理。随着人类的发展，人们的活动范围扩大，人们的需求扩大，仅仅依靠自治难以满足；人们在满足其不断扩大的需求时会产生冲突，于是出现了来自于社会并超越社会自我的外部性力量，即国家。国家是人类迈入文明的门槛，国家治理则需要专门从事治理活动的人担当。相对个人或群体自治，国家则是一种外部性治理。

即便是国家产生以后，人类治理的主体是国家治理，但自治并没有消失。相对于个人自身而言，国家是一种具有强制性的外部力量。国家治理有可能造福于人类，也有可能祸害于人类；国家治理还必须支付其成本，这种成本有可能经常超出人类社会可以承担的限度。正因为如此，马克思主义将人类的终极理想状态视之为国家消亡的"自由人联合体"，是对原始自治秩序的高层次复归。

当然，人类距离国家消亡还很遥远，无政府主义显然是一种幼稚的幻想，国家还不得不长期存在。但理想的国家与社会状态应该是社会自我调

---

[1] [英]戴维·赫尔德：《民主的模式》，中央编译出版社1998年版，第380页。

节不了也调节不好时才会寻求国家干预，社会自我发展有限时才会寻求国家推动。就当代经济领域而言，在政府与市场关系方面，市场应该具有决定性作用；就当代社会领域而言，在政府与社会关系方面，社会具有基础性作用。所以，即便是国家在人类治理活动中占据相当重要地位的当下，自治也不可或缺，甚至是相当重要的。在传统国家框架下，自治是国家治理的基础。中国长期历史上的"皇权不下县"是以乡村有自治为前提条件的。现代国家的力量空前扩大，无所不在，但并不是无所不能的，自治则发挥着对国家治理的强大补充作用，甚至是基础性作用。现代国家奉行的民主法治都需要依托自治加以有效实现。自治不一定有民主，而民主一定需要自治。这在于自治意味着个体的直接参与。法国学者托克维尔对乡镇自治在美国民主中的角色有精到的体认，他认为："在没有乡镇组织的条件下，一个国家虽然可以建立一个自由的政府，但它没有自由的精神。片刻的激情、暂时的利益或偶然的机会可以创造出独立的外表，但潜伏于社会机体内部的专制也迟早会重新冒出于表面。"[1] 他将自由自治的乡镇精神视之为美国民主的精髓和基石。

自治的力量和价值使得人类社会在寻求治理方式时不得不重视和再发现，并在特定的历史条件下寻求自治的方式。中国的村民自治是在国家高度管制的人民公社体制解体过程中产生的，是农村居民在一定地域范围进行自我治理的制度和行为。在人民公社制度废除后，我国之所以选择村民自治制度，在于这一制度内含的自治所具有的特殊价值和力量。

其一，社会内在的力量。在中国长期历史上，农村实行家户经济和乡村自治，农村主要依靠其内部性力量进行自我治理。[2] 近代以来，这种内部性的自治治理遭遇严重危机，即一个个分散的小的共同体无法适应强大的外部性挑战。进入20世纪之后，伴随现代国家建设，农村的自我治理日渐萎缩。特别是1949年以来，国家对农村实行社会主义改造，农村传统经济及其治理方式视为"落后"而被人民公社体制替代。人民公社体制尽管有某些农民内在要求的成分，但主要是国家主导下的一种制度性安

---

[1] [法]托克维尔：《论美国的民主》，商务印书馆1996年版，第66页。
[2] 徐勇：《中国家户制传统与农村发展道路》，《中国社会科学》2013年第8期。

排。这种适应国家计划经济需要的公社体制的一个突出的后果就是农民的自主性和积极性受到严重抑制,农村治理主要依靠外力推动。有过人民公社时期担任基层干部经历的国务院总理李克强在履职之时所说的"喊破嗓子不如甩开膀子"就生动地展示了当时的农村治理困难的特性。这正是人民公社日渐式微的根本原因。随之,包产到户崛起,其家庭经营特性与中断若干年后的传统家户经济相衔接。伴随包产到户的村民自治也因此产生,其自我治理特性与中断若干年的乡村自治相衔接。包产到户和村民自治不是简单的历史回归,但其共同的特性就是依靠社会内在的力量进行治理,因此不需要干部"喊破嗓子"。

其二,低成本的社会组织和治理。中国农村以家户为本位。从国家的视角看,家户本位使社会处于分散状态。孙中山先生因此将中国视之为"一盘散沙"。但是,从社会内在构成看,农村社会并不是如散沙一般的个体化原子化,相反具有超强的自组织性,这就是以血缘和地缘关系为纽带的村落社会。村落社会也是社会组织,只是这种组织依靠的是自身力量而不是外部力量,且具有相当的坚固性。正因为如此,有学者认为,传统中国并不是"一盘散沙",而是"一盘散石"。只是村落小共同体尽管如石头坚硬,但从国家大共同体看,仍然缺乏力量。进入20世纪,一方面是小共同体日益解体,另一方面是现代国家大共同体的建构,将村落社会组织到国家体系中来。人民公社体制主要便是国家对分散的村落社会的整合。只是这种外部性整合需要相应的成本,因此衍生了一个干部阶层。特别是在自上而下的纵向治理下,村民之间缺失了横向联系,农村的组织化程度并没有想象的强。继人民公社而生的村民自治属于群众自治组织,其主要特性是自我组织,通过村民自治活动将村民从横向关系上联结起来,进行自我治理。由于是依靠乡村社会内部力量的自组织,其治理成本较低。

其三,现代国家治理的基础。在传统乡村,除了乡绅以外,普通农民与国家的联系甚少。"在处于现代化之中的社会,扩大政治参与的一个关键就是将乡村群众引入国家政治"[1],并赋予其政治主体地位和民主权利。如何让

---

[1] [美]塞缪尔·P. 亨廷顿:《变化社会中的政治秩序》,三联书店1989年版,第68—69页。

农民参与国家治理，行使民主权利，是现代化进程中国家治理的重要问题。中国共产党通过政治动员将农民动员进政治体系，但也面临着通过政治参与吸纳农民，从而建设民主国家的挑战。人民公社体制的重要缺陷之一就是农民的动员性参与而非自主性参与。替代公社体制的村民自治的一个重要积极后果是农民自主参与村务管理，并作为参与更大范围公共治理的基础和条件，由自治通向民主。这就是倡导村民自治的原全国人大常委会委员长彭真所说的："十亿人民如何行使民主权利，当家作主，这是一个很大的根本的问题。我看最基本的是两个方面：一方面，十亿人民通过他们选出的代表组成全国人大和地方各级人大，行使管理国家的权力。……另一方面，在基层实行群众自治，群众的事情由群众自己依法去办，由群众自己直接行使民主权利。""没有群众自治，没有基层直接民主，村民、居民的公共事务和公益事业不由他们直接当家作主办理，我们的社会主义民主就还缺乏一个侧面，还缺乏全面的巩固的群众基础。"[①] 村民自治内含着民主的要素，同时也是民主的根基。中共十五大报告指出："扩大基层民主，保证人民群众直接行使民主权利，依法管理自己的事情，创造自己的幸福生活，是社会主义民主最广泛的实践。"自治是村民在日常生活中公共事务的参与并培养其能力，从而为民主创造主体条件。没有自治的民主是不牢固的。

"找回自治"在于其内在的价值，从而获得其生命力。但内在价值只是一种理想类型，事实状态却与理想状态不相吻合，甚至大相径庭。这在于内在价值还必须有合适的外在形式加以实现，而形式在不同时期受到相应的制约。

## 二 村民自治实现形式的三个波段及特点

治理是一个过程。从自治的角度看，中国农村村民自治的实现形式经历了三个波段并有其特点。

第一波段：以自然村为基础自生自发的村民自治。1950年代农村

---

① 彭真：《通过群众自治实行基层直接民主》，载《彭真文选》，人民出版社1991年版，第607—608页。

实行人民公社体制，而这一体制的基础并不牢固。自人民公社产生以来，国家就力图通过外部性手段，甚至高压方式加固体制，如不间断的社会主义思想教育和"四清运动"等。1970年代后期，政治压力减轻，包产到户再次抬头。① 包产到户的出现从根本上动摇公社体制，并造成治理困难。特别是公社体制的"三级所有，队为基础"的生产小队层次面临的挑战更大。生产小队是直接从事生产的单位，生产小队队长主管生产。当生产经营由农户直接负责之时，生产小队队长就会成为多余的人。正如当年的农民话语所说"生产到了户，不再要干部。"但是，公社体制下的基层干部不仅负责生产，同时也管理其他社会事务。公社体制解体过程中，尽管生产有农户自我负责，而基层公共事务和秩序却陷入无人管理的"治理真空"状态。特别是农村社会治安问题日益突出，引起中央高层的高度关注。伴随公社体制解体，如何有效进行乡村治理成为重要问题。正是在这一背景下，广西宜山（现宜州）、罗城一带出现了农民自我组织管理社会秩序的形式，得到了中央高度重视。

以当下国家承认的中国村民自治第一村的广西宜州市合寨村为例，当时的村民自治萌生有如下特点：其一，以历史长期形成的自然村（当地称之为屯）为基础。合寨是由多个自然村共同构成的。这些自然村在公社时期又划分为若干个生产队。随着公社体制解体，生产队组织涣散，但作为农民居住单位的自然村仍然保留下来。合寨的村民自治首先就起源于该村的果作和果地两个自然村（屯）。其二，基于村民的内在需要。合寨位于几县交界，偷盗问题比较严重，一家一户难以防治，只能共同解决。其三，自我组织。村民自发组织起来自我解决治安等公共问题。解决问题过程中形成了自我组织，并定名为村民委员会。其四，历史传统。广西长期历史上位于国家边缘地带，合寨更处于边缘地带的边缘山村，自上而下的官治鞭长莫及，具有自治的久远传统。当公社体制解体之际，村民理所当然地依靠自治解决"治理真空"问题。其五，具有共同体基础。自然村的居民地域相近、利益相关、文化相连，具有共同体的特点，便于自治。合寨的村民自我组织起来不仅共同解决社会治安等公共问题，而且以

---

① 参见徐勇《包产到户沉浮录》，珠海出版社1998年版。

村规民约建立起村民的自律性。[①]

人民公社解体之际，农民通过自我组织和自我管理的方式解决了基层治理的紧迫问题，这使得国家治理者看到了自治的价值和力量，并加以充分肯定，将农民的自发行为转换为国家行为。1982年，国家第一次在宪法中提出了村民委员会的概念，并确定为基层群众自治组织。1987年全国人大常委会通过《中华人民共和国村民委员会组织法（试行）》，对村民委员会的内涵界定为村民自我管理、自我教育、自我服务的基层群众性自治组织。

无论是农民的自发行为，还是国家的法定行为，村民自治的实现形式主要是通过村民委员会加以实现。同时，《中华人民共和国村民委员会组织法（试行）》还明确规定："村民委员会根据村民居住状况，人口多少，按照便于群众自治的原则设立。""村民委员会一般设在自然村；几个自然村可以联合设立村民委员会；大的自然村可以设立几个村民委员会。"这一规定将"村"界定为"自然村"，意味着村民自治的实现形式是以"自然村"为轴心和基础展开的。

村民自治第一波段的主要成就是确立了群众自治的性质，其内涵则是自我管理、自我教育、自我服务。解决的主要问题是"治理真空"，自治以秩序为导向。

第二波段：以建制村为基础规范规制的村民自治。中国地域辽阔，人口众多，长期历史形成的自然村范围有大有小，农民居住有集居也有散居，这给在自然村基础上设立村民委员会带来了困难。更重要的是，村民委员会是作为人民公社体制的替代品设立的。人民公社组织体制是在国家规制下设立的，其经济基础是集体经济。设立公社体制的目的之一，是建立一个差别不大、相对平均的共同体社会，鼓励其规模愈大愈好，即"一大二公"。但是，过大的规模显然不利于管理，过于平均的主张难以调动积极性，为此，1960年代国家确立了"三级所有，队为基础"的体制，执政党领导人毛泽东还专门批示，"队"是指生产小队。生产小队的规模相对较小，一般在百多人左右，便于生产管理。同时，生产小队与历

---

[①] 参见徐勇《伟大的创造从这里起步——探访中国最早的村委会的诞生地》，《炎黄春秋》2000年第9期。

史上存在的自然村大致匹配。尽管人民公社属于"政社合一"的组织，但其层级的功能还是有差别的。公社的政权功能较强，生产大队具有一定的行政功能，而生产小队主要是生产功能。生产小队是基本生产单位、经济基本核算单位，也是基本的居住单位。

1984年，公社体制开始废除。由于包产到户已自动延续农村经济发展，国家在农村最为紧迫的任务是农村公共治理，其方针是实行"政社分开"，恢复乡镇政府，接替原公社所具有的政权组织功能，在乡镇以下设立村民委员会，由村民自我管理本村范围的公共事务。1987年，随着《中华人民共和国村民委员会组织法（试行）》的贯彻，全国在乡镇以下设立了村民委员会，形成"乡政村治"体制。

为了迅速替代公社体制留下的"治理真空"，全国大多数地方是在原公社基础上设立乡镇，在原生产大队基础上设立村民委员会，在原生产小队基础上设立村民小组，形成"乡镇——村民委员会——村民小组"体制。但是在广东、广西、云南三个省区，分别在乡镇和村一级设立了乡镇派出机构，形成"乡镇——管理区（村公所）——村民委员会"体制，其村民委员会大多设立在自然村。为了统一规范村民委员会制度，1998年全国人大常委会修订通过了《中华人民共和国村民委员会组织法》，其重要修订内容就是从法律上取消了"村民委员会一般设在自然村；几个自然村可以联合设立村民委员会；大的自然村可以设立几个村民委员会"的规定，而增加了"村民委员会可以根据村民居住状况、集体土地所有权关系等分设若干村民小组。"广东、广西、云南也改变了原有体制，与全国一样实行"乡镇——村民委员会——村民小组"体制。

1998年法律规定的村民委员会所在的"村"不再是"自然村"，而是建制村，即国家统一规定并基于国家统一管理需要的村组织，且是村集体经济单位。建制村是国家统一规范和规制的产物。1998年之后，中国的村民自治的实现形式就是以建制村为基础而展开的。

相对于自然村而言，建制村的规模较大，一般在2000人左右，由此需要新的方式加以组织和治理。由于村民委员会属于群众自治组织，由政府指派其领导人已不具有法定意义。而在一个村民相互不熟悉的村庄，也难以如自然村一样依靠共同习俗加以组织和治理。于是，在村民委员会建设中，出现了不得已的"海选"方法，即将村民委员会组织领导人的产生完全交由村民直接选举产生。这一做法与 1990 年代的民主潮流高度吻合，被视之为社会主义基层民主的重要内容。1998 年修订通过的《中华人民共和国村民委员会组织法》在规定村民委员会性质时，除了保留原有的三个自我以外，就是增加了"实行民主选举、民主决策、民主管理、民主监督"的内容。如果说"三个自我"是 1980 年代村民自治实现形式进展的主要成果的话，那么，"四个民主"则是 1998 年以后村民自治实现形式的重要内容。自 1998 年之后的中共历次代表大会报告都是将村民自治置于基层民主的框架下论述的。无论是政治体制安排，还是学界研究，民主的范式都取代了自治的范式。这对于将传统自治体系纳入到现代民主体系的导向下无疑具有重要意义。

然而，从自治的角度看，以建制村为基础开展村民自治遭遇了极大困难和体制性障碍。其一，行政抑制自治。建制村作为国家的基层组织单位，仅国家法律赋予其法定的行政职能就达 100 多项。正因为如此，建制村又被称之为"行政村"。大量的行政任务要通过建制村的村民委员会加以落实，由此导致村民委员会的"行政化"。村民自治事务难以通过村民委员会这一组织加以处理。其二，体制不利自治。建制村更多是基于国家统一管理的需要。尽管法律仍然保留了"根据村民居住状况、人口多少，按照便于群众自治"的原则设立，但也增加了"有利于经济发展和社会管理的原则设立。"建制村的设立更多的是从后者考虑的。从国家的经济发展和社会管理看，建制村规模较大，更合适一些。但是，自治属于直接参与行为，对地域和人口范围要求更高。规模过大、人口过多不便于群众自治。特别是 2006 年废除农业税，为减少财政支出，一些地方实行"合村并组"，村组规模扩大，直接参与性的自治更难。尽管法律上在直接参与方面作出了由村民代表会议代行村民会议部分职责，但事实上村民代表会议召开也困难。其三，外力制约自治。随着我国经济发展，城乡差距日益扩大。为了解决日益突出的农村问题，国家更多的是运用外部性力量。如废除农业税，建设新农村更多的是政府主导。开放的市场经济也造成传统村庄共同体日益解体，农村内生的自我治理能力减弱并被忽视。

正在于以上因素，使得建制村基础上的村民自治难以有效实现，甚至陷于制度"空转"，难以"落地"，村民自治在农村治理过程中"失落"。

第三波段：在建制村之下的内生外动的村民自治。村民自治在农村治理中的一度"失落"，并不意味着村民自治没有价值，相反，其内在价值总会让其不断在实践中展示自己的力量。

进入 21 世纪以来，突出的三农问题和扩大的城乡差距，使得执政党一再将解决好三农问题作为全党工作的重中之重。特别是农村治理问题成为三农问题的重要内容之一。在这一影响下，地方政府采取了许多积极干预措施。如经济最发达的广东省加大对农村的投入，以改变急剧扩大的城乡差距。重庆市开展干部下乡"三进三同"，江西省开展"十万干部下基层，排忧解难促和谐"活动，湖北省推进"万名干部进万村入万户"，山西省"六个一五个不准"促干部下乡驻村常态化，安徽省"五级书记带头大走访"，内蒙古自治区组织"万名干部下基层"，广西壮族自治区推行"美丽乡村 清洁广西"的干部下乡活动。这些活动对于改变农村无疑具有推动性。但是，农村的主体毕竟是农民。没有农村内部主体性力量的激发，农村改造和改变难以持久。正是在寻求解决农村治理之道的背景下，一些地方的村民自治再次活跃。

广东是中国经济最为活跃和发达地区，但其内部的差距，特别是城乡差距甚大。位于广东西北部的云浮市是欠发达地区，不仅农村经济相对落后，社会建设也很欠缺。2010 年以来，该市努力探索不同于珠三角地区的科学发展道路，并将农村社会建设作为重点之一。社会建设需要社会参与。在促进社会参与中，该市在乡镇、村、村民小组建立三级理事会，特别是以组（自然村）为单位的理事会，开发农村内在的资源，在兴办农村公益事业中发挥了重要作用。时任省委书记的汪洋数次去云浮考察农村社会建设和社会参与成果。

清远位于广东北部，是中原文化与岭南文化的交汇处，保留了完整的农村自然村形态。这些自然村大多有家族传统，内聚力和自治性较强。近些年，该市一些地方运用自然村的自治力量兴办公益事业，解决了不少问题。清远市为此推进体制改革，将村委会下沉到自然村，在乡镇与村委会之间建立党政服务站，回归了 1998 年之前的乡村治理体制。

广西在新农村建设中，将"美丽乡村 清洁广西"作为重要内容，并下派大量干部到农村清洁乡村，整治环境。但外部力量总是有限的，在一些非干部负责的典型村地方，只能开发和利用当地的力量，其方式就是在建制村以下的屯建立理事会,组织农民参与清洁乡村活动。比较典型的是村民自治发源地的河池。之后,当地的领导人认为此办法可行,将党的基层组织与村民自治结合起来,创造"党领民办,群众自治"机制,并将自治内容扩展到更为广泛的范围。广西贵港市也有类似的做法。

为加强社会管理,湖北省宜昌市推行网格化管理,成为全国的典型。后来,网格化管理在全省农村推行。但在分散的农村实行网格化管理显然困难较大,农村大量公共事务和公益事业还得依靠农村社会内部力量办理。宜昌秭归县是大山区,早在本世纪初就注意划小治理单位,提出农村社区建设。近年在建设"幸福村落"活动中,以利益相关和地域相近为标准,将建制村以下的村落作为自治单位,发挥村民内在的主动力量,实现自我发展。

以上案例具有以下共同特点:其一,运用农村内部力量参与解决农村社会问题。问题和解决问题的力量是内生的。其二,在解决问题过程中,运用的组织资源是在建制村以下,特别是利用自然村或者地域相近的村落建立起相应的自治组织。这些自治组织不具有行政功能,属于完全自治。其三,建制村以下的理事会组织不完全是农民自发建立的,而是地方领导发现了农民的内在力量,对村民自治活动加以总结提升后广泛推行的。如河池将党在农村的基层组织建设与村民自治组织建设联动起来,突出党组织的作用。其四,以上案例不约而同地将长期历史上的自然村(屯)作为自治单位,划小自治单元,反映了村民自治所需要和支撑的经济、社会、文化、地域、传统等相关因素。这些因素决定了要实现村民自治的价值,必须寻找其适合的实现形式。

地方出现的新的村民自治形式,在破解农村治理中长期存在而又十分紧迫的难题方面发挥了积极作用。一是有助于破解建立党领导下充满活力的村民自治机制的难题;二是有助于破解税费改革后农村公益事业办理中的"一事一议"的难题;三是有助于破解村民自治形式单一,建制村难以让村民自治"落地"的难题;四是有助于破解农村治理中被动维稳无法从源头根治的难题;五是有助于破解新农村建设中内力不够,持续性不强的难题。正是在此背景下,2014年中共中央1号文件提出了"探索不同情况下村民自治的有效实现形式,农村社区建设试点单位和集体土地所有权在村民小组的地方，可开展以社区、村民小组为基本单元的村民自治试点。"

## 三 建构多层次多类型的村民自治实现形式体系

2014年中共中央1号文件不仅肯定地方村民自治的探索，而且提出了探索村民自治有效实现形式的命题，并对探索的方向提出了试点意见。1号文件显然是考虑多方面因素的结果，同时也反映了对村民自治实现形式的不同意见和看法。

《乡镇论坛》是由主管村民自治事务的中华人民共和国民政部主管的杂志，该刊2014年第3期发表了署名"郑铨史"的文章《自然村设置村委会切莫一哄而上》。文章指出："有的人认为，村民自治的有效实现形式划在自然村或村民小组建立村委会。这种意见认为，在自然村层面选举产生村委会比建制村海选更有优势，更能适应村庄治理的需要。笔者认为，自然村和村民小组建村委会探索要慎之又慎，万万不可盲目跟风，把农村基层组织架构搞乱。"①

有关村民自治实现形式的探索及不同意见，反映了村民自治实践对理论研究和制度设计提出了新的要求，也开拓了村民自治的理论与实践空间。

首先，村民自治具有强大的内在价值。我国正处于现代化进程中。现代化在国家治理方面的要求是建构一个强大的现代国家，国家为主体的治理愈来愈深入地渗透到社会各个层面。相对于传统农业社会而言，现代国家的力量将大大压缩自治的空间，农民与国家的联系会愈来愈紧密。国家凭借工业财政所获得的巨大资源，也愈来愈依靠国家力量治理社会。一些地方动用成千上万干部帮助农民打扫卫生，修建水塘等，就反映了这一趋势。但也正是在这一过程中，充分暴露出国家力量的有限性。村民自治的第三波崛起，便是补充国家力量之不足的产物，并显示出村民自治的内在价值及其强大的生命力。

其次，村民自治需要有效的实现形式。村民自治作为一种制度已实施

---

① 郑铨史：《自然村设置村委会切莫一哄而上》，《乡镇论坛》2014年第3期。

30多年，但为什么这一制度未能完全"落地"和运转，为什么村民自治第三波实践都不约而同地在建制村之下开拓自己的空间，并取得相应成效，促使村民自治能够"落地"运转？其答案就是村民自治的内在价值一定要有有效的形式加以实现。没有有效的实现形式，村民自治的内在价值再大也无从反映，只能被"悬空"。

第三，村民自治的有效实现形式与一定条件相关。村民自治是一项植根于群众实践中的制度和活动，对实践的"社会土壤"要求特别高。只有合适的"社会土壤"，村民自治的实现形式才是有效的。村民自治第三波的共同特性就是在建制村以下开拓出村民自治的空间。这其中，就反映出村民自治内在的要求及其相应的条件。这些条件包括利益相关、地域相近、文化相连、群众自愿、便于自治等，涉及到产权关系、社会联系、文化认同、自治能力等深层领域的结构。正因为如此，1号文件提出的是"探索不同情况下村民自治的有效实现形式"，"不同情况"就是一个界定，要求村民自治形式不能"一刀切"。正是基于这一考虑，1号文件提出："农村社区建设试点单位和农村集体土地所有权在村民小组的地方，可开展以社区、村民小组为基本单元的村民自治试点。"

试点是一种社会试验，它的最大好处是为人们提供了认识和想象空间。1号文件提出"探索不同情况下村民自治的有效实现形式"，不仅仅在于将自治单元建立在什么层次，而在于提出了探索村民自治有效实现的命题，以供人们深度思考。

村民自治是来自于村民的自我治理活动，同时又是一项国家治理制度安排。因此，应该将其放在国家与社会的总体框架下考察。作为村民的自我治理活动，要求其多样性、灵活性；作为一项国家制度安排，又要求其统一性、规范性，并与国家治理相衔接。自治与他治总是相互联系，不可分离的。

当下，围绕村民自治有效实现形式的争论主要集中于村委会是保留在建制村，还是下沉到自然村或村民小组。从村民自治实现形式看，村委会下沉到自然村或者村民小组，可能更适宜于自治。但是，我们也要注意到，自治单位愈小，其自治范围和内容愈有限。从我国村民自治第三波看，大量村民自治事务都限于社会事务。而当下，村民的公共利益远远不止于自然村或村民小组，特别是大多数地方的集体土地所有权和国家公共管理权在建制村一级，村民的利益关联甚至已远远超出建制村，涉及到地方政府，如国家大量农村资金的下放由政府经手，直接涉及到农民利益。涉及到农民切身利益的事务也需要农民直接参与才能更好解决。当初彭真将村民自治与农民直接参与的基层民主相联结，并未将村民自治体现的基层民主局限于村务管理的范围。他具有战略眼光地指出："他们把一个村的事情管好了，逐渐就会管一个乡的事情，把一个乡的事情管好了，逐渐就会管一个县的事情，逐步锻炼，提高议政能力。"[①] 从一般意义看，自治和参与领域是逐步扩大的。当下，将村委会下沉到自然村或者村民小组，有助于激活村民自治，但从长远看，它又会限制自治和参与领域的扩展。

更重要的是，当下的争论尚局限于单一的"自治体"。应该说，自治单位或者"自治体"是村民自治的主要载体，但并不是唯一的载体。从村民自治的有效实现形式看，村委会并不是唯一载体，还可以并且需要有更多载体来体现。这就是本文所要主张的建构多层次多类型的村民自治实现形式体系。

相对于村民自治组织，即"自治体"而言，村民自治实现形式体系更为丰富。

1. 多层次。我国的村民自治自发产生于自然村，定型在建制村，再度活跃于自然村。与此同时，还有一些地方的村民自治形式超出建制村范围。这说明，村民自治的实现形式可以在多个层次上展示。将村委会设立在建制村或者自然村，不是核心问题，关键是如何有助于实现村民自治。从当下的自治条件看，自然村或者村民小组是基础，但建制村也不可替代。多个层次的自治方式可以不一样。

2. 多类型。我国村民自治定型于建制村，并以村民直接选举的"海选"为标志，形式较单一。而不同层级的村民自治，其形式可以而且应该是多类型的。特别是在自然村或者村民小组，更多的是沟通与协商。这在于自然村或者村民小组由于其地域、利益、文化等相关因素，其自主、自力、自律等自治元素更丰富一些，沟通与协商并达成一致更容易。"海

---

① 彭真：《通过群众自治实行基层直接民主》，载《彭真文选》，人民出版社1991年版，第608页。

选"反而可能会破坏自治体的"有机团结"。

3. 多样式。村民自治是村民自治治理，自己创造自己幸福生活的行为，它的样式是多样化的。除了公共政治生活以外，还包括经济、社会和文化领域的自治。在建制村以下，由于经济相关、地域相近、文化相连等因素，经济、社会和文化生活领域的自治活动更多，也更为丰富。它们也属于村民自治的实现形式。

4. 自治与他治的互动。在现代国家体系中，自治不是孤立的，必须在与他治的互动中寻求其空间。我国国家治理事实上会向两种逻辑发展：一是政府治理愈来愈深地介入和渗透农村社会，自上而下的治理是不可规避的，甚至内生于农民需要，如农村福利体系的国家建构；二是村民自治愈来愈多地扩展到国家治理领域，自下而上的参与也是不可避免的。当下存在的"村官大贪"和不少农村群体性事件事实上是国家管控不力和社会参与不足的共同产物。他治介入自治与自治参与他治是并行不悖的。中共十七大报告提出实现政府行政管理与基层群众自治有效衔接和良性互动。这要求村民自治是一个内容丰富的体系与其相适应。

为了建构多层次多类型的村民自治实现形式体系，一是要求具有战略远见的制度设计，以为村民自治的有效实现提供广阔的制度平台。平台愈宽广，活动的内容就愈丰富；二是要求深入研究村民自治实现形式的内在机理。如果说在建制村基础上村民自治阶段，理论研究主要是基于国家制度安排，是制度主义视角，那么，在探索不同情况下村民自治有效实现形式的过程中，理论研究更需要基于村民自治内在机理，从行为主义视角把握村民自治中的人、人的活动及其活动支配机制。

（原文刊载《华中师范大学学报》2014年第4期。原文题目《找回自治：对村民自治有效实现形式的探索》）

# 第十六章　重达自治：连结传统的尝试与困境[*]

历史常常有惊人的悖论。在现代化突飞猛进之际，却是古老传统的复兴和挖掘。这充分体现了历史延续性的巨大韧性。传统的复兴是因为有基础历史社会基础，传统的发掘能否达到发掘者的目的，却有待实践证明。本文试图以广东省云浮和清远两市重建自然村传统为例，考察和分析当下中国农村自治过程中挖掘传统自治资源的努力和困境过程。

## 一　发现传统的背景与基础

### （一）超速发展中的广东苦恼

广东省是中国改革开放的前沿地带，也是经济发展最为迅速和活跃的地带。多项经济指标常年雄踞全国第一。外来人口大量涌入广东省。全国流动人口的 1/3 流入到广东省。由此有了"东西南北中，发财到广东"的说法。广东省的经济社会可以说是超速发展。

但是这一超速发展也带来了所谓的"广东苦恼"。其中之一就是基层治理紊乱，广东省因此成为全国群体性事件高发省份。特别是大量群体性事件经过高度开放和发达的资讯的传播广泛扩散，引起世界性反响。其中最为著名的典型事件有两起：

一是"太石村事件"。这一事件是指 2005 年 7 月广东省广州市番禺区太石村对在任村主任进行罢免而引起广泛关注的群体事件。罢免事件因部分有影响人士和学者的参与、大量媒体的曝光评论与当地政府的使用武

---

[*] 本文与吴记峰合作，在此致谢！

力而广为关注。事件起因是该村村民对村干部不满，质疑其贪污腐败，从而要求依法罢免干部职务。当地镇政府启动审计，认为村干部没有村民反映的行为。村民和政府意见冲突并因各种因素而不断升级，由此引发运用警力的群体性事件。

二是"乌坎事件"。2011年发生在广东省汕尾市所属陆丰市的一起规模较大的群体性事件。此事件开始于2011年9月因土地问题村民与政府发生矛盾，9月22日陆丰东海街道乌坎村有三四千人围攻陆丰市政府大楼与派出所，不久获政府答复，可问题没有实质解决。乌坎村之后再爆发多次示威，警民发生激烈打斗，之后粤东其他一些村落也出现示威，乌坎村的村民在12月9日起每天在村内天后宫戏台前集会示威，且在游行时通往陆丰政府大楼时与警方爆发冲突。这一事件导致由广东省委副书记组成的工作组的直接干预才得以平息。

### （二）巨大的新加坡诱惑

改革开放无疑前所未有地激发了压抑已久的巨大社会活力。但是，这种活力如果不加以适度管控，也会发生动荡不安。邓小平早在改革开放初期就意识到这一点，试图将坚持四项基本原则与推进改革开放作为两个基本点来寻求自由与秩序的平衡。正如著名美国学者傅高义所说："重新定义和管理自由的边界。也许邓小平当初面对的最棘手的问题就是设定自由的边界，既可以满足知识分子和公众的要求，同时又保证领导者能够维持公共秩序。"[1] 同时，邓小平对由李光耀先生领导下的"新加坡模式"表示极大的兴趣。

广东省自20世纪80年代致力于改革开放和经济发展，当时的主政者还未及充分品味邓小平的洞见。进入新世纪，广东省经济超速度发展的同时也出现了大量的社会矛盾和冲突，有效的社会治理成为重要课题。地方主政者除了应对突发和群体性事件以外，也在思考建构有效治理的长效机制。其中，在经济高速发展中保持稳定与和谐、自由而有序的新加坡成为重要典范。广东省主政者持续不断访问新加坡。2001年5月，中共中央政治局委员、广东省委书记李长春率领代表团在新加坡访问三天。2008

---

[1] 傅高义：《邓小平的遗产》，《南风窗》2012年第1期。

年 9 月，接任李长春的中共中央政治局委员、广东省委书记汪洋率领代表团访问新加坡。汪洋表示，新加坡在产业转型升级、社会管理等方面有许多成功的经验，广东将结合自身实际学习吸收，探索发展新路。① 2012 年 6 月，汪洋再次率领代表团访问新加坡，与三任总理会晤，其中的一个重要内容就是借鉴新加坡社会管理的成功经验。他表示，新加坡从自身实际出发，吸收西方国家在现代化过程中的成功经验，用东方文明的方式进行再创造，在社会治理、构建多元和谐社会等方面积累了丰富的经验，理念先进，值得广东学习借鉴。② 大量广东省领导干部赴新加坡学习社会管理，新加坡南洋理工大学成为广东省领导干部的培训基地。

### （三）民间社会和家族自治的传统基础

经济高度自由与社会和谐有序的新加坡对于为社会管理苦恼的广东省无疑具有极大的诱惑。而新加坡的社会和谐有序的基础则在于基层治理，基层治理成效的重要经验是历史传统的延续。汪洋在新加坡访问时还专门考察了其基层社会管理格局，表示要结合广东实际加以学习借鉴。

而广东省基层社会的实际是什么呢？是长期延续的社会自治传统。在中国历史上，广东省长期处于"天高皇帝远"的边陲地带，皇权鞭长莫及。相对内地而言，广东省的民间社会发达，家族影响力强，社会基本单位是一个个家族构成的自然村，基层社会治理主要依靠家族自治。民间社会和家族自治在基层治理中扮演着重要角色。尽管 20 世纪以来，广东省的基层社会发生了重大变革，但民间社会和家族自治传统仍然以各种形式顽强地延续。新加坡运用传统实现有效治理的成功经验无疑为广东省主政者将眼光投向本土传统提供了启示和动力。

## 二 重达自治的尝试

在广东省开发民间社会资源，推进民间社会自治过程中，云浮市和清远市是两个典型案例。

---

① 《南方日报》网络版，2008 年 9 月 16 日。
② 《南方日报》2012 年 6 月 5 日。

### (一) 云浮的理事会组织

改革开放以来，广东省尽管全省的经济社会超速发展，但内部发展极不均衡。用汪洋的话说，全国最富的地方在广东，最穷的地方也在广东。2007年他担任广东省委书记之后，特别关注落后地区的发展，并希望落后地区按照科学发展观的高要求闯出一条新路。云浮市位于广东省西北，与广西接壤，是一个建立时间不长的地级市。与发达的珠三角地区相比，云浮市属于欠发达地区。2008年9月，王蒙徽从外地调到云浮担任市委书记。王毕业于清华大学，是典型的善于思考的知识型领导，且有长期担任地方领导的实践经验。他上任后就在思考：云浮如何发展？是模仿珠三角，还是走出自己的新路？2008年10月，汪洋到云浮农村考察，对云浮农村改革发展提出了要求。王蒙徽及云浮市委根据科学发展观的要求和汪洋的期盼及其广东省赋予的"全省农村改革发展实验区"的定位，决定探索一条与珠三角模式有所不同的发展道路。这就是统筹兼顾，推动城乡协调发展，在经济发展中更加重视社会建设和社会管理。

社会建设和社会管理不仅是珠三角发达地区的短板，也是云浮市发展中的短板。特别是作为欠发达地区，不仅农村经济发展落后，作为社会建设中核心内容的公共服务也十分欠缺，民生问题突出。云浮市在统筹城乡发展过程中，从社会建设入手，将公共服务的重心延伸到农村基层，着力改善农村民生。这一举措显然大得民心。但是在实施过程中，也遇到了一个全国性问题，这就是新农村建设和公共服务延伸至基层，主要是政府行为，为政府主导，基层社会民众参与不足。由此会造成两方面后果：一是大量社会事务仅仅依靠政府的力量是远远不够的。特别是农村居住分散，政府的能力有限，不可能包揽农村所有公共事务。二是仅仅依靠政府力量，农村社会建设缺乏可持续的动力，许多公共服务甚至难以取得预期成效。例如，长期以来，农村公共环境是一个管理"空白地带"。一家一户的经营造成"各人自扫门前雪，莫管他人瓦上霜"。改革开放以来，物质生活条件有所改善，农村公共环境卫生问题更为突出。云浮市将处理村庄垃圾作为政府公共服务的重要内容，给每村都配备了垃圾桶。但其成效并不好，村民并不能自觉将垃圾倾倒在桶内，有的甚至连垃圾桶也因无人看管而不翼而飞。

显然，在社会建设和公共服务中，仅仅有政府主导是远远不够的，还需要有群众主体和作为主体的群众参与。群众参与则需要必要的组织渠道。而现有体制性渠道远远无法满足群众参与的需要。这就是，时下的农民参与主要以村委会为单位。村委会尽管是法定的自治组织，但主要从事的是自上而下的公共管理事务，大量的村委会无力承担村民自治事务。特别是农村税费改革以后，为减少对村干部的补贴，实行合村并组。村委会规模大，包括若干个自然村。而村委会之下的村民小组仅有一个小组长，实际上难以发挥组织村民自治的作用。依靠村委会的自治实际上被"虚置"，除了法定三年一次选举以外，村民自治的作用十分有限。为吸纳更多村民参与，云浮以三级理事会为平台，建构社会建设和群众自治的基本单元。强调"民事民办、民事民治"的原则，在村民小组、行政村、乡镇探索建立"组为基础、三级联动"的理事会制度。通过"组为基础"，解决公共服务和基层治理进得了村，入不了户的"落地"问题；通过"三级联动"解决政府行政管理与基层群众自治的"对接"问题，完善基层治理体系。

村民理事会是更具有民间性的社会自治组织。其基础是自然村，主要成员是一些有名望的人，包括老党员、不在职的老干部、外出务工经商有成就的"乡贤"等人。通过理事会将村民聚集一起，形成自治和参与团体。理事会在相当程度是对自治传统的复归。首先，理事会成员主要是当地的有社会威望的人，特别是老人。这些人是本家族和本村落辈分较高的人，能够依靠家族代际形成的权威影响、感召本家族和本村落的人。其次，理事会利用文化传统习俗聚合本家族和本村落的人，以自然村为基础，形成人与人、家与家之间的横向联系，建立起共同体的内聚力和认同感。再次，理事会的主要功能是聚合本家和本村的人兴办公益事业，能够得到共同体成员的拥戴。而诸如垃圾处理等公共事务的处理有了理事会的参与，就能够更好地持续运行。如理事会组织村民监督垃圾的收集和垃圾桶的保管。

云浮通过建立理事会开发传统自治资源，重新达致自治，促进社会建设的成效显著，并得到领导人的高度赞赏。汪洋不仅对云浮探索作过先后五次批示，而且到理事会最成功的云浮市云安县横洞村考察，并在云浮市干部会议上发表讲话，希望云浮市在切实加强基层党组织核心作用的基础上，把制度优势与传统文化有机结合起来，充分利用中华民族优秀传统文化底蕴，积极发挥乡贤作用，不断总结、完善和巩固理事会的运行机制，为全省加强社会建设创造新鲜经验。①

**(二) 清远的自然村建制**

清远位于广东省北部，与云浮一样，也属于欠发达地区。2011年9月，葛长伟出任清远市委书记。葛是汪洋的安徽同乡，特别是长期担任汪洋的秘书，对汪洋的治理思路有直接的感悟。云浮建立理事会，是增量改革，即原有的村组架构没有变动。葛担任清远书记以后，在云浮基础上更进一步，着手对原有的基层治理体制进行改革，其核心就是将自治单位缩小到自然村。

自然村是南方农村的基本组织单位。长期历史上，乡村自治都是以自然村为基础展开的。1980年代初期，随着人民公社体制的解体，广西宜州一带出现村民自治，便是以自然村为基础的。因此，1987年通过的《中华人民共和国村民委员会组织法（试行）》第七条规定，村民委员会一般设在自然村。但是，由于村民委员会并不是完全的群众自治组织，它还承担着大量法定的公共管理职能，多达100多项法律赋予了村委会以职责。1998年修订通过的《中华人民共和国村民委员会组织法》取消了"村民委员会一般设在自然村"的条款。人们通常称村民委员会为"行政村"。在南方，自然村的规模较小，大多是若干个自然村共同组建成一个村委会。这种共同组建的村委会更多的是行政职能，其自治功能较弱。一是集体土地属于自然村；二是自然村的家族性强，对内具有内聚力，对外具有排斥性，自然村之间很难形成有机的自治体，也难以联合起来自我服务和自我管理。清远市正是针对这一状况，提出了将自然村作为基本自治单位的举措。2012年10月，葛长伟到清新县南部的三坑镇、太平镇实地考察。他表示，多年的实践表明，以村委会一级作为村民自治单位，由于有的村委会人数众多而难以统一意见，村民自治也很难落到实处。亨图村以自然村一级作为村民自治单位，村民同姓同宗，更容易协调处理村民邻

---

① 《南方日报》2011年11月2日。

里矛盾，村民自治更有效，这种探索很有价值。①

2012年11月28日，清远市召开的完善村级基层组织建设推进农村综合改革（清新）现场会，并发布《中共清远市委清远市人民政府关于完善村级基层组织建设推进农村综合改革的意见（试行）》。其主要内容是：推进村民自治下移，将现有的"乡镇—村—村民小组"调整为"乡镇—片区—村（原村民小组或自然村）"的基层治理模式。

在乡镇以下根据面积、人口等划分若干片区，建立党政公共服务站，作为乡镇派出机构，承办上级交办的工作、开展公共服务和为群众提供党政事项代办服务；在片区下以一个或若干村民小组（自然村）为单位设立村委会，开展村民自治；建立村民理事会，作为重新划分的村委会成立前的过渡性自治组织；建立村务监督委员会，承担原村民理财小组、村务公开监督小组的监督职能；建立农村集体经济合作社及联社，或者股份经济合作社及联社等集体经济组织，履行提供生产服务、协调管理、兴办企业、资产保值增值、收益分配等职能；推进党组织设置重心下移，乡镇党委下辖片区设立党政公共服务站的同时建立片区党总支，在片区下辖的村（原村民小组或自然村）建立党支部。

清远市基层治理体制改革的核心是治理重心下移到自然村，缩小自治规模，实行行政与自治的分离，最大限度发挥基层自治的作用，重新达致自治。尽管其体制性改革还在进行之中，但重视自然村和民间自治的作用已成气候。2013年6月，笔者到清远市下属的佛冈市的一个自然村考察，目睹村民积极响应政府建设新农村号召，主动平整道路的景象。兴办公益事业的带头人便是成立不久的村民理事会。由村民理事会出面，比由政府出面调整修路占用农田的成效更好，村民认为修路是为自己做事。理事会是村中有威望的老人、能人、好人，能够得到村民的认同。将自治单位下沉到自然村，无疑可以激活原有的村庄内聚力。该村在历史上是由一个耍猴的人延续下来，全村同姓，修建有供奉祖宗的祠堂，平常就在祠堂内议事的传统。自然村建制肯定了这一传统，促进了村庄自治和有效治理。该村一名理事会成员表示，尽管我们村的祖宗是耍猴的，但是团结合心、人丁兴旺，比其他村要好。

---

① 《清远日报》2012年10月11日。

## 三 重达自治的困境

广东省云浮和清远两市通过建立村民理事会和设立自然村建制,有助于开发传统的自治资源,激活村民自治机制,重新达致自治。但是,在这一过程中,也面临着诸多困境。

在云浮,重达自治的困境主要是理事会组织与原有的组织体制之间的协调整合问题。1949 年以来,国家在农村建立起完备的自上而下的党政治理体系,即便是村委会,也具有准行政组织的特点,日常工作中更多的是面对上级而不是群众,村民自治的空间较小,村民自治受到体制上压抑。这正是村民理事会兴起的主要背景。但是,村民理事会出现后,也有可能与原有的主体性组织产生结构性磨擦。这是因为,原有的党组织和村委会组织仍然得承担大量自上而下的行政事务,而这些事务有相当部分并不一定受到群众的认同和支持,甚至会受到村民反对。如计划生育工作在农村仍然是一道难题,还不可能得到村民的完全认同。党组织和村委会组织还得承担这些容易得罪人的公共管理事务。村民理事会属于完全的社会自治组织,它所承担的公益事业广受村民认可和欢迎,其群众基础更为雄厚。村民理事会的设立和运行,有可能弱化原有主体组织的基础,造成党组织和村委会组织在自然村一级的"虚化"。汪洋一方面高度肯定村民理事会的作用;另一方面,他也注意到有可能产生的党政与自治的困境。为此,他希望在切实加强基层党组织核心作用的基础上,把制度优势与传统文化有机结合起来。

云浮的理事会组织最初设想建立在组、村、乡镇三级,但实际效果是组一级的理事会效果更好。因为,在现有体制下,村和乡镇治理主要还是党政主导,理事会成立较困难,运行更不容易。2011 年,王蒙徽晋升福建副省长,原云浮市长黄强担任市委书记。2012 年,黄强在接受南方日报记者采访时表示,当前进行的许多改革措施,方向都是对的,但是要深化改革的着力点,有所侧重,尽量发挥其所长,如三级理事会制度的着力点就在于自然村的村民理事会,因为自然村的村民理事会最有成效。[①] 但

---

① 《南方日报》2012 年 3 月 28 日。

是，即便是在自然村，村民理事会的运行也遇到诸多困难。这就是农村空心化程度高，能人贤人外出多，村民理事会难以成立，同时也缺乏治理资源，没有更多能力兴办村民受欢迎的公益事业。

在清远，重达自治的困境主要是体制资源的再调整和配置问题。在云浮，由于治理体制未变，治理资源的配置问题尚不突出。而在清远，自然村建制直接涉及到治理体制的改革，治理资源的调整和配置问题格外突出。行政村一级之所以容易行政化，主要在于治理资源来自于政府。村政管理和村干部收入来自于政府拨付。清远将自治单元缩小到自然村，在自然村一级仍然设立有村委会和党支部。本来是寄希望自然村建制更充分发挥村民自治功能。但是，自然村的村干部和村务管理仍然需要政府配置治理资源，乃至拨付工资。因此，自然村建制在清远的推行阻力较大，进程不理想。如果不提供资源，自然村干部缺乏积极性。如果提供资源，无疑又会增加一级治理机构，反而会增大治理成本，并造成自然村建制再行政化。

## 四 地方尝试与普遍价值

广东省云浮和清远两市通过自然村连结传统以重达自治，尽管是地方性尝试，但却具有普遍性意义。

在中国长期历史上，"皇权不下县"，乡村实行自治。但这种自治是建立在家族社会基础上的。一家一户的小农经济使农民具有高度的离散性，通过以家族为单位的自治，将村庄内部的家户连结起来。由此形成上下分离的社会结构。一般民众只有家族和村落概念，而无国家意识。孙中山先生因此认为，传统中国处于"一盘散沙"状态。他说"在清朝时代，每一省之中，上有督抚，中间有府道，下有州县佐杂，所以人民和皇帝的关系很小。人民对于皇帝只有一个关系，就是纳粮，除了纳粮之外，便和政府没有别的关系。因为这个缘故，中国人民的政治思想就很薄弱，人民不管谁来做皇帝，只要纳粮，便算尽了人民的责任。政府只要人民纳粮，便不去理会他们别的事，其余都听人民自生自灭。"[1] 基层社会民众大量

---

[1] 孙中山：《三民主义》，岳麓书社2000年版，第89页。

"别的事"是由家族等基层社会组织来处理的。因此,"中国人的团结力,只能及于宗族而止,还没有扩张到国族。""中国人最崇拜的是家族主义和宗族主义。"①20世纪以来,随着现代国家建设,特别是中国共产党领导下的"政党下乡"和"政权下乡",国家政权力量一起延伸到村户,建立起自上而下的纵向治理关系。而与此同时,传统的村民之间的横向组织联系却大大弱化了,家族甚至长期被视为"封建落后力量"受到抑制和防范。1980年代以来,国家在农村实行村民自治,试图以村民委员会重新建立村民之间的横向联系。但是由于村委会的行政化,村民自治的活力未能激发出来。特别是市场经济的发展,更加弱化了村民之间的联系。农村社会处于离散化状态。村民的自我管理、自我服务和自我发展的能力弱。面对"一盘流沙"②的农村基层社会,高度发达的纵向治理往往也无能为力,甚至处于被动和冲突状态。

云浮和清远通过理事会组织和自然村建制,建立村民之间的横向联系,将现代治理与传统文化连结起来,重达自治,就是要解决基层治理中"纵向到底"而"横向未到边"的问题,因此具有普遍性。同时,两市的开发传统治理资源的尝试也确有成效,具有方向性意义。这是因为,传统与现代并不是对立的、割裂的。特别是乡村社会是长期历史自然形成的,其历史的延续性更强。传统社会的家族自治有其特有的功效。这在于家庭是一个由于时间序列不同而形成的代际组织单位。家户是家户成员代际传递的自组织体系,前辈抚育后辈,后辈赡养前辈,是一种自然生成,天经地义的行为,由此形成家庭内部的老人权威和长幼有序的秩序,即"男女有别、长幼有序"和"父为子纲、夫为妻纲"的制度规范。这种权威和秩序是内生的,并内化于家庭成员的精神之中,具有强大的自治力量。费正清因此认为,中国式家庭"一个好处是,一个人自动认识到他在家庭或社会中所处的地位。他有一种安全感,因为他知道,如果他履行了指定给他的那部分职责,他可指望这体系内的其他成员反过来也对他履行应尽的职责。"③家户是个人的社会保障和安全根基。国家只要稳固了家户,

---

① 孙中山:《三民主义》,岳麓书社2000年版,第2页。
② "一盘流沙"是指分散而又流动的状态。
③ [美]费正清:《美国与中国》,世界知识出版社1999年版,第24页。

不仅能够获得财政、兵役，而且能够获得秩序和忠诚。"国之本在家","家齐而后国治"。① 正因为家户是一个经济上自给自足、政治管理上自治自治的单元，国家统治无须下乡直接管理。郡县制是以家户制作为基础的。同时，家族自治寓于日常生活之中，依靠人们耳濡目染的文化习俗维持秩序。这种源于日常生活的"小习惯"，可能比自上而下的"大道理"更能"入脑入心"。特别是中国农村经济社会的传统性还相当强。没有传统的连结和支撑，现代治理缺乏牢固的历史和社会基础。

当然，云浮和清远两市重达自治的困境，说明连结传统的作用还是有限的。这在于传统的根基和环境变化了。其一，文化传统缺乏根基。文化传统具有连续性。在20世纪，中国的文化传统受到革命的激烈冲击，几乎中断。特别是对于"文化大革命"及其之后出生的人来说，几乎没有多少传统文化根底。家族自治主要依靠老人主事，属于"长老统治"②，而青年人并没有太多的"尊老"意识。其二，自治的主导力量缺乏。传统自治主要依靠"乡绅"主导。有经济和政治地位的"乡绅"通过主办公益事业获得社会名望。他们无须从中获得经济报酬。而当下乡村已无"乡绅"，绝大多数干部从事公共事务，都希望获得报酬。而农村的资源又相当匮乏。其三，传统习俗缺乏影响力。传统乡村是不流动的固定的，传统习俗具有强大的约束力。而当下乡村处于流动状态，农民一旦流出乡村，传统习俗就缺乏约制性。

（原文刊载于《探索与争鸣》2014年第4期）

---

① 《礼记·大学》。

② 费孝通：《乡土中国》，人民出版社2008年版。

# 第十七章　厘清农村基层组织单元的划分标准[*]

我国的村民自治是在以建制村基础上建立的村民委员会为主体展开的。由于建制村（行政村）规模过大，难以摆脱的行政化等问题，造成自治困难，自治制度被悬空而无法落地，以致于有人认为"自治已死"。然而，近些年，一些地方根据实际情况，积极探索如何将悬空的自治制度"落地"为实践，将自治的重心下沉到建制村以下，并取得了较好的成效。2014 年和 2015 年两个中央 1 号文件都提出积极探索不同情况下村民自治的有效实现形式，鼓励扩大以村民小组为基本单元的村民自治试点。尽管地方探索成效明显，中央政策精神也鼓励，但由于对为什么要重视寻找村级以下的自治形式，探索以村民小组为基本单元的自治，缺乏充分的理论探讨，特别是对于划分基本组织单元的标准缺乏系统的研究。这就限制了地方经验的推广和中央精神的接受。本文试图从历史与现实的角度，梳理不同时期农村基层组织单元的划分标准及其变异，以为自治落地提供理论依据。

## 一　"政社合一"下的基层组织划分标准

我国的村民自治是在人民公社制度下形成的，人民公社组织单元形式对于后来的村民自治单元有重要影响，只是因为其组织性质不同而划分标准不一。

新中国成立之初，经过 1950 年代的农业社会主义改造，我国的农村

---

[*] 本文与郝亚光合作，在此致谢！

基层组织发生了重大变革，最后于1958年定型于人民公社体制。人民公社是对农村基层社会的全面变革。国家建构公社的目的是为适应生产发展的需要，逐步地、有次序地把工（工业）、农（农业）、商（商业）、学（文化教育）、兵（民兵，即全民武装）组成一个大公社，继而在高级农业生产合作社的基础上联合组成了互助、互利的集体经济组织——农村人民公社。在国家规制下设立人民公社体制目的之一，是建立一个差别不大、相对平均的共同体社会，鼓励其规模愈大愈好，即"一大二公"。

人民公社是适应农业生产需要，在初级合作社、高级合作社基础上合并而成的，组织规模比原初级社和高级社都要大，内部结构和权属关系也要复杂得多。起初，生产核算单位确定在公社一级，以便公社统一管理，由此出现了"一平二调"的现象，公社以下的基层组织的积极性受到影响。之后，一些地方又将管理单位下沉到生产大队一级，但是仍然由于规模过大，平均主义问题严重而造成治理困难，从而影响农民生产积极性。1950年代末和1960年代初的经济严重困难与此不无关系，之后，农村基层组织管理体系才引起中央高度重视。1961年中央工作会议通过了《农村人民公社工作条例（草案）》（即"人民公社60条"）。这一条例改变了一哄而上、仓促建立的人民公社初期的组织和管理体制混乱状况，确立了"三级所有，队为基础"的体制，并延续至人民公社体制废除之时。

所谓"三级所有"，是指人民公社由公社、生产大队和生产队三级组织构成，行使对生产资料和生产的管理；所谓"队为基础"是以生产小队为生产和核算的基本单位。由于"队"，既可以理解为"生产大队"，又可以理解为"生产小队"，在实践中仍然存在生产大队与生产小队之间的矛盾。在确定"三级所有，队为基础"的体制时，毛泽东针对当时农民反映强烈的"生产权在小队，分配权却在大队"造成的纠纷，影响生产积极性的情况，特别指出，"我的意见是'三级所有、队为基础'，即基本核算单位是队而不是大队。""在这个问题上，我们过去过了六年之久的糊涂日子（一九五六年，高级社成立时起），第七年应该醒过来了吧。"过去生产权与分配权的错位，"弄得大小队之间，干群之间，一年大吵几次"。[①] 只有将两权合一才能从根本上解决矛盾。

---

① 《毛泽东文集》第8卷，人民出版社1999年版，第284—285页。

为什么要以生产小队为基本单位呢？当时在理论上缺乏充分论证。但从政策层面大体有一些基本认识，这就是"便于生产"。人民公社首先是以生产资料为集体所有并以集体为单位组织生产的组织。它是由原有的初级生产合作社和高级生产合作社演变而来的。即它主要是生产组织，并以生产为标准设立组织单元。从公社以下的组织命名为"生产大队"和"生产队"就可以明确这一点，即便于生产。生产队的规模相对较小，一般在百多人左右，便于组织和管理生产。同时，生产小队与历史上存在的自然村大致匹配，照顾到历史。此外，人民公社之初，实行军事化组织和管理，公社相当于军队的"团"，生产大队相当于军队的"营"，生产小队相当于军队的"连"。一个连队大约是百来人。所以，从生产管理出发，生产小队一般在百多人左右。即使是一些规模较大的自然村，也要划分出若干个生产小队。因为是集体所有和集体分配，需要相应的民主管理，生产队的规模要与便于民主管理相适应。作为中央农村工作负责人的邓子恢在给毛泽东的报告中特别提到，"队为基础"便于干部遇事与群众商量，社员也才好充分发表意见，真正建立起生产上的民主管理制度。由此可见，所谓以生产小组为基本核算单位，就是与群众直接接触的单位，是整体公社组织体系中最基础最底层级的单位。

人民公社是公社、生产大队和生产小队三级构成的，不同层级的组织功能有所不同。从整体上看，农村人民公社是政社合一的组织，是我国社会主义社会在农村中的基层单位，又是我国社会主义政权在农村中的基层单位，概括说是"政社合一"，政权单位与经济生产单位合为一体。但在人民公社内部组织体系中，各个层级的功能不一样。公社主要是政权机构，直接接受县政府及其派出机构领导，同时也管理包括生产在内的公社内所有事务。公社设立有中国共产党的基层委员会。生产大队是生产单位，同时兼具政权管理的功能，设立有公社党委领导下的党支部。自确立"三级所有，队为基础"体制之后，在全国绝大多数地方，大队一级的生产职能相对弱化，更多的是政权管理。生产小队作为基本核算单位，主要功能是生产。而生产需要利用生产资料，生产资料的所有权事实上也体现在生产队，只是没有明确的权属关系，而且也可能为上级所调配。生产小队也建立有党小组等组织，但因为主要从事生产，权力主要集中于生产小队队长手中，且党小组在许多地方不健全。

尽管生产小队主要功能是生产，但它毕竟是公社组织内部的基本单位，归属于生产大队和公社的层级管理，同时也承担着微观社会管理的功能，并理所当然受到"政社合一"体制的制约和影响，其自主权和积极性会受到影响。这也为人民公社体制的废除埋下伏笔。

## 二 政社分开后农村基层组织的划分标准

1980年代初，在公社体制解体过程中，推行"包产到户"，尽管生产有农户自我负责，而基层公共事务和秩序却陷入无人管理的"治理真空"状态。[①] 特别是农村社会治安问题日益突出，引起中央高层的高度关注。而在广西西北部一带出现了以人们世代相聚的自然村为基础建立了由村民自我管理的村民委员会一类的基层组织，在处理基层治安问题方面发挥了积极作用。这一类组织不属于原来人民公社体制内的组织，也不属于政府组织，而是村民自我管理自己事务的组织，因此被视之为村民群众自治组织。1982年宪法第111条明确规定村民委员会是基层群众性自治组织。

1983年，伴随家庭承包制的兴起和巩固，并由家庭承接生产功能，国家正式废除原有的人民公社体制，对农村基层组织进行重新构造。其重要内容之一是变"政社合一"为"政社分开"，即恢复建立乡镇政权，乡镇政府不再直接管理生产，在乡镇以下设立村民委员会，管理村民委员会范围内的公共事务。1987年全国人大制定并通过了《中华人民共和国村民委员会组织法（试行）》。法律规定：村民委员会是村民自我管理、自我教育、自我服务的基层群众性自治组织。村民委员会根据村民居住状况、人口多少，按照便于群众自治的原则设立。村民委员会一般设在自然村；几个自然村可以联合设立村民委员会；大的自然村可以设立几个村民委员会。

根据1987年《村民委员会组织法（试行）》的规定，农村基层组织单元的划分标准不再是生产，因为生产已由家庭承担，而是群众自治。正

---

[①] 彭真：《通过群众自治实行基层直接民主》，载《彭真文选》，人民出版社1991年版，第608页。

是根据这一标准，村民委员会一般以自然村为基础，根据自然村的规模设立村民委员会。这一设立标准与家庭承包制一样，在一定意义上是对长期历史以来的传统复归。数千年以来，家庭都是农业生产经营的基本单位，在家庭基础上形成的自然村落是农村人口的居住单位。自然村落为基础的群众自治与家庭为单位的生产是高度吻合和一致的。

1987年《村民委员会组织法（试行）》是对农村基层组织的重建，尽管这种重建具有历史回归性，但它完全不同于人民公社这一建构性体制。然而，中国农村毕竟经历了数十年的人民公社体制，农村基层组织建设不可能简单回归。1987年《村民委员会组织法（试行）》在实施贯彻中发生了很大变化。因为它必须承接人民公社体制的历史遗产。农村人民公社体制废除后，全国绝大多数地方都是在原人民公社的组织架构基础上进行农村基层组织重建的。一是在人民公社一级设立乡镇政府，在生产大队一级设立村民委员会，在生产小队一级设立村民小组。原有的公社—大队—小队三级体制，变为乡镇—村民委员会—村民小组三级体制。尽管村民委员会与村民小组属于村民自治性质，但仍然隶属于乡镇政府。二是自然村是长期历史形成的，中国地域辽阔，各地的自然村范围大小不一，有的上万人，小的仅数十人，按照自然村设置村民委员会，较为困难。三是中国共产党的基层组织在农村基层组织中始终居于核心地位。在人民公社时期，生产大队建立有党支部，在生产大队基础上设立村民委员会，便于党的领导。1990年8月，中央组织部、民政部等五部委在山东莱西召开了全国村级组织建设工作座谈会，明确农村基层党组织的领导核心地位，确立了以党支部为核心的村级组织配套建设的工作格局。这意味着村民委员会确定在设立有党支部的行政村（原生产大队）。四是尽管农村实行家庭承包制，但农村土地等生产资料集体所有制性质没有变，原生产小队主要从事生产，在实行家庭承包制以后其功能迅速弱化，甚至趋于消失。而农村集体生产资料的管理权就主要由原生产大队基础上建立的村民委员会承接。

人民公社体制废除后农村基层组织的重大变化就是原生产大队一级的地位空前提高，由人民公社时期的"公社、生产队两头强"，变为"生产大队一级建立的村民委员会一级强，乡镇和村民小组两头弱"的格局。这一格局也使得农村基层组织的划分标准悄悄发生了重大变化。

1987年通过的《村民委员会组织法（试行）》强调以自然村为基础建立村民委员会，实质是便于群众自治。而在原生产大队一级建立的村民委员会性质仍然属于基层群众性自治组织，但其功能更多的属于行政管理。首先，在人民公社时期，生产大队就具有行政管理的功能，在生产大队基础上建立的村民委员会自然承接这一功能；其次，国家行政区域仅仅到乡镇还不够，还需要延伸到乡镇以下，这就是村民委员会；再次，基于行政区域的国家党政领导和行政管理仅仅到乡镇还不够，还需要延伸到乡镇以下的村民委员会。如仅仅是国家成文法赋予村民委员会的法定职能就达100多项。正是在以上背景下，从国家区划看，村民委员会地域可称之为"建制村"，但从实际运行看，又被称之为"行政村"。村民委员会正是在"行政村"的基础上建立并开展村民自治活动的。正因为如此，1998年修订通过的《中华人民共和国村民委员会组织法》虽然保留了村民委员会是基层群众性自治组织的表述，但删除了以自然村为基础设立村民委员会的条文。因为全国均已完成了在生产大队演变而来的"行政村"基础上设立村民委员会的工作。这之后，我国农村基层组织建设的重点在于村级组织，这个"村"是集党支部、法定行政职能和集体经济管理为一体的"行政村"，而不是历史形成的"自然村"。

在实际生活中，成文法律有时不得不屈服于现实和习惯。村民委员会本是法定的基层群众自治组织，但它实际上承担着大量的行政功能，由此形成自治与行政的内在张力。"行政村"一词的表达本身就说明，设立村民委员会的标准不仅仅是自治，还包括行政，或者说是法定自治，实际的行政。且从我国单一制度和自上而下层级压力管理的体制看，村民委员会也不可避免地趋于行政化，以致于行政高于自治。

1998年《中华人民共和国村民委员会组织法》通过后的事实也可说明这一点。本来，为了强化村民自治的作用，1998年《中华人民共和国村民委员会组织法》在1997年法律基础上增加了"民主选举、民主决策、民主管理、民主监督"的条文。但自治是群众进行自我管理、自我服务、自我教育，直接参与公共事务治理的过程。而直接参与需要相应的条件，如利益、规模、人口等。早在人民公社时期，将生产队确定为基本核算单位就有便于群众直接管理的考虑。因为生产大队规模大，内部利益关联度松散，召开群众会议进行直接管理困难。就是人民公社时期，生产大队一级召开全体会议都困难,即使当时还给予工分补助。农村改革以后,实行家庭为单位的生产经营,大量农村人口外流,召集会议更为困难。因此,以行政村为单位的自治开展受到制约。更重要的是,为减轻农民负担,配合农业税的废除,进入新世纪以后,地方政府推动了大规模的扩乡合村并组,乡、村、组的规模进一步扩大。这一行为实际上是行政化的思路。一是扩大村组规模,是为了减少村组干部职数,更主要的是减少财政负担。二是根据《中华人民共和国村民委员会组织法》规定,村民委员会的设立、撤销、范围调整,由乡、民族乡、镇的人民政府提出,经村民会议讨论同意后,报县级人民政府批准。事实上,合村并组鲜有"经村民会议讨论同意"的。我国农村村委会在1999年到2011年间,由80.1万个减少到59万个,总数减少了26.34%。截至2014年底,村委会58.5万个,村民小组470.4万个,约每个行政村有8.04个村民小组构成,3.94位村委会委员。① 在广东省清远市有些山区村庄,一个行政村下辖77个村小组,人口八千多;还有的行政村面积达50多平方公里,村庄半径20公里。如此大的规模使自治十分困难。三是合村并组后,村干部的补贴由县级政府统筹,且有相应的行政管理考核。由此进一步造成村级组织的行政化。不断增加的行政工作使村民委员会不堪重负,正如全国人大常委会委员长彭真在主持通过《村民委员会组织法(试行)》时就提出了警告,认为在实行村民自治过程中有二大危险,其中之一就是政府"给村民委员会头上压的任务太多,'上面千条线,底下一根针',这样就会把它压垮。"②

由此可见,废除人民公社体制以后,农村基层组织划分的法定标准是自治,但事实标准却主要是行政。以"行政村"为基础建立的村民委员会,主要依据的是行政,因为其先天的行政属性和不断强化的行政功能,因为其行政标准造成的规模、人口等条件也难以开展自治,法定的自治功能由此被"悬空"。

---

① 马克思:《不列颠在印度的统治》,《马克思恩格斯选集》第1卷,人民出版社1995年版,第760—766页。

② 《彭真文选》,人民出版社1991年版,第611页。

## 三　行政村之下基层组织划分标准

改革开放以来，我国农村基层组织划分，由法定的自治标准变异成主要为行政标准，其深刻的历史根源在于现代国家建设。其一，现代国家建设要求将行政权力一直延伸到行政区域的各个部分，进行自上而下的统一管理，行政权力势必由乡镇向下延伸；其二，现代国家建设是以工业和城镇为经济社会根基，在由传统农业社会向现代工业社会转变的一定时期，我国实行的是以农支工的发展战略，由此形成城乡二元结构。为实现这一战略，农村基层组织行政化在所难免。因此，自1950年代以来，农村基层组织无论是以生产+管理标准，还是以自治+管理标准，都体现了国家的宏大制度安排，是以农村之外的外部性制度安排作为前提的。

进入新世纪以来，农村基层组织的外部环境发生了根本性变化：一是经过1980年代以来长达20年的村级组织建设，我国的县、乡、村治理架构已完备，国家行政权力可以更为便捷地延伸到乡村社会；二是经过数十年的大规模工业建设，非农产业提供的财政成为国家财政的主要部分。在这一背景下，国家发展战略发生了重大变化，这就是实行以工支农，城乡一体化发展战略，并通过新农村建设加以落实。新农村建设除了国家更多给予农村支持以外，还需要根据各地农村实际条件，以农民为主体，让农民广泛参与，自己创造自己的幸福生活。为此，农村基层组织的创设，需要从内生性需求和内生性动力着力。这就是寻求更便于农民直接参与的自治组织单元。2010年以来，我国地方在新农村建设实践中进行了积极的探索。主要有以下案例。

案例一：自治下移，以自然村为基础设立村民委员会。广东清远属于粤北山区，行政村规模大，村民自治困难。该市叶屋村是一个组织规模较小，宗族内聚力较强的自然村。在新农村建设中，该村依托长期历史形成的自然村内在的力量，解决了许多依靠政府和行政村级组织难以解决的问题，成效显著。根据叶屋村的经验，清远市提出了"三个下移，三个整合"的试点方案，将原行政村改为公共服务站，作为乡镇政府的派出机构，在行政村以下的自然村设立村委会。原有的行政管理职能由公共服务站承担,村委会只负责本村事务,实行行政与自治分离。

案例二:划分村落,以村落为基本单元开展自治活动。湖北秭归位于鄂西大山区。早在2002年,农民自己为解决道路、供水等基础设施问题,就自发地在行政村以下建立了农村社区。2012年,该县开展"幸福村落"创建活动。在行政村以下打破原有的小组界限,根据利益相关、产业相同、地域相近、规模适度、文化相连、群众自愿等标准,将行政村以下的组织划分为若干个"村落",每个村落约为30—80户的规模、地域面积为1—2平方公里。村落成立理事会,并由群众民主推选出村落"两长八员"[①],由村民自己管理本村落的事务。村落是自治组织,可以协助村的行政工作,但没有行政职责。

案例三:创建院落,以院落为基本单元开展自治活动。四川省成都市下辖的都江堰市属于平原地区,并属于国家城乡统筹改革试验区。近些年来,该市农村的生产方式、经营方式和居住方式都发生了重大变化,生产空间与生活空间相分离,农民与农村相分离,公共生活环境成为突出问题。该市的柳街镇以人们相对集中居住的院落为基本单元,让农民自己清扫垃圾,整治环境,原估计需要10年时间得花数千万资金的环境问题在短时间,以很少成本加以解决。该市由此发现蕴藏在群众之中的巨大民力,推广"柳街经验",按照"规模适度、居民认同、有利自治、便于服务"的标准,按50—100户为单位划分院落,以院落为基本单元开展自治活动。

案例四:做实小组,赋予村民小组以权利和自治责任。湖北省恩施自治州是一个贫困山区。因为财政困难,对乡、村、组进行了合并,组织规模扩大。有一个村人口达到6千多人,仅有6个实职的村干部,且地域面积大,依靠村干部处理村中事务十分困难,群众意见大,成为上访大户。该州的沐抚办事处(乡镇级)为此重新恢复了合并村组之前的村民小组建制(相当于原人民公社时期的生产小队),赋予小组长以实权,还为小组专门刻制了印章,以充分发挥村民小组的自治作用。

以上案例各有不同,但也有共同性特征:其一,都是根据当地实际和

---

[①] 两长八员:党小组长、理事长,经济员、宣传员、帮扶员、调解员、维权员、管护员、环保员、张罗员。

农民自发创造的经验为依据，具有草根性和内生性，也有生命力；其二，都是因为原有行政村规模过大，自治难以落地而创设的村民自治单元。尽管这些单元不是现行《村民委员会组织法》规定的，但实际成效显著；其三，在确定村民自治单元时，都有一定标准，这些标准不是外部输入，而是根据本地实际确立的；其四，虽然各地的基层组织单元的名称不一，但有一个关键性共同标准，就是便于自治。什么组织单元更适应自治，更适应通过自治组织激活民力，就设立什么组织，而不考虑已有的体制限制。如广东清远的自然村已不受原有的村民小组限制，有的一个小组一个自然村，有的一个自然村有数个村民小组，完全从便于自治考虑，从最大限度挖掘自治资源考虑。湖北秭归原来就在行政村以下设立有农村社区，但在创建"幸福村落"过程中，考虑农村社区规模还是过大，不便于自治，又对社区进行了调整，直到最适合自治的"村落"。都江堰市的"院落"绝大多数已成为集中居住的新型农村社区，一个院落内有数个村民小组成员居住并改变了原有的村民小组和行政村的建制。恩施恢复了合并村组之前的村民小组建制，尊重历史上延续的生产小队与村民小组相匹配的建制。

## 四　对农村基层组织划分标准的检视

近些年来，自治单元的地方下沉，收到明显成效，中央两个1号文件都给予了地方探索以高度肯定。但总体上看，自治单元下沉还面临着不少问题，也限制了地方经验的推广和中央精神的落实。首先是制度供给不足。自治单元下沉是地方实践，但这种实践都是现行法律制度没有根据可循的，或者是溢出制度以外的。如现行《村民委员会组织法》已取消"自然村"的概念。"村落""院落"完全改变了原村民小组的建制。村民小组仅仅只有身份证的意义了。长期以来，《村民委员会组织法》尽管提到村民小组，但对村民小组的法定独立地位并没有加以表达。这一状况造成两种后果：一是地方探索缺乏足够的底气。当下强调改革要于法有据，而地方探索都缺乏充分的法律条文依据，因此尽管有成效但对于能否走多远缺乏信心。如恩施沐抚办事处为村民小组长刻制了印章，但不能说是公章，也不具有法定效力，因而只能是"内部流通"。清远的改革走得更远，是体制上的变动，但引起的争议也最大，地方领导只能不断向外部解释，而且将试点严格控制在一定范围，没有进一步推广。二是由于缺乏现有制度支持，领导部门也持有疑虑：民政部门担心弱化村级自治组织；财政部门担心自治组织增多会增加财政经费；农业部门担心集体资产的管理；党组织部门担心基层党组织延伸；公安部门担心户籍管理；立法部门担心超越法律等等。这些部门的疑虑又会进一步影响制度供给，制约了将好经验变为全国推广的好政策，进一步将好政策固化为好制度。地方有益探索面临迫切需要"报上户口"的制度合法性问题。

造成制度供给不足的重要原因之一，就是缺乏理论支撑。制度解决的是"合法性"，理论解决的是"合理性"，合法性要有合理性作为依据。只有合理性才可以超越地方经验具有普遍性。长期以来，我们的政策和制度缺乏充分的理论论证，对于为什么要实行这一政策和制度而不是另一种，缺乏深度的理论探索和论证。当下，村民自治单元下沉的实践倒逼制度跟进，而制度跟进又需要理论探究。村民自治单元下沉的重要原因是便于自治，而现行的行政村单元自治困难。这就需要我们检视农村基层组织的划分标准，即为什么要设立某种性质的组织，或者说某种性质的组织设立在什么层级最好？

从我国单一制历史和现代国家建构的角度看，中央自上而下纵向的行政管理功能一直延伸到民众，就是在古代也有乡里保甲制；与此同时，由社会民众自我组织的自治管理也是不可或缺的，即便在现代社会也是如此，这就是所谓"双轨治理"。应该说，由于有长期历史传统，加以20世纪以来现代国家建设，我国自上而下的纵向治理已成型。与此同时，新中国建立以来，我国基层社会发生了重大变化，不仅原有的自治传统受到中断，且经济社会结构也有了新的情况，对于在什么层面设立自治组织并没有从理论上根本解决。如果说当年寻求"三级所有，队为基础"，花了六年时间，用毛泽东的话说过了六年的糊涂日子，那么我们对村民自治组织基本单元设立在何处经历了20多年仍然还不清楚，还需要探索。现在到了该清醒的时候了！

但从对我国农村基层组织单元划分标准的过程看，至少有两点是可以提供启示的：一是农村基层组织在不同层级有不同的主导功能；二是作为群众自治组织一定要设立在最能够便于群众自治的层面，至于这一层面的组织名称是什么倒不必一刀切，应该如当年实行农村承包制时的提法一样："可以，可以，也可以"。因为自治必须因地制宜。

（原文刊载于《探索与争鸣》2015年第9期。原文题目《让自治落地：厘清农村基层组织单元的划分标准》）

# 第十八章 村民自治的伟大
# 创造与深化探索

2018年是中国改革开放40周年。中国改革从农村开始。村民自治是农村改革取得的重大成果之一。第十五届中共中央总书记江泽民于1998年表示,"包产到户、乡镇企业和村民自治,都是在党领导下亿万农民的伟大创造。"[①] 作为村民自治法律依据的《中华人民共和国村民委员会组织法（试行）》于1987年底颁布,并于1998年开始实施,距今30年整。2017年召开的中共十九大提出,加强农村基层基础工作,健全自治、法治、德治相结合的乡村治理体系。村民自治在基层民主与有效治理的框架下不断推进,是改革开放以来的重要政治成果。

## 一 民主：村民自治的伟大创造

国家的治理体系是在长时间的历史过程中形成的。中国是一个农业古国,农民大国。自秦朝以来,中国对乡村的治理体系表现为双向制：一是纵向的政府治理,国家政权从中央经地方,至乡里,一直延伸到家户；二是横向的社会自治,乡村居民以家户和村落为单位,依照习俗和规约,对家户和村落事务进行自我管理。从总体上看,国家对乡村社会管理的功能主要是获得赋税和劳役,涉及的事务很少,乡村治理的大量事务是依靠乡村居民进行自我管理。正如孙中山先生所描绘的："在清朝时代,每一省之中,上有督抚,中有府道,下有州县佐杂,所以人民和皇帝的关系很小。人民对于皇帝只有一个关系,就是纳粮,除了纳粮之外,便和政府没

---

① 《人民日报》1998年10月5日。

有别的关系。因为这个原故,中国人民的政治思想就很薄弱,人民不管谁来做皇帝,只要纳粮,便算尽了人民的责任。政府只要人民纳粮,便不去理会他们别的事,其余都是听任人民自生自灭。"① 正因为人民与国家的关系很小,在历史上,乡村自治居于基础性地位。国家正是依靠乡村自治,通过低成本治理,实现"皇帝无为天下治"。

进入20世纪以后,传统的国家治理,包括乡村治理都难以为继,并发生了巨大变化。这一变化主要体现在两个方面:一是农民成为国家的主人;二是实行生产资料集体所有制。新中国建立以后,实行生产资料集体成员共同所有。这一产权制度天然地要求赋予每个集体成员以参与共同事务管理的民主权利。即使是人民公社管理也强调民主办社。但由于人民公社的主要特点是集中统一经营和"政社合一"的组织管理方式,"民主办社"的原则,在公社体制下难以落实。农民在实际生活中更多的是被支配的客体。

1978年左右,随着解放思想和政策调整,曾经被压制的"包产到户"得以兴起并得到中央的支持,迅速扩展。由于生产经营单位由集体转向家户,社队体制松弛,乡村治理面临无人管事的状态。正是此背景下,广西一些地方的农民自发组织起来,维护社会秩序。农民自生自发的自治组织引起了中央高层领导的重视。随着人民公社体制的废除,如何组织农民,如何治理乡村成为突出问题。当时存在两种思路,面临着两种选择:一是沿袭公社体制,实行自上而下的纵向管理;一是改变公社体制,实行"政社分开",通过设立村民委员会这一村民自治组织,实行农民自我管理、自我教育和自我服务。后一思路得以成为现实选择。

以自治重组农民和治理乡村的选择,是在中共十一届三中全会召开后的大背景的产物。1978年召开的中共十一届三中全会强调,要发展农业生产,"必须首先调动我国几亿农民的社会主体积极性,必须在经济上充分关心他们的物质利益,在政治上切实保障他们的民主权利"②。邓小平认为:"调动积极性,权力下放是最主要的内容。我们农村改革之所以见

---

① 孙中山:《三民主义》,岳麓书社2000年版,第89页。
② 《坚持改革、开放、搞活——十一届三中全会以来有关重要文献摘编》,人民出版社1987年版,第3页。

效，就是因为给农民更多的自主权，调动了农民的积极性。"并强调："调动积极性是最大的民主。"① 农村改革的启动与基本经验就是充分调动农民的积极性。内容主要包括不可分离的两个方面：一是通过建立以家庭承包制为主的经营体制，使农民有了生产经营自主权，农民成为经济生活的主体；二是废除人民公社体制，在政治上形成"乡政村治"格局，即在乡镇建立基层政权，在村设立村民委员会，实行村民自治，农民的民主权利得到制度化落实和保障，农民成为政治生活的主体。

正是在以上背景下，1987年制定并通过了《中华人民共和国村民委员会组织法（试行）》。面对众多争议，力推村民自治的时任全国人大常委会委员长彭真做了许多工作，他将村民自治上升到社会主义民主政治建设的高度加以认识。在他看来，"十亿人民如何行使民主权利，当家作主，这是一个很大的根本的问题。我看最基本的是两个方面：一方面，十亿人民通过他们选出的代表组成全国人大和地方各级人大，行使管理国家的权力。另一方面，在基层实行群众自治，群众的事情由群众依法去办，由群众自己直接行使民主权利。""没有群众自治，没有基层直接民主，村民、居民的公共事务和公益事业不由他们直接当家作主办理，我们的社会主义民主就还缺乏一个侧面，还缺乏全面的巩固的群众基础。"② 他强调："八亿农民实行自治，自我管理，自我教育，自我服务，真正当家作主，是一件很了不起的事情，历史上从来没有过。几千年的封建社会，什么时候有过群众自治？没有。"③

从国家与社会关系的角度看，村民自治是对历史上的乡村自治的接续。这就是数千年来，乡村主要是依靠自我而不是国家行政的力量进行治理。这正是在人民公社体制松弛的背景下，农民很快能够自我组织起来管理乡村事务的重要原因。因此，自治有着深厚的历史土壤和社会基础。但是，1980年代开启的村民自治又是历史上从来没有过的伟大创造。尽管它是自生自发的，但在中国共产党领导下，村民自治纳入到整个社会主义民主政治建设的框架内，是人民行使民主权利的重要方面。与历史上的乡

---

① 《邓小平文选》第3卷，人民出版社1993年版，第242页。
② 彭真：《通过群众自治实行基层直接民主》，载《彭真文选》，人民出版社1991年版，第607—608页。
③ 《彭真文选》，人民出版社1991年版，第607—608页。

村自治相比，村民自治表现出两个突出特点：一是法定制度。中国历史上的乡村自治是一种自然的历史过程，不是国家的法定制度。而村民自治则上升到国家法定制度层面，并作为中国特色社会主义基本政治制度的内容之一。除了作为国家根本大法的宪法规定外，还制定了专门的《村民委员会组织法》及一系列法规文件，使得村民自治制度化。二是民主权利。中国历史上的乡村自治作为一种自然的历史产物，国家只是默认其存在。而村民自治作为一项法定制度，将人民行使自治确定为一项法定的权利，具有制度的正当性。换句话说，广大村民进行自治，不是一种恩赐，一种默认，而是理所当然、不可剥夺的资格。废除人民公社体制以后，实行家庭承包。所有权在集体，由少数人代表行使集体产权，承包权在家户。农民有相应的经济自主权，同时也有参与公共事务管理的政治参与权。以上两个特点是历史上从来没有过的。

经过试行，1998年《中华人民共和国村民委员会组织法》得以修订并正式实行。修订后的法律除了原有的"自我管理、自我教育、自我服务"的表述以外，特别补充了"民主选举、民主决策、民主管理、民主监督"，即通常所说的"四个民主"。至此，村民自治的民主导向更为鲜明。1998年后为配合《中华人民共和国村民委员会组织法》，中央出台了一系列村民自治的文件，均体现了基层民主和村民权利的原则。包括如何落实村民的选举权、决策权、知情权和监督权等。

村民自治作为法定制度，从立法到实施，都被置于基层民主的框架内，体现了现代政治的基本要求。首先是平等。传统的乡村自治表现为差等性，主要是居于主导地位的人进行治理，相当部分的人被排斥在自治的范围之外，如广大妇女。村民自治充分体现了平等原则，无论性别、身份、地位，都享有参与村民自治事务的权利。在选举中村民平等获得选民资格，实行"一人一票"。特别是制度上为女性提供了担任村委会成员的专门通道。其次是自由。村民在参与自治活动中可以自由表达意志。如选举时专门设置投票箱，实行无记名投票和秘密投票。再次是法治。村民在行使自治权利时受到法律保护。村民的自治权利受到侵犯时，可以向专门的机构投诉。村民自治愈发展，其现代民主元素愈增多，中国特色社会主义民主政治大厦愈牢固。

正是在基层民主的导向下，村民自治成为广大农民直接行使民主权利的伟大创造。它开创了一条在十多亿人的大国里通过基层群众自治实现人民直接管理公共事务的民主道路。这一道路不仅在中国历史上没有过，就是在世界历史上也具有独特的价值。从政治发展看，"在处于现代化之中的社会，扩大政治参与的一个关键就是将乡村群众引入国家政治"①，并赋予其政治主体地位和民主权利。亿万农民作为政治主体，通过村民自治制度参与基层政治过程，从而大大改变了长期以来农民只能作为被动的政治客体的格局。同时，村民自治的伟大实践，为执政党如何运用民主与法治的方式治理国家提供了丰富的经验。中国历史上缺乏民主与法治的传统，只有通过不断的实践才能积累经验。在一党长期执政条件下如何实践民主与法治，是世界历史上从未有过的。如果能够解决好，可以说是政治领域的一大奇迹！

## 二 治理：村民自治的深化探索

将村民自治纳入到基层民主的框架内，以广大农民享受到村民自治权利为导向，使得中国的乡村治理提升到一个崭新的层次，进入到现代政治的通道。这是历史上前所未有的。而愈是伟大的创造，制度导向度愈高，面临的挑战和困境愈多。积极推动村民自治的彭真对此早有预见。他在通过《中华人民共和国村民委员会组织法（试行）》时，特别强调："办好村民委员会，实行村民自治，是一项长期的、艰巨的工作，不要把它看得那么容易，决不是作一个决定，国家发一个号令，就能短期就能搞好的。"②

村民自治虽然发生于乡村田野，其命运和走向却与国家建设密切相关。20世纪中国的重要使命是国家政权建设，即从历史上的"皇权不下县"走向政权管理延续到基层，同时集中资源推动国家经济发展。这一历史背景决定了村民自治不是历史上的国家缺位条件下的乡村民众的自我治理，而要背负着国家使命。正因为如此，村民自治出生不久，便面临着人民公社时期基层行政管理的接续问题。作为村民自治载体的村民委员会承担了大量的行政任务，仅仅是法定的工作就达上百项。与此同时，村委

---

① ［美］塞缪尔·P.亨廷顿：《变化社会中的政治秩序》，三联书店1989年版，第68—69页。
② 《彭真文选》，人民出版社1991年版，第610页。

会还要完成诸如计划生育、土地征用等号称"天下第一难"的事务。村民委员会承担大量行政工作，导致人们理所当然地将村委会视之为"行政村"，村民自治因此被悬空。行政化体现国家统一意志，意味着规范化、一致性。而这种规范化的村民自治往往会与多样性的乡村实际相脱离，作为自治主体的村民意志被忽视。与此同时，村民自治大规模推进正值我国"三农问题"十分严重的时期。工业化和城市化加速，农村精英人口大量外流。在这样一种内外压力下，作为群众自治组织的村民委员会迅速行政化，并不堪重负。正如彭真预见的村民自治存在的危险之一是："给村民委员会头上压的任务太多，'上面千条线，底下一根针'，这样就会把它压垮。"① 村民自治制度尽管赋予了村民的民主权利，但诸如农民负担、计划生育、农民外流等问题，并不是村民自治所能够解决的，且大大制约了村民自治的实际成效。这是因为，村民自治毕竟是整个国家治理的基层部分，并为国家所主导。正是在完成各种各样的政府任务的导向下，村民委员会这一群众自治组织不知不觉地走向行政化，村民难以通过村民委员会这一组织平台开展自治活动。

为了解决日益严重的"三农问题"，进入新世纪以后，中央提出了建设新农村建设战略，强调多予少取，一举取消了长达千多年的农业税，并出台了各种惠农政策。这一举措大大缓解了日益严重的"三农问题"，不仅为农民减负，也为村民自治减负。与此同时，新农村建设为村民自治的活跃提供了契机。新农村建设面临大量农村事务需要有效治理。一些地方习惯于运用自上而下的政府力量进行治理；而另一些地方则在政府主导下积极探索农民参与治理公共事务的形式。其突出特点是"重心下移"，将村民自治的重心下沉到村民小组或者自然村，即便于村民自治的层面。为了寻找最合适的村民自治单元，一些地方还提出了"利益相关、地域相近、规模适度、文化相同、便于自治"等标准，并在新农村建设中发挥了积极作用。正是在此背景下，2014年和2015年的两个中央1号文件都提出了要探索不同情况下村民自治的有效实现形式。

中共十八大以后，中央提出了"推进国家治理体系和治理能力现代化"的目标，治理成为国家的重要导向。在这一背景下，民主导向的村

---

① 《彭真文选》，人民出版社1991年版，第611页。

民自治进程受到实践检验和反思。这就是，1998年以来，村民自治在民主制度建设方面取得了突出成效，但是也暴露出一些问题。突出的是民主选举中存在贿选和派系竞争等问题，民主自治的形式过于单一，并因为过分强调民主形式而忽视了有效治理，导致村民参与热情降低等。与此同时，从国际上看，西方式民主演化至今，在相当程度陷入形式主义，过分追求民主形式，而忽视民主内容，甚至造成互相对立和撕裂，效率低下，以致人们对民主的价值产生怀疑。如习近平总书记提出的："我们要坚持和完善基层群众自治制度，发展基层民主，保障人民依法直接行使民主权利，切实防止出现人民形式上有权、实际无权的现象。"[①] 我国近些年注意到这一倾向，成功地将治理的理念引入政治生活，注重通过治理让民众有更多的获得感。

正是在以上背景下，村民自治进入到一个新的通道，这就是有效治理。2006年提出新农村建设的20字方针，其中包括"管理民主"。2017年提出乡村振兴的20字方针，"管理民主"替换为"治理有效"。治理有效显然是比村民自治和基层民主的内容更为丰富的范畴。治理有效包括国家治理乡村的大政方针、中国共产党基层组织的有效领导、地方和基层人民政府的有效管理，以及广大村民的有效参与等，特别强调解决问题，促进农村发展。只有在各方面力量的共同努力下，乡村振兴才有可能。显然，有效治理比基层民主的范围更为广阔。

当然，村民自治进入到有效治理的通道，并不意味着民主与治理是对立的，更不是只要治理不要民主。从广义说，民主意味着国家治理以人民为中心。无论是国家大政方针，还是基层党组织和政府，其基本依据都是为了实现广大人民的根本利益。如果离开了民主谈治理，治理有效就无法体现人民群众的利益要求。从狭义上看，治理不仅仅是领导者的行为，更是广大民众的直接参与。乡村振兴的主体最终是广大人民群众，没有基层民主保障村民群众的制度化参与，乡村振兴便难以实现。从这一意义说，邓小平在农村改革之初，将调动积极性视为最大民主的提法仍然具有十分重要的意义。

由基层民主到有效治理，村民自治步步深入。一是内容更为丰富。中

---

① 《习近平谈治国理政》第二卷，外文出版社2017年版，第290页。

国的村民自治产生于农村经济体制改革，特别是所有权与承包权的分离。村民自治作为一种治理方式，一直与产权改革相伴随。近年来，中国农村的产权改革进一步深化，实行所有权、承包权和经营权三权分置。土地如何流转，集体产权如何量化具体化，都关系着广大农民的切身利益。村民自治则为解决这些问题提供了基本的组织制度基础。面临土地流转、集体产权改革等重大事务，如果没有广大群众通过村民自治平台参与其中，群众自己的事情自己办，不知会发生多少群体性事件。

二是形式更为多样。中国地域辽阔，各地发展不平衡。村民自治产生起初，注重地方性差异，如《中华人民共和国村民委员会组织法（试行）》明确规定："村民委员会根据村民居住状况，人口多少，按照便于群众自治的原则设立。""村民委员会一般设在自然村；几个自然村可以联合设立村民委员会；大的自然村可以设立几个村民委员会。"但由于村民委员会的行政化，导致村民自治形式单一化，并聚焦于村委会的选举。随着国家宏观环境的变化，村委会的行政化压力有所减轻，村民自治形式日趋多样化。村民自治从重"选人"到重"议事"，大家的事情大家议，大家的事情大家办。各种协商议事监事的自治形式日益丰富，在新农村建设和乡村振兴中发挥着重要作用。如广东云浮市在乡镇、村、村民小组建立三级理事会，特别是以组（自然村）为单位的理事会，开发农村内在的资源，兴办农村公益事业。湖北省秭归县在建设"幸福村落"活动中，以利益相关和地域相近为标准，将建制村以下的村落作为自治单位，发挥村民内在的主动力量，实现自我发展。

村民自治作为一种以农民为主体的治理方式，总是与农村的发展状况相伴随。随着工业化、城市化的深入推进，村民自治会不断面临新的挑战，如农业老龄化和乡村空心化。没有优质的村民，就难有优质的村民自治。同时，农业和农村的变化，也为村民自治的转化提供了新的进路。从先行探索的一些地方的经验看，地方和基层政府将主要承担公共管理和公共服务，村民委员会的行政功能愈益弱化，将向自治性回归，主要是自我处理本村内部事务。同时，村民的定义日益具有动态性，村民自治的运行也日益具有开放性。

（原文刊载于《当代世界与社会主义》2018 年第 4 期）

#  下篇　乡村治理的研究方法

# 第十九章　范式转换：村民自治研究回顾与反思

2015年是我国第一个村委会诞生35周年。村民委员会从广西偏远山寨产生，到以村民委员会为载体的村民自治成为国家法律制度，直至成为中国特色社会主义政治制度的四根支柱，成为亿万农民群众社会主义基层民主的实践活动，经历了一个波澜壮阔的历史进程。这是中国历史上前所未有的伟大政治实践，也是前无古人的政治实验。正是这样一场以亿万农民为主体的政治实践活动，促使中国的政治学，也包括其他学科的研究视野投向中国的大地上，以中国的政治实践活动为依据，进行学术研究，形成并转换其学术研究范式。

## 一　村民自治制度化：价值—制度范式

1980年，当村民委员会在广西宜山、罗城一带出现时，没有一个学者关注到它，并预示其政治影响。这种现象可以说一直延续达10年之久。因为，在整个80年代，中国的政治学、社会学等学科正处于恢复之中，且处于体制改革的急剧变化之中。学界关注的是国家体制改革的宏大问题，重视的是引进的思想学说（如"走向未来"丛书的热销），对于自己脚下的农村基层变革没有引起足够的重视。

对于村民委员会给予了极大关注的是当时的国家主政者。1970年代末和1980年代初期，"政社合一"的人民公社体制趋于解体，人民公社具有的组织生产的功能为包产到户等家庭经营方式给予替代，而人民公社具有的社会管理和国家组织的功能却存在替代问题，由此出现了一些地方的公共管理失序问题。这一问题引起国家主政者的高度重视并努力寻求治理良方。广西宜山、罗城农民自发组织村民委员会进行自我管理的做法，很快引起主管中央政法工作的彭真的重视，并专门派人调查。1982年修订的《中华人民共和国宪法》第111条第一次载入村民委员会，并规定为基层群众性自治组织。

　　自治是人类十分悠久的治理方式。早在没有国家产生之前，人类主要依靠的是自我治理。在中国漫长的传统社会里，国家治理的重要特点是"皇权到县，乡绅治乡"。作为一种治理方式，自治必然会蕴含着一定的价值。在国家产生之后，它有可能成为国家管理的一种手段，也有可能成为民众参与公共事务管理的一种权利。当村民委员会这一自治组织作为宪法规定的基层组织时，也面临着价值取向问题。1987年全国人大常委会通过了《中华人民共和国村民委员会组织法（试行）》。在讨论通过此法之前和期间，就村民委员会的定位问题产生两种意见：一是将村民委员会作为政府管理的延伸机构，便于落实政府工作；二是将村民委员会确定为村民自治机构，保障村民依法享有本村事务的权利，体现着民主价值的导向。当时推动此法制定的全国人大常委会委员长彭真就为什么实行村民自治专门作出了说明，在他看来："十亿人民如何行使民主权利，当家作主，这是一个很大的根本的问题。我看最基本的是两个方面：一方面，十亿人民通过选出的代表组成全国人大和地方各级人大，行使管理的权力。……另一方面，在基层实行群众自治，群众自己的事情由群众依法去办，由群众自己直接行使民主权利。""他们把一个村的事情管好了，逐渐就会管一个乡的事情，把一个乡的事情管好了，逐渐就会管一个县的事情，逐步锻炼、提高议政能力。"[①]

　　很显然，《中华人民共和国村民委员会组织法（试行）》的立法目的是着眼于亿万农民的民主权利及其民主实践，并作为中国社会主义民主政治建设的起点，创设了中国社会主义民主政治建设的路线图。为了贯彻落实《村委会组织法》，地方进行了一系列实践探索，并进一步赋予了村民自治以民主价值。最具有标志性意义的是在吉林省梨树县产生的村民直接选举村委会主任的"海选"。因为，民主从选举开始。在过往，中国农村

---

[①] 彭真：《通过群众自治实行基层直接民主》，载《彭真文选》，人民出版社1991年版，第607—608页。

基层也有过农民参与的选举,但更多的是由上级领导确定候选人再进行投票的"指选"或者"派选"。由村民直接提名候选人并进行选举,在中国民主政治实践中具有划时代和标志性意义。当时有文章表示这是中国"一场静悄悄的革命"。①

尽管村民自治发生于乡村田野,但还是为学界所关注。1980年代,中国农村改革主要是形成以包产到户为标志的农村经济改革,参与并关注这一改革的知识分子相当多数后来成为政界和学界有影响的人物。而村民自治属于政治领域的变革。当时,中国的政治学刚恢复不久,更多关注的是国家宏观体制。湖北省的政治学会是中国最早建立的政治学会。其政治学者更多关注的是地方和基层政治。华中师范大学的张厚安教授等人承担了有关农村基层政权建设研究的项目,并建立了相关的学术共同体,特别是参与了由国家民政部主持的《村委会组织法》的贯彻落实的实践,从书本走向田野。在此基础上,产出了一系列研究成果,并逐步形成村民自治研究的"价值—制度"范式。

"价值—制度"范式的标志性成果是由华中师范大学农村问题研究中心于1997年推出的"村治书系"。该书系的总序表示:"如果说我们于80年代中期开始的乡村政治研究尚带有一些不自觉色彩的话,那么,进入90年代后,我们的研究便步入到自觉状态。"强调:"中国的政治学研究不能只是简单借用在西方经验基础上生成的理论来阐释中国政治,而应该从中国政治实践出发,在富有创造性的实践经验中寻找理论的源泉。"② 作为该书系推出的第一部专著《中国农村村民自治》则充分体现了"价值—制度"的研究范式。该书将村民自治置于民主的价值取向中考察,认为,"中国农村的村民自治是农村居民依照法律自主管理本村事务的基层民主制度,是有中国特色社会主义民主的一种重要形式,亦是在新的历史条件下农村治理的一种有效方式。"③ 该书甚至认为"村民自治是现阶段社会主义民主政治建设的起点和突破口之一。"④ 从民主的价值取向着

---

① 米有录、王爱平:《静悄悄的革命——中国村民自治的历程》,中国社会出版社1999年版。
② 徐勇:《中国农村村民自治》,华中师范大学出版社1997年版,总序。
③ 同上书,第3页。
④ 同上书,第8页。

手,该书根据《村民委员会组织法》的基本框架和地方实践,对村民自治制度进行了整体性研究,形成制度主义的分析框架。村民自治研究的"价值——制度"范式初步形成。

当然,与村民自治实践还只是"一场静悄悄的革命"一样,1998年之前的村民自治研究还处于悄声无息状态。当时,主管村民自治事务的民政部基层政治司一位官员为此感叹,全国九亿农民从事村民自治实践活动,却不到九个人进行研究!

村民自治及其相关研究的命运大转折的是1998年。如果说,1980年代中国的经济政治体制改革还处于探索之中,那么,到1990年代,其方向和路径就更为清晰。1992年中国确立建立社会主义市场经济体制的基本经济框架,加快对外开放的速度。在对外开放中,一方面是中国向世界展示自己;另一方面是让世界更多了解中国。随着苏联东欧剧变,自由民主的价值影响扩大。中国的市场经济发展不仅引起世界关注,体现着民主价值的村民自治也引起世界关注。其重要标志是1998年美国总统克林顿访华第一站,观摩了西安城郊的一个村庄村委会选举后说:"我了解到,像其他遍及中国的近五十万个村庄一样,你们很快就要通过选举推举你们当地的领导……只要有选举,人民就有决定权……你们的成就是一个窗口,让世界看到地方民主给中国带来的变化。"[①] 与此同时,《村民委员会组织法》经过10年试行,已基本形成制度框架并成为亿万农村群众的民主实践活动。这一实践大大增强了中国领导人的信心。1998年,中共中央总书记江泽民对村民自治给予了高度评价,指出:"包产到户、乡镇企业和村民自治,都是在党的领导下我国亿万农民的伟大创造。"[②] 同年,全国人大常委会修订通过了《中华人民共和国村民委员会组织法》。该法取消了"试行"二字,成为一项正式的国家法律制度。与此同时,明确该项制度的民主价值,规定"村民委员会是村民自我管理、自我教育、自我服务的基层群众性自治组织,实行民主选举、民主决策、民主管理、民主监督。"在1997年试行法的"三个自我"基础上增加了"四个民

---

[①] 参见肖立辉:《改革开放以来村民自治的历程》,《百年潮》2008年第8期。
[②] 江泽民:《全面推进农村改革,开创我国农业和农村工作新局面——在安徽考察工作时的讲话》,新华社北京1998年10月4日电。

主"。之后，执政党和国家又制定了一系列相关制度，中共十五大、十六大和十七大报告都将村民自治作为社会主义民主政治的基础性工程，要求加快推进。中共十八大报告将基层群众自治制度作为中国特色社会主义的基本政治制度之一。在有利的环境下，地方也有许多突破性行为。最突出的标志就是1998年四川省遂宁市步云乡进行了"乡长直选"，成为中国"乡长直选第一乡"。

1998年开始的以民主选举为导向的村民自治，很快也引起了中国学界的广泛关注，迅速成为学界的热点。不仅政治学，还有其他学科的学者也参与进来开展研究，发表的论文和出版的著作不计其数，学术热度时间长达10来年之久。其主线是围绕村民自治这一制度展开，被称之为村民自治研究的主流。与此同时，也出现了不同的认识和看法。

一是寄予厚望者。1980年代中国政治体制改革的主导取向是民主，但由于对民主的路径缺乏深入的理解，造成社会动荡，民主理想主义受到挫折。1998年，村民自治被认为是具有民主理念的"一场静悄悄的革命"，迅速为人们所重视，对于村民自治寄予更多的民主厚望，有很高的民主期待和想象空间。[1]

二是提出质疑者。尽管村民自治成为学术热点，但也有人提出质疑，甚至持完全否定态度。其中，最有代表的论著是沈延生发表在《战略与管理》上的5万多字的长篇论文《村政的兴衰与重建》。论文具有宽广的历史视野，对于村民自治包含的大众民主价值和选举持高度警惕态度，认为希特勒也是选举出来的。在作者看来，村民自治是一个"理论怪胎"，因为马克思、列宁、毛泽东、邓小平都没有提到过。[2] 另外一位代表者是党国英先生，认为村民自治不是民主的起点。[3] 沈和党两位学者在当时的气候下，有非常清醒的意识，殊为难得。但其研究范式却是基于文本和历史经验，缺乏实践依据，对于已经发生的事实缺乏充分的了解和分析，也就无法对村民自治做出进一步的拓展性研究。

三是表示怀疑者。这部分学者注意社会实地调查，并从实地调查经验

---

[1] 荣敬本：《村民自治——民主的蝴蝶在飞》，《改革内参》1998年第3期。
[2] 沈延生：《村政的兴衰与重建》，《战略与管理》1998年第6期。
[3] 党国英：《村民自治是民主政治的起点吗?》，《战略与管理》1999年第1期。

发现村民自治实际运行状态与制度设计有相当大的差距，村民自治远远无法涵盖乡村治理的复杂性和多样性，由此产生了对村民自治效能的怀疑。他们试图沿用乡村治理的概念看待和分析农村社会，由此拓展了乡村治理的研究领域。也正因为如此，这部分学者远离了村民自治的研究，村民自治从乡村治理中消失了。由于过于重视地方和个体经验，这部分学者没有能够建立起学术研究所需要的范式。

四是努力反思者。当社会学、经济学、人类学等领域的学者逐步淡出村民自治研究领域之时，作为村民自治研究的主要学科的政治学者仍然在坚持村民自治研究，并开始对村民自治进行反思性研究。具有代表性的是贺东航、王金红等人引用"内卷化"的概念分析村民自治的进展，认为村民自治的制度供给愈来愈多，但村民自治的成效却愈来愈小。[①] 这部分学者对村民自治的制度供给与制度绩效的反差进行描述，提出了问题，但因为他们仍然沿用的是"价值—制度"范式，因此没有能够对村民自治为何发生"内卷化"给予更深的解释。

五是极度悲观者。当村民自治作为一项国家制度在全国推行之时，相当多数的人寄予厚望，对民主由村到乡到县再往上提升的路径充满了乐观的态度。但事实并不如所料。特别是当乡长直接选举因为与现行法律不相符合而被叫停，村民自治也因为各种原因进展困难，这部分学者又对村民自治表示极度失望。[②] 与此同时，1998年之后，正是中国的"三农"问题特别突出的时期，对于村民自治给予更多功利性关注的人也对村民自治表示失望，认为村民自治并没有能够解决"三农"问题，反而在推行村民自治之时，"三农"问题更为严重了。因为只是出于一种理念、理想和热情关注村民自治，由于村民自治实际过程距预期太远，导致这部分学者不再讨论这一课题了。

六是持续探讨者。作为村民自治制度的设计者对于村民自治既充满理想期待，同时也有足够的审慎。早在1987年制定《村民委员会组织法》时，彭真就警告说："办好村民委员会，实行村民自治，是一项长期的、

---

[①] 贺东航：《中国村民自治制度"内卷化"现象的思考》，《经济社会体制比较》2007年第6期；蒋达勇、王金红：《反向民主对村民自治制度绩效的影响——一个新的理论解释》，《开放时代》2012年第5期。

[②] 冯仁：《村民自治已经走进死胡同》，《理论与改革》2011年第1期。

艰巨的工作，不要把它看得那么容易，决不是作一个决定，国家发一个号令，就能短期搞好的。"当时的法律规定是"试行"，"至于哪一年完成，法律没有规定，没有限制。这是一个在实践过程中才能解决的问题，要在试行中逐步总结经验，探索解决。"① 十年后，村民自治作为一项国家制度得以在全国推行，一方面取得极大进展，同时也遭遇到连设计者都未曾预期的困难。一部分学者转而探讨村民自治进展中发生的困难与问题，并试图作出必要解答。其代表性学者主要集中于华中师范大学。

自 1997 年，华中师范大学的学者就确立了"实际、实证、实验"的原则。作为村民自治研究的先行者，他们并没有只是简单地为村民自治作注脚。特别是 1998 年，当村民自治成为热点时，他们却在年届七旬的张厚安教授的带领下，在湖北省黄梅县的一个村进行"民主管理，依法治村"的实验。10 多名老师和学生在一个村驻村达一年，亲身参与了一个村的村民自治实践。尽管实验的功效与预期相距较大，但也促使他们对乡村治理复杂性的反思。2003 年，华中师范大学推出"乡村治理书系"，试图"从更广阔的视野和更深的层面研究乡村治理。"② "更广阔的视野"就是将村民自治置于现代国家制度建构的背景下进行研究，说明村民自治是现代国家建构的重要内容，它所体现的民主价值是现代国家应有之义，由此从学理上论述了村民自治的政治合理性。"更深的层面"就是深入到正在变迁中的农村社会进行研究，提出了"社会化小农"的概念。自2006 年，华中师范大学的学者就围绕着"现代国家建构"和"社会化小农"两条线开展研究，③ 同时从更深层次考察中国农村发展道路。④ 这一研究大大拓展了村民自治研究的视野，但是也出现了脱离村民自治本身研究的倾向。

---

① 彭真：《通过群众自治实行基层直接民主》，载《彭真文选》，人民出版社 1991 年版，第 610—611 页。
② 华中师范大学"乡村治理书系"出版说明，中国社会科学出版社。
③ 黄振华：《中国农村研究的两条进路》，载《中国社会科学论丛：转型正义（秋季卷）》（2011 年 9 月总第 36 期）。
④ 徐勇：《中国家户制传统与农村发展道路——以俄国、印度的村社传统为参照》，《中国社会科学》2013 年第 8 期。刘义强：《村户制传统及其演化：中国农村治理基础性制度形式的再发现》，《学习与探索》2014 年第 1 期。

## 二 村民自治制度落地:形式—条件范式

村民自治作为一个相当热门的学术问题,经历一个所谓"黄金十年"的时间,便很快趋冷,并淡出学界的视野。这与中国村民自治制度自身特性及其国家宏观背景密不可分。

村民自治由地方性经验上升为全国制度之后,就与原有地方性经验所面对和解决的问题不甚一致。制定《村民委员会组织法》之时出现了两种意见的争论就已蕴含了村民自治制度的内在张力。一是随着人民公社体制的废除,国家急需通过新的基层组织替代公社原有的行政管理功能,为此在乡镇以下设立村民委员会。由一定地域、相应的集体所有土地和集体成员构成的村民委员会成为国家在农村的基层建制单位,并被视为"行政村"。国家法令政策都需要通过村民委员会加以实施和贯彻。二是取代"政社合一"的人民公社组织的村民委员会体现"政社分离"的原则,不再是一级行政单位,因此法律定义为"基层群众性自治组织",并赋予其村民自我管理的民主权利。村民委员会因此具有二元属性,一是国家管理的建制单位,二是村民自治的组织单位。前者担负着国家下派的任务,后者担负着村民参与的责任。由于村民自治的国家建构性,前者力量更为强大,也就是村民委员会的行政功能强于自治功能。彭真在制定《村民委员会组织法》时表示了忧虑,认为村民自治面临的两大危险之一,就是"给村民委员会头上压的任务太多,'上面千条线,底下一根针',这样就会把它压垮。"[①] 彭真的忧虑不幸而言中。1990年代,随着社会主义市场经济体制的建立和城镇化的推进,农业、农村和农民问题日益突出。大量的国家任务需要作为农村基层组织的村民委员会承担并完成,其中有许多是农民并不自愿接受,甚至并不欢迎的任务,如计划生育、税费、生产和产品定购等。这些政府任务是不可能通过村民讨论得以贯彻实施的。为此,地方政府力求强化村民委员会的行政功能,最后造成村民自治功能的"过场化",有学者甚至宣布"村民自治已死"。既然如此,村民自治理所

---

① 彭真:《通过群众自治实行基层直接民主》,载《彭真文选》,人民出版社1991年版,第611页。

当然就会淡化出学界。

但是，村民自治作为一种群众实践行动，总是会在实践中寻求其出路。为解决日益严重的"三农问题"，全面建成小康社会，国家实现"以工支农，以城带乡"的战略转变，废除农业税，建设新农村，重新确立对农村"多予少取放活"的方针。这一宏观背景的转变为村民自治提供了新的契机。一是村民委员会所承担的不受村民接受和欢迎的政府任务大大减少，二是大量新农村建设工作需要村民作为主体参与。一些地方开始重新审视和开发村民自治的功能。

尽管1998年后村民自治遭遇到极大困难，但其潜在成效也日益增长。一是村民委员会在一定时期内协助完成了国家管理和发展的艰巨任务，为国家战略转变提供了基础性条件，同时它没有改变其性质，仍然是法定的自治组织，村民自治的制度平台仍然存在。二是具有民主价值取向的村民自治实施将"权利"意识带到广大农民之中，强化了农民的主体地位。新农村建设的推进需要面对这一新的环境，发现和利用村民自治的价值。四川省成都市在城乡统筹过程中，由政府给予每个村每年50万元的资金用于新农村建设。这笔资金如何用好，特别是不会因为资金分配产生新的矛盾，当地创设了村民议事会的方式分配、使用和管理资金。广东省云浮市是偏远落后地区，新农村建设缺乏财力支持。当地主政者推动建立村民理事会，以此吸纳乡贤参与新农村建设。而在广东清远，主政者发现当地以自然村为单位进行新农村建设成效更好，从而推动村民自治重心下移。

以上地方案例的共同特点就是在推进村民自治这一国家制度"落地"方面取得了实际成效，村民自治不再只是空壳，而赋予其得到群众欢迎并愿意参与的内容，从而重新焕发了其活力。正是在此基础上，2014年中央1号文件提出了一个重要命题，即"探索不同情况下村民自治的有效实现形式"，由此再次激发了村民自治研究的热情。

事实上，尽管有人对村民自治的进程表示悲观，甚至认为"村民自治已死"，但是作为村民自治的长期研究者的华中师范大学的学者并没有因此而放弃对村民自治的关注，甚至表示即便已死，也要知道如何死的。自2006年，华中师范大学开启了"百村观察计划"。这一计划将村民自治进程中的一些"明星村"作为样本，持续不断地跟踪观察。从观察事例看，村民自治进展确实不容乐观。如"海选第一村"的数届村委会选举都不尽人意，竞争性选举演变为派系之间的矛盾，村民意见很大的人得以数次当选，村庄治理成效不佳。这些事实促使学者们加以反思：为什么作为国家制度的村民自治落地之后会出现始料不及的结果？

与此同时，一些地方邀请华中师范大学指导新农村建设道路的探索。在与广东云浮市的合作中，使学者们感受到村民自治仍然具有强大的生命力，并意识到要将村民自治置于乡村治理创新体系中考察，提出"组为基础"，以村民小组作为村民自治的基本组织单元，通过合适的形式重新激活村民自治。[①] 2014年中央1号文件在改善乡村治理机制中明确提出，"探索不同情况下村民自治的有效实现形式，农村社区建设试点单位和集体土地所有权在村民小组的地方，可开展以社区、村民小组为基本单元的村民自治试点。"

学者的观点与中央1号文件的提法高度吻合，极大激发了华中师范大学学者的热情。2014年，华中师范大学中国农村研究院在"村民自治第一村"所在地召开了"探索村民自治有效实现形式高端研讨会"，提出要"找回自治"，并发表了一系列论文。[②]

华中师范大学从学术上"找回自治"，不仅仅是重新激发村民自治研究的热情，更重要的是创设了村民自治研究的新范式，即"形式—条件"范式。如果说"价值—制度"范式是村民自治研究范式的1.0版，那么，"形式—条件"范式则是村民自治研究范式的2.0版；如果说1.0版还是政治学科研究范式的自然延伸的话，那么，2.0版则反映了村民自治研究的高度学术自觉。其标志性成果就是邓大才教授的长篇论文《村民自治有效实现的条件研究——从村民自治的社会基础视角来考察》。该论文明确提出："村民自治的条件是什么，有什么样的形式，如何才能够有效实现等问题，则需要学界从理论层面进一步深入研究。"[③]

---

[①] 徐勇、周青年：《"组为基础，三级联动"：村民自治运行的长效机制——广东省云浮市探索的背景与价值》，《河北学刊》2011年第5期。

[②] 徐勇：《找回自治：村民自治有效实现形式的探索》；邓大才：《利益相关：村民自治有效实现形式的产权基础》；胡平江：《地域相近：村民自治有效实现形式的空间基础》；任路：《文化相连：村民自治有效实现形式的文化基础》，《华中师范大学学报》（人文社会科学版）2014年第4期。

[③] 邓大才：《村民自治有效实现的条件研究——从村民自治的社会基础视角来考察》，《政治学研究》2015年第6期。

当然，2010年以来，也有学者对于村民自治的创新提出了自己的见解，如程同顺教授关于将村民小组纳入村民自治体系的研究。[①]但总的来看，未能在研究范式上有新的突破。

以下由中国知网检索的村民自治研究论文数量统计：

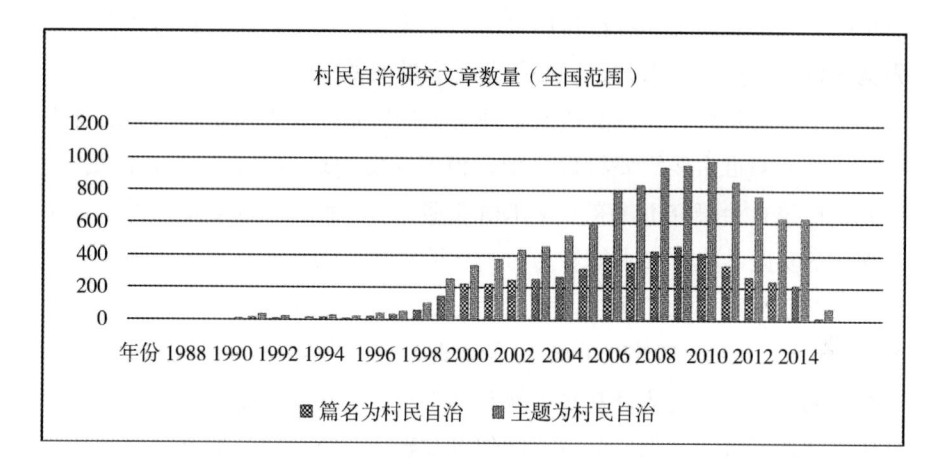

村民自治研究文章数量（全国范围）

■篇名为村民自治　■主题为村民自治

## 三 对村民自治研究范式创设与转换的评价

作为学术研究使用的范式，是研究假说、理念、结构、方法和话语体系的总和，并由此可形成一种研究模式或类型。在科恩看来，范式的突破导致科学革命。

从世界社会科学看，中国是后起者。近些年来，中国学者在社会科学方面取得了突飞猛进的成果，但从研究范式看，中国学者所做的独到贡献并不多，能够为世界所公认更少。也因为如此，近年中国学界提出了"中国话语"的命题。

尽管中国的村民自治研究并不成熟，但其重要成就就是开始形成自己的研究范式，或者说开始具有高度的范式自觉意识。在中国社会科学研究领域，村民自治研究为何得以形成自己的研究范式？从根本上说是基于中国实践。

实践是人们生动具体变化的实际活动。马克思主义高度重视实践的重

---

① 程同顺：《村民自治体系中的村民小组研究》，《晋阳学刊》2010年第2期。

要价值，毛泽东专门著有《实践论》，强调实践的第一性。村民自治发生于中国农村社会大地上，是亿万农民群众自己创造自己幸福生活的实践活动。这一实践活动是以往的理论所难以解释的。如果从这个角度看，沈延生先生说它是"理论的怪胎"是有根据的。但实践与认识相比，总是第一位的。无论人们怎样看待村民自治，毕竟它已发生。人们要解释它，首先就得认识它；要认识它，就必须基于它的实践。

更重要的是村民自治实践需要理论上加以指导。无论是村民，还是主政者，可能知道实践需要村民自治，但不一定知道为什么，怎么样更好？因此，村民自治研究不像有些学术研究那样是一种纯粹的学理探讨，它具有很强的实践品格，要求能够为村民自治实践提供学理认知。这种认知如果不是基于村民自治的实践，就会陷入空洞，为情绪所左右。村民自治研究中出现的"忽冷忽热"现象就是如此。当下许多学术研究也是如此，情绪化而不是学理化研究甚多，缺乏学术贡献。正是由于村民自治的生动具体变化的实践活动推动学者不断创设和转换研究范式，能够合理解释和解答村民自治实践活动中的问题，从而与村民自治实践活动相适应。

中国村民自治研究两个范式的形成都与村民自治实践活动密切相关，可以说，正是村民自治实践活动为村民自治研究范式的创设和转换提供了基础和源泉。

村民自治发源于1980年代初，但乡村自治在中国有着悠久的历史。当村民自治从一个小山村的经验，提升为一种国家制度时，必然要求有价值取向，要思考这一制度会给人们带来什么。这也是政治学与国家建构和国家制度建设相伴而生的重要原因。村民自治作为国家制度时，主政者赋予其民主价值，体现了国家制度建设的战略导向。正是由于村民自治上升为国家制度的政治实践活动，形成了村民自治研究的"价值—制度"范式。这一范式研究至少有四个方面贡献：

一是明确了村民自治的特性，将其与传统的乡村自治区别开来。乡村自治在中国有着悠久的历史，但其形态主要是乡村精英主导，更多的是一种秩序的自我建构。而当今的村民自治是在现代国家的总体框架下，以全体村民为主体的自治，体现着全体村民作为国家公民和集体成员，享有参与公共事务管理的权利。

二是从理论上阐明了中国农村村民自治的特殊国情基础，这就是集体所有制。村民自治蕴含的村民权利深深植根于集体所有制这一经济社会土壤之中，因此被视之为"草根民主"。

三是促进了整体制度设计。村民自治由地方经验上升为国家制度以后，学者以"价值—制度"范式对村民自治的制度构成、制度体系、制度运行、制度绩效等整体制度问题进行了研究。

四是将政治学等学科的视野引向中国大地和中国实践。我国的政治学、社会学、法学等学科是1980年代以后恢复的，之初主要是引进外国学说和改革思路。村民自治这一本土政治实践将学术的视野引向中国，推动了中国政治学研究从"殿堂"到"田野"的历史性路迁。[①]

然而，当村民自治作为一种国家制度进入实际生活中以后，"价值—制度"范式的研究就远远不够了。正因为如此，有学者试图用"内卷化"来解释为什么制度愈益完备而制度绩效愈益降低的原因。只是这种解释仅仅陷于解释而没有解答。

随着村民自治实践的发展，村民自治研究范式的2.0版——"形式—条件"范式应运而生。这一范式的主要贡献在于：

其一，回归村民自治本位。从村民自治实践看，当作为村民自治载体的村民委员会作为国家重新组织农村社会单位时，就面临着给予村民委员会过多任务的问题，面临着将其压垮的危险。与此同时，"价值—制度"范式仅仅是从村民委员会的法定自治组织的一个维度考察，对于村民自治给予了过高的期待。这是"价值—制度"范式必然带来的难题——要论证其对象的合理性、进步性。如果这一制度没有价值，也就无须建构制度了。因此，村民委员会变异为行政组织之时，村民自治也随之变形、走样，对村民自治给予过高的学者也因此而失望。事实上，村民自治只是乡村治理的一种方式，它不足以承载过高的价值期待。在新农村建设中，一些地方重新发现村民自治的价值，更主要的是从其自治的内在治理价值考虑的。村民自治回归其自治本位，尽管它仍然具有民主的要素，但已不主要是民主的一元价值。"形式—条件"范式恰恰是适应村民自治回归这一实践而产生的。

---

① 徐勇、邓大才：《政治学研究：从殿堂到田野——实证方法进入中国政治学研究的历程》，载《中国人文社会科学三十年：回顾与前瞻》，复旦大学出版社2008年版。

其二，大大拓展了村民自治的研究视野。当村民自治从地方经验提升为国家法律制度时，国家并没有根据村民自治的原则制定法律制度，而是以村民委员会组织为载体制定的法律。这样，村民委员会便成为唯一的法定自治组织。"价值—制度"范式的主要研究对象也是村民委员会。但是，由于村民委员会天生的行政功能，使村民自治的作用难以充分发挥。而"形式—条件"研究范式从如何有效发挥村民自治的作用考虑，大大拓展了研究视野。如当以"行政村"为载体的村民自治陷入"山重水复疑无路"的困境时，一些地方以自然村为载体的村民自治却相当活跃，呈现出"柳暗花明又一村"的景象。作为自然村的"这一村"给村民自治研究者以相当启示，村民自治的研究不能仅仅限于以行政村为单位的村民委员会，只要有助于村民自治，形式应该是多样的。"形式—条件"范式对于村民自治研究的视野因此大大拓展。

其三，村民自治研究的重心由国家制度安排转向农村社会内部需求和条件。村民自治从地方性经验提升到国家制度时，就具有其统一性、一致性、规制性。这是国家制度的特质决定的。而当村民自治从国家文本制度落地时，就面临着地方情况不一样的问题。特别是村民自治是亿万农民的实践活动，必须适应地方的不同情况和农民的不同需求，即要"接地气"。"价值—制度"范式的研究重心是村民自治的国家制度，因此难以解答村民自治如何"接地气"的问题。"形式—条件"范式因此应运而生。这一范式的研究重心从村民自治本身的价值出发，特别重视村民自治的有效实现形式，强调村民自治的"因地制宜"性，要根据不同情况选择不同形式实现村民自治的价值。村民自治的实现形式取决于其条件。"形式—条件"范式正是从村民自治实践活动建构起来的。如村民自治实现的必要条件——"利益相关、地域相近、文化相连、规模适度、群众自愿"等条件的研究，就是基于村民自治的内在因素和要求，在地方实践中率先提出后学者加以总结提炼的。这种相关性研究大大提高了研究的科学性和应用的有效性。

其四，"形式—条件"范式不仅着眼于现实条件，还关注历史的延续性和未来的走向性。因为，这一范式强调一切因时间、地点和条件而转移。这一研究范式必然要求对依赖条件的了解，由此促使学者对农村社会形态、变迁及现实状态的深度调查，将"因地制宜"中的"地"的属性、要素、结构、状态等摸熟摸透,掌握其习性。就如庄稼人必须首先熟悉"土地"的习性,才能决定种小麦和稻谷一样。正是基于此,华中师范大学在确立"形式—条件"范式之后,于2015年对原有的农村调查进行了重大调整,重新规划,开启了大规模的农村调查世纪工程。这是范式转换的必然要求,也是意外收获之一。

通过对村民自治研究的反思,可以得出以下结论:

一是研究范式的创设和转换的基础是实践,只有依据实践活动才能创设出与实践活动相关联的理论范式,才能在"中国实践"的基础上形成"中国话语"。

二是研究范式的创设与转换才能促进学术进步,使学术成果与实践相适应,并成为能够直接或间接影响实践的学术成果。

三是村民自治研究范式的创设与转换具有普遍的启示意义。即无论什么有价值的东西,都需要相应的形式加以实现,而有效的实现形式取决于相应的条件。离开了必要的条件和有效的形式,再好的价值也难以体现。如"民主是个好东西",从现代价值看是没有问题的。但这一好东西需要有好形式加以实现,而实现形式又取决于相关条件。

当然,研究范式永远只是一种认识工具。村民自治实践是丰富多彩,也是复杂多变的。村民自治研究不必仅仅限于某一种范式,现有两种范式也不是相互排斥而是相互补充的。同时随着村民自治实践,还需要创设新的研究范式。

(本文刊载于《中国社会科学评价》2015年第3期。原文题目《实践创设并转换范式:村民自治研究回顾与反思——写在第一个村委会诞生35周年之际》)

# 第二十章 质性调查与农村区域性村庄分类

在我国，经历了数十年的艰苦探索，且付出了沉重代价，才得以形成农村基本的经营制度及相应的基本政策和基本方法，即以家庭经营为基础，统分结合、双层经营、宜统则统、宜分则分、因地制宜、分类指导。但在实际进程中，为什么和怎么样才能做到"宜统则统、宜分则分"，"因地制宜"，进行"分类指导"，却还有待深入继续探讨。在实践中往往出现的是："统得过死，分得过多"，或者"一刀切"，很难因地制宜，分类指导作出决策。其重要原因之一就是对"地"的属性和"类"的区分缺乏深入调查和研究，对整个农村实际情况的认识更多的是片断的、零碎的、表层的。这就需要学界对中国农村进行深入调查和深度研究，以为因地制宜，分类指导的国家决策提供依据。而区域性村庄，则是农村研究的重要内容。自2015年，华中师范大学中国农村研究院开启大规模的"2015年版中国农村调查"工程，其中包括对中国七大区域的村庄进行调查。为什么要进行区域性村庄调查，为什么要分为七大区域进行村庄调查？以下就此作出说明。

## 一 "因地"与"分类"：质性研究方法

社会科学是现代社会分工的产物。作为一种社会科学研究，重要的不是发表政策言论，而是为制定政策提供理论与实际依据，供决策者参考和选择。这是现代社会分工的要求。学者只有寻找到最适合于自己的位置，才能发挥自己独特的优势。长期以来，从事农村研究的学者不少，发表的成果更是浩如烟海，但是能够对决策层产生直接或间接，短期或长期影响的成果却少之甚少。作为学人，我们可以对政策发表意见，乃至评头论足，但最重要的是要反思，学者对政策的制定提供了什么有独特价值的贡献？

中国是一个历史悠久，地域辽阔的大国，地区发展不平衡，因地制宜与分类指导因此成为制定农村政策的基本原则，也是农村研究的重要目标。所谓因地制宜，就是根据各地的实际情况，制定适宜的办法。这就意味着，此"地"与彼"地"不同。所谓"分类指导"，就是根据事物的类型状况进行有针对性的指导。这就意味着，此"类"与彼"类"不同。因此，"地"和"类"是在比较中界定的，具有一种区别于其他"地"和"类"的特质和特性。农村研究最重要的是准确把握"地"和"类"的属性和特质，政策制定者才有可能"因地"和"分类"作出决策。

社会科学研究不同一般的言论发表，特别需要方法论的自觉，并选择最为适合的方法达到自己的研究目的。农村研究要准确把握"地"和"类"的属性和特质，需要研究者在学术目标指导下，进行实地调查，收集资料，通过分析来完成，因此特别适合于"质性研究"（又被称之为"质化研究""质的研究"）方法。这一方法被认为是"以研究者本人作为研究工具，在自然情境下采用多种资料收集方法，对社会现象进行整体性探究，主要使用归纳法分析资料和形成理论，通过与研究对象互动对其行为和意义建构获得解释性理解的一种活动。"[①] 质性研究方法为什么是最为适合的方法呢？

首先在于以实际调查为基础的多种资料的收集。农村研究要了解"地"和"类"的属性，需要直接面对"地"和"类"加以认识，而不能凭空想象。即使是文学作品特别强调想象力，也有必要的实体基础，否则容易产生鲁迅所说的"燕山雪花大如席"尚属正常的夸张，而说"广州雪花大如席"就太离谱了。正因为如此，做农村研究的，一开始就将实地调查作为首要方法。人类学、民族学、社会学等重视实地调查的学科成为农村研究的重要支撑。实地调查的目的是认识对象，收集资料，但收集资料不仅仅依靠实地调查，还需要其他方法加以补充，如历史文献资料的收集等。

---

① 陈向明：《质的研究方法与社会科学研究》，教育科学出版社2000年版，第12页。

其次在于整体性探究。农村研究要了解"地"和"类"的属性,需要在整体比较中发现。换言之,农村研究不能仅仅只是对某一个"地"和"类"进行了调查便可以得出结论,它需要对构成"地"和"类"的范围进行整体比较才能发现此"地"与彼"地"、此"类"与彼"类"的不同。在农村研究中,我们经常会看到对村庄的分类,但这种分类大多属于研究者对某一个地方和类型进行了调查得出来的结论,而不是整体内相同维度中的差异比较,因此很容易产生一村一类型的轻率结论。所以,为了在普遍性中发现差异性,质化研究并不排斥量化研究。只是量化研究很容易采用他人资料和数据,往往会造成资料来源的同质性无法发现"地"和"类"的差异性。

再次在于通过归纳产生理论。农村研究要了解"地"和"类"的属性,调查和比较是基础,最后要产生结论和理论,即通过调查和比较,我们能够作出什么判断,并提供给他人呢?从提供理论的角度看,质性研究与其他研究没有区别,区别在于如何得出理论。质性研究是通过归纳的方法产生理论的,这不同于理论演绎和量化假设。为了得出准确的判断,质性研究要求在自然情境下,而不是人为制造的场景下,通过客观中立的调查,获得完整准确的材料,然后对材料加以归纳,最后得出结论。只有这样,我们对"地"和"类"的界定才是可供参考和验证的。

最后在于与对象的互动。农村研究要了解"地"和"类"的属性,要在与对象互动中发现。因为,农村研究的"地"和"类"与一般自然界的"地"和"类"有所不同,它是自然—社会—历史交互作用的产物。研究者在进行调查时,不仅要把握自然环境,而且要掌握人文社会和历史,调查中要与人交往和互动,才能发现"地"和"类"的属性及其与他"地"和"类"的区别。如在调查中,我们可以通过方言发现某"地"和"类"的属性及其区别,但方言只有在与对象互动中才能意识到。

## 二 "分"与"合":维度与条件

农村研究关注"因地"与"分类",均涉及到整体与部分的关系。"因地"通常是指在一个国家整体内,由于不同条件形成不同地方的特点;"分类"通常是指对一个事物整体内的不同要素区分为不同类型。如何界定农村研究中的整体与部分的关系呢?这就需要寻找统一的维度。这一维度就是"分"与"合"。

"分"是由整体中分化或产生出部分,包括分开、分散、分化、分离等。"合"是指各个部分合为一个整体,包括合作、合成、整合、结合、联合等。"分"在于个别性、部分性,"合"在于一般性、整体性。

"分"与"合"是人类社会一般的表现形态。中国著名小说《三国演义》开篇就表达:"话说天下大势,分久必合,合久必分"。现代社会科学通过不同的科学概念对"分"与"合"的状态进行概括,如经济学领域的"分工"与"合作",社会学领域的"社会分化"与"社会整合",政治学领域的"分权"与"集权"等。

人类是作为个体的"人"与作为整体的"类"共同构成的。从人类社会的发展看,"分"通常意味着变化,由一个整体向不同部分的变化过程。如在中国,由"天下为公"分裂为"天下为家",由"天下为家"分裂为"天下为人",整体社会不断裂变为一个个独立的个体,先是家庭,后是个人。"合"通常意味着秩序,由不同的部分通过一定方式形成一个有序的整体。整体尽管会裂变为个体,但个体不可能脱离整体而存在,任何个体都是相对整体而言的。将不同的个体结合为整体就会形成一种秩序。有序,整体就会存在;无序,整体就会解体。"天下为公"尽管会裂变为"天下为家",但是一个个"家"又会结合成为"国"和"天下"。如"齐家治国平天下","齐""治""平"就是结合的机制与手段。"分"与"合"是相对而言,是部分与整体的关系。这一关系是农村研究中的"因地"和"分类"的基本维度。

人类社会的"分"与"合"不是无缘无故发生的,必然受条件的制约。马克思说:"人们自己创造自己的历史,但是他们并不是随心所欲地创造,并不是在他们自己选定的条件下创造,而是在直接碰到的、既定的、从过去承继下来的条件下创造。"[①] 构成农村研究中的"地"与"类"的条件并影响农村社会"分"与"合"的条件主要有:

---

① 《马克思恩格斯选集》第1卷,人民出版社1995年版,第585页。

## （一）自然条件

自然是指人所面对的宇宙万物；是宇宙生物界和非生物界的总和。对于农村来说，自然具有十分特殊的意义。这在于农村是农业产业为基础的，而农业与工业相比，对自然具有高度的依存度。自然条件为人们的生存设置前提条件，构成人们生存的自然环境。愈是人类早期，受自然条件的制约愈大；愈是农业社会，对自然条件的依赖愈大，甚至赋予其神圣价值，如"风水"。

自然条件是由各种自然因素（包括人化自然）构成的自然环境系统，主要包括：天（气候）、地（地形）、水、土、区位等，形成了所谓的"一方水土"，即"地"，并分为不同的类型。而"一方水土养育一方人"。不同地方会产生不同人的特性和行为。法国启蒙学者孟德斯鸠认为，气候是人的品性和行为的决定因素，"气候的权力强于一切权力。"酷热有害于力量和勇气，寒冷赋予人类头脑和身体以某种力量，使人们能够从事持久、艰巨、伟大而勇敢的行动，因此，"热带民族的懦弱往往使他们陷于奴隶地位，而寒带民族的强悍则使他们保持自由的地位。所有这些都是自然原因造成的"。[①] 孟德斯鸠可能言过其实，但自然条件对人类社会的影响无疑具有重大作用，并制约着"分"与"合"。一般来讲，在自然条件比较适宜的地方，"分"的可能性更大；而为了应对恶劣的条件，"合"的可能性更大。

## （二）社会条件

社会是人们通过交往形成的社会关系的总和，是人类生活的共同体。社会是由各种要素构成的社会环境系统，主要包括：以物质生产为基础的经济要素、以人口生产为基础的社会因素、以观念生产为基础的文化因素和以治理生产为基础的政治因素。由于不同性质的要素，决定社会分为不同的形态。而人类社会形态又是在一定的空间里存在的。法国学者列斐伏尔认为："社会生产关系仅就其空间中存在而言才具有社会存在；社会生产关系在生产空间的同时将自身投射到空间中，将自身铭刻进空间。否

---

[①] 《马克思恩格斯选集》第1卷，人民出版社1995年版，第585页。

则，社会生产关系就仍然停留在'纯粹的'的抽象中。"① 因此，不同的社会条件便造成不同的"地"和"类"，对人的行为产生直接的作用，并成为造成人类社会"分"与"合"的直接因素。如在自然经济条件下，"合"的可能性更大，最小的经济单位也是作为共同体的"家"；在商品经济条件下，"分"的可能性更大，最小的经济主体可以是作为个体的个人，商品经济伴随着社会分化，当然也意味着更高层次的社会整合。

### （三）历史条件

人类社会是一个不断生长、发展、演化的漫长进程。无论是自然，还是社会，都是在历史进程中变化并构成人类存在条件的，由此构成由不同文明断层组合的历史形态。只有将自然和社会条件置于不同的历史形态中才能发现其动态演化的过程，也才能更准确理解"地"与"类"的特性和对人的行为的制约。如人类社会就是共同体裂变为个体，分化为不同个体的过程，同时也是一个由不同个体结合为新的共同体的历史演变过程。"分"与"合"贯穿于整个历史过程之中，但在不同的历史时空里表现形式则不一。德国社会学家滕尼斯在其《共同体与社会》一书中便表达了这一思想。马克思更是从自由的角度论述了个人与共同体（"类"）结合的演变及其不同类型，指出："从前各个人联合而成的虚假的共同体，总是相对于各个人而独立的；由于这种共同体是一个阶级反对另一个阶级的联合，因此对于被统治的阶级来说，它不仅是完全虚幻的共同体，而且是新的桎梏。在真正的共同体的条件下，各个人在自己的联合中并通过这种联合获得自己的自由。"② 人类社会是一个过程，形成不同的层面，有的进化时间长，层面多，有的反之。因此，对农村研究中的"地"与"类"及其"分"与"合"的考察，要十分注意历史条件。

历史是一个过程。这一过程是由不同阶段与节点构成的。中国农村研究的历史维度主要有两个：一是传统与现代。一般来讲，人们将农业社会称之为传统社会，将工业社会称之为现代社会。由此，现代工业社会之前

---

① 转引自［英］德雷克·格利高里、约翰·厄里编：《社会关系与空间结构》，谢礼圣、吕增奎等译，北京师范大学出版社2011年版，第95页。

② 《马克思恩格斯选集》第1卷，人民出版社1995年版，第119页。

的社会都可以称之为农业社会。现代化就是由传统农业社会向现代工业社会转变的过程。传统性与现代性是了解作为农村研究对象的区域性的重要历史维度。二是形态与实态（1949年前后）。在传统农业社会，由于各种条件的制约，区域的异质性差别非常突出，并构成不同区域的传统形态。而现代国家则是一个由多样性向一致性、一体性变迁的过程。但是这一过程正在变化之中，尚未完全定型，因此构成当下的研究者着手研究时的实际状态。在中国，形态与实态的分界线可以1949年为界。尽管1949年前，中国的传统形态已有些许变化，但由"改朝换代"的高层变动到"改天换地"的全面变革则在1949年以后，且这一变革尚处于了而未了的过程之中。

只有在充分了解自然、社会和历史条件的基础上，我们才能有效的"因地"和"分类"，了解人为何而"分"，因何而"合"，其内在的机理如何。

## 三 作为农村研究对象的区域

"因地"着重于整体中不同部分，"分类"也在于对整体中不同类型加以区分。就整体和类型单位而言，国家是整体，"地"和"类"分别是国家整体之下的不同部分。换言之，国家是由不同的部分构成的。农村研究要通过调查和归纳方法，研究一个国家的"地"和"类"的特性，但我们不可能穷尽所有对象，而且也没有必要。如中国有数十万个村庄，数亿农村人口，我们不可能，也没有必要都进行调查，再归纳出"地"和"类"的属性。这就需要寻找合适的研究单位。而区域是重要的研究单位。

区域是一个地域空间概念。一定地域总是由不同的区域所构成的。农村研究要了解的"地"和"类"，总是存在于一定的区域空间内。在农村研究中，引进"区域"单位是非常必要的。

从农村研究传统看，主要有两种研究单位。一是整体国家的视角，即将全国整体作为研究对象，是一种宏大叙事式的宏观研究。这种研究的资料来源主要是档案文献，或者理论建构，其成果甚多。代表性著作有费孝通的《乡土中国》等。这种研究将国家作为一个整体研究，具有高度的概括性，但也存在相当的局限。例如，《乡土中国》一书就主要是基于中国核心区域的研究，而许多次生区域或边缘区域的现象就被忽视。

二是个案社区，即将某一个个案作为研究对象，是一种微小叙事式的微观研究。目前，这种研究日益增多。可以费孝通的《江村经济》为代表。这种研究主要是基于实地调查，其优点是可以进行深入的挖掘。但其也有一定的限度：一是在社会多样化的条件下，一个案例很难解释一类现象；二是因为选取的案例不同，一个地区可以得出完全不同，甚至自相矛盾的结论。

因此，为了弥补现有研究的不足，需要借助于其他学科在研究方法上的进展。近些年来，历史学界开始注意寻找新的研究视角，也就是区域性研究。傅衣凌先生提出："由于生产方式、社会控制体系和思想文化的多元化，由于这种多元化又表现出明显的地域不平衡性和动态的变化趋势，中国传统社会产生了许多西欧社会发展模式所难以理解的现象。"[①] 而杨念群则从方法论的角度提出了"中观"理论。由于区域社会研究进展较快，产生了不少区域性研究成果，它们开始被视之为某种"学派"。其中，山西大学和南开大学对华北农村的研究被视为一派，而基于对华南农村的研究也出现了所谓的"华南学派"等。

与中国学界的情况类似，国外对于中国问题的研究视角也经历了一个由整体到部分的变化过程。在早期，比较多的研究是国家整体研究，以美国学者费正清的《美国与中国》一书为代表。后来，随着美国学者柯文《在中国发现历史》一书的问世，区域社会研究开始迅速增多，其代表性著作有美国学者裴宜理（Elizabeth J. Perry）的《华北的叛乱者与革命者：1845—1945》、美国学者黄宗智的《长江三角洲的小农家庭与乡村发展》和《华北的小农经济与社会变迁》、美国学者濮德培（Peter C. Perdue）的《榨干土地：湖南的政府与农民，1500—1800》等。

现有的区域社会研究无疑大大弥补了原有学术传统的不足。但是，对于"地"和"类"的农村研究来说，它们仍然不够理想。其主要在于：相当多数的区域研究，只是对某一个地区的某一现象的研究，更多属于国家整体之下的地方性研究，如华南的宗族研究、华北的水利社会研究、湖

---

① 傅衣凌：《集前题记》，《明清社会经济史论文集》，人民出版社1982年版。

南的土地、农民与政府研究，等等。有学者甚至将区域史与地方史加以等同，认为"区域史，又称地方史"①。

严格来说，区域研究不能等同于地方研究，区域社会研究的价值不仅仅在于对某一个地方的现象的研究，更重要的是寻求造成区域性特性的构成要素，从而形成区别于其他区域的特质。因此，区域研究至少有两个基本特征：一是同质性，即同一区域具有大体相同的特质，正因为这一特质而造成该区域相类似的现象较多，具有区域普遍性。当然这种同质性并不是区域现象的绝对同一性，主要在于其规定的现象多于其他区域；二是异质性，即不同区域具有比较明显的差异性特征，正因为这一特质造成该区域同类现象不同于其他区域的同类现象。无论是同质性，还是异质性，都需要经过比较才能体现。而比较则需要有确定的标准。因此，区域研究与地方研究都属于国家整体的部分研究，但又有不同。地方研究可以不用比较，是某个地方就是某个地方，其研究限定于某个地方。而区域研究一定要发现该区域与其他区域所不同的特质，一定是在比较中才能发现其特质，且这种特质是内生的、内在的，而不只是外部性的现象。

作为农村研究对象的区域性，主要是指某类现象在某个区域内更为集中，并因此与其他区域不同。在中国，最大的区域差异是北方与南方。中国地理分布的分界线之一是秦岭、淮河一线，以北为北方区域，以南为南方区域。费正清曾描述道："凡是飞过大陆中国那一望无际的灰色云天、薄雾和晴空的任何一位旅客，都会显眼地看到两幅典型的画面，一幅是华北的画面，一幅是华南的画面。"② 在世界上，很难找到有中国这样南北差异之大，并对经济社会政治产生巨大影响的国家。中国历史上就曾数度出现过南北分化、分裂、分治时期，如南朝、南宋。南北差异也给政治决策和走向带来影响，如开辟大运河，首都东移和北进，政治过程中的南巡和北伐等。这都表明中国北方和南方有着不同的自然—社会—历史土壤，会生长出不同的结果。如我国农村合作化起源于北方，而分田到户则发源于南方。因此，将区域性作为农村研究的对象，有利于根据区域性特质，"因地制宜"和"分类指导"。

---

① 李玉：《中国近代区域史研究综述》，《贵州师范大学学报》2002 年第 6 期。
② 费正清：《美国与中国》，世界知识出版社 1999 年版，第 4 页。

## 四 作为农村研究对象的村庄

国家是由不同区域构成的空间单位。一般来讲，区域的范围比较大。要对区域内的所有对象进行调查研究，不可能也无必要。由此需要进行二次分类。村庄则是农村研究的基本单位，也是发现区域特性的重要基础。只有通过对村庄性的深刻把握才能深入把握区域性。

农村社会是由一个个村庄构成。村庄是农村社会成员的地域聚落。农民的生产、生活和社会交往都是在村庄内完成的。对于传统社会的农民来说，村庄就是其世界，人生的终身都可能在村庄内度过，因此有所谓"十里不同音，百里不同俗"的说法。愈是进入现代社会，村庄的地位愈益重要。1949年以后，伴随集体化，村庄成为具有明确和固定边界的单位，集体经济以村庄为单位组织，即"村集体"。同时，村庄也成为国家治理的基本单位，即"行政村"。

更重要的是，村庄不仅仅是农业空间聚落，而且是人与人的结合，并形成人与人之间的关系及其相应的意识形态。透过村庄这一微观的社会组织，我们有可能发现整个农业社会及其区域性特质的构成要素。法国学者列斐伏尔认为："社会生产关系仅就其空间中存在而言才具有社会存在；社会生产关系在生产空间的同时将自身投射到空间中，将自身铭刻进空间。否则，社会生产关系就仍然停留在'纯粹的'抽象中。"[①] 农业社会关系及其区域性特质都将通过一个个村落空间体现出来。换言之，没有村庄载体，农业社会及其区域性就无从充分展示出来。因此，村庄是农村社会一个完备的基本组织单位，亦成为农村研究的基本单位。

将村庄作为农村研究的基本单位，并通过村庄性把握区域性，对于运用质化研究方法把握农村研究中的"地"与"类"具有重要价值。

与量化研究强调普遍性相比，质性研究更强调深度性，即通过深度调查，"将一口井打深"，来获得对对象特性的深入理解。因此，质性研究十分强调"扎根理论"和"深描"。

---

[①] 转引自［英］德雷克·格利高里、约翰·厄里编：《社会关系与空间结构》，谢礼圣、吕增奎等译，北京师范大学出版社2011年版，第95页。

"扎根理论"是质性研究的一种重要方法。"扎根理论方法包括一些系统而又灵活的准则（guideline），让你搜集和分析质性数据，并扎根在数据中建构理论。"① 这一方法要求：第一，进入现场搜集和分析，这是前提；第二，数据是质性数据，其最能反映对象本质特征的数据；第三，扎根于所搜集的数据之中建构理论，而不是在数据之外推导出来的理论。因此，运用扎根理论方法，进入村庄现场调查，是了解村庄特性的有效方法。

"深描"作为质性研究方法，是相对"浅描"而言的，特别强调互动性、过程性、细节性和情境性。② "深描"最早用于人类学研究，是基于一种异文化的调查研究方法，用此方法可以更好地发现和比较不同对象的特质，也是发现村庄特性的有效方法。尽管"深描"注重细节，甚至微不足道的小事，但是决不是什么小事都要进行研究，恰恰相反，对对象必须有所取舍，以选择最能达到研究目的的对象。③ 这种研究显然有助于在比较取舍中把握村庄的特性。

质性研究的"扎根理论"和"深描"都特别强调研究者的亲身调查与经验。但是，要让调查者对调查区域的所有村庄进行调查，然后产生结论，是不可能，也没有必要的。村庄在英文中为"village"。有一句西方谚语说："Every village has its idiosyncrasy and its constitution"，就是说每一个村庄，都有自己的特性和脾气。但每一个村庄也有其同类型的共同性。我们可以通过寻找其共同性把握某区域的村庄性。这就需要寻找符合区域理想类型的村庄。

理想类型研究是德国社会学家韦伯所创立的研究方法。这种研究将事物的本质特性抽象出来，加以分类，如韦伯将统治合法性的类型分为三类。在农村研究中，可以借用这一研究思路和方法，选择最符合区域性特征的村庄进行深度调查。区域性特征就是研究者的目标和理想类型。只要选择若干最能体现区域性的村庄进行调查研究，就有可能从总体上把握该

---

① 凯西·卡麦兹：《建构扎根理论：质性研究实践指南》，重庆大学出版社2009年版，第3页。
② 参见陈向明《质的研究方法与社会科学研究》，教育科学出版社2000年版，第347页。
③ 参见澜清《深描与人类学田野调查》，《苏州大学学报》（哲学社会科学版）2005年第1期。

区域类似村庄的共同特征,而不必要对所在区域的所有村庄都进行调查研究。因此,村庄性与区域性是相联系的。只有从区域性整体特征出发,才能选择最能反映区域特征的村庄;只有深度把握村庄特性,才能充分说明区域特性。

相对区域而言,村庄的范围小得多,更容易做深度调查基础上的质化研究,将区域性具体化、实证化、动态化。"因地制宜"的"地"和"分类指导"的"类"最具体和最终体现在村庄属性上。由此要根据不同的标准对村庄加以分类。在对村庄性研究中,以下标准及其分类非常重要:

1. 以村庄名称为标准的分类。村庄名称是一种符号,通过这一符号,可以发现某类村庄的特质。在中国,村庄的"姓"以人的姓命名的非常多,反映了血缘关系与农耕社会同一体的特质。但在不同区域,村庄的"名"却有区别。如在黄河区域,村庄更多是以庄、寨、营、屯、卫等冠名,村庄的建构性群体性强;在长江区域,村庄更多是以村、冲、湾、垸、岗、台等冠名,村庄的自然性个体性强,与水相关。

2. 以居住状态为标准的分类。村庄是农村社会成员的居住聚落。村庄名称是一个村庄的标识和指称。这种标识和指称并不是随心所欲的想象,而有其内在的涵义,反映了一种居住状态。根据居住状态,可以分为"集居村"和"散居村"。庄、寨、营、屯、卫、店等,更多的是一个人口居住相对集中的农村聚落,集居、群居、集聚度高,属于集居型村庄,即"由许多乡村住宅集聚在一起而形成的大型村落或乡村集市。其规模相差极大,从数千人的大村到几十人的小村不等,但各农户须密集居住,且以道路交叉点、溪流、池塘或庙宇、祠堂等公共设施作为标志,形成聚落的中心;农家集中于有限的范围,耕地则分布于所有房舍的周围,每一农家的耕地分散在几个地点。"① 村、冲、湾、垸、岗、台等,更多的是人口居住相对分散的农村聚落,主要是散居,甚至独居,分散度高,属于散漫型村庄,即"每个农户的住宅零星分布,尽可能地靠近农户生计依赖的田地、山林或河流湖泊;彼此之间的距离因地而异,但并无明显的隶

---

① 鲁西奇:《散村与集村:传统中国的乡村聚落形态及其演变》,《华中师范大学学报》(人文社会科学版) 2013 年第 4 期。

属关系或阶层差别,所以聚落也就没有明显的中心。"① 鲁西奇认为,传统中国的农村聚落状态,"从总体上看,北方地区的乡村聚落规模普遍较大,较大规模的集居村落占据主导地位";而在南方地区,"大抵一直是散村状态占据主导地位;南方地区的乡村聚落,虽然也有部分发展成为集村,但集村在全部村落中所占的比例一直比较低,而散村无论是数量、还是居住的人口总数,则一直占据压倒性多数。"②

3. 以村庄形成为标准的分类。无论是集村,还是散村,都是历史进程中形成的。根据村庄形成的标准,可以分为自然村和行政村。自然村是由村民经过长时间聚居而自然形成的村落。其语音相对独立统一,风俗习惯约定俗成,以家族为中心。自然村数量大、分布广、规模大小不一,有仅个别住户的孤村(如在山区),也有数百人口的大村(如在人口稠密的平原地区)。自然村是农民日常生活和交往的单位,但不是一个社会管理单位。为便于国家管理,国家建构农村社会管理单位,即行政村。行政村是为实现国家意志而设立的,是一种体制性组织,又称之为"建制村"。在不同的时代,行政建制名称不一样。如秦汉时期的乡里、明清时期的保甲。自然村与行政村有可能相重合,也有可能不一致。在南方散村区域,自然村一般较小,通常是若干个自然村合为一个行政村。在北方集村区域,自然村较大,往往是一个自然村为一个行政村。显然,自然村与行政村的合一,有助于国家意志的贯彻实施,村与户的关系更为紧密。

4. 以血缘关系为标准的分类。无论是自然村,还是行政村,其基本组织单元都是由血缘关系构成的家庭。血缘关系是农村村庄存在的基本关系。在中国,血缘通常以姓氏加以表征。根据血缘关系,村庄可以分为"单姓村"和"多姓村"。单姓村指一个村一个姓氏。如宗族社会的村庄通常都是单姓村,自然村往往是单姓村。多姓村指一个村庄内有多个姓氏的人构成,意味着村庄成员来自不同的血缘家庭,村庄的因地缘结合的特征突出。而"多姓村"又可以进一步分类:"主姓村"和"杂姓村"。前者意味着以一个,或者若干姓为主,后者看不出明显的主姓。

---

① 鲁西奇:《散村与集村:传统中国的乡村聚落形态及其演变》,《华中师范大学学报》(人文社会科学版)2013年第4期。

② 同上。

根据不同标准，村庄还可以进一步细化，如根据经济水平分为贫困村和富裕村；根据产业类型，可以分为农业村、牧业村、农工商合一村；根据村庄成长历史，可以分为历史名村、移民新村；根据民族归属，可以分为汉族村、少数民族村等等。但就作为农村研究对象的村庄性而言，村庄的分类不是随意和无限的，而要与区域性的理想类型关联起来，寻找村庄分类对于理解区域性和村庄性的价值与意义。比如，集聚和散居不仅仅是一种居住形态的差异，同时也蕴育着人与人之间的结合关系及其意识形态，从而建构起"村庄性"。鲁西奇就认为："采用怎样的居住方式，是集中居住（形成大村）还是分散居住（形成散村或独立农舍），对于乡村居民来说，至关重要，它不仅关系到他们从事农业生产的方式（来往田地、山林或湖泊间的距离，运送肥料、种子与收获物的方式等），还关系到乡村社会的社会关系与组织方式，甚至关系到他们对待官府（国家）、社会的态度与应对方式。"[1] 而在法国学者阿·德芒戎看来：每一居住形式，都为社会生活提供一个不同的背景；村庄就是靠近、接触，使思想感情一致；散居状态下，"一切都谈的是分离，一切都标志着分开住"。因此，也就产生了法国学者维达尔·德·拉·布拉什所精辟指出的村民和散居农民的差异："在聚居的教堂钟楼周围的农村人口中，发展成一种特有的生活，即具有古老法国的力量和组织的村庄生活。虽然村庄的天地很局限，从外面进来的声音很微弱，它却组成一个能接受普遍影响的小小社会。它的人口不是分散成分子，而是结合成一个核心；而且这种初步的组织就足以把握住它"。[2] 所以，村庄分类不是为了分类，更主要的是通过分类，更好地把握村庄性乃至区域性。

## 五　作为农村研究对象的区域性村庄分类

"分"与"合"是对人类社会的存在状态，也是农村研究的基本标准。由于自然—社会—历史的条件不同，"分"与"合"在一个国家内不

---

[1] 鲁西奇：《散村与集村：传统中国的乡村聚落形态及其演变》，《华中师范大学学报》（人文社会科学版）2013年第4期。

[2] ［法］阿·德芒戎：《人文地理学问题》，葛以德译，商务印书馆1993年版，第192页。

同农村区域的表现形式不一样，使得某些村庄在一定区域存在多一些，某些村庄在一定区域存在少些，由此构成不同的区域性村庄。

根据"分"与"合"的维度与自然—社会—历史条件，按照典型化分类的标准，我们可以将中国农村分为以下七大区域性村庄：

1. "有分化更有整合"的华南宗族村庄

"聚族而居"是华南宗族村庄的存在状态。血缘关系是人类最原始、最基本、最古老的关系。人类最初是以"群"（"类"）的方式生存，早期传统农村实行"聚族而居"，通过一个个由血缘姓氏结合而成的宗族将农村社会成员组织起来，形成"家族同构、族高于家"的宗族村庄。宗族村庄普遍存在于早期中国农耕区域。在漫长的历史长河里，由于多种原因，"聚族而居"的宗族村庄社会四分五裂为一个个个体家庭构成的分散型村庄。但在中国的南方，特别是赣南、闽西南、粤东北、浙南、皖南、湘南、鄂南、四川等区域尚存在比较完整的宗族村庄。这类宗族村庄因集中存在于赣南、闽西南、粤东北等地，所以以"华南宗族村庄"加以概括，其最典型的特征就是保留了完整的传统宗族社会，构成了中国传统农村的历史底色。

需要说明注意的是，华南是一个区域性概念，并不是所有的华南区域的农村都是以宗族村庄的形式加以体现，也不是只有华南才有宗族村庄，而是指宗族村庄在华南区域更为集中，保存下来更为完整。我们通过对华南区域的宗族村庄的了解，则基本可以把握宗族村庄的整体状况。

华南宗族村庄的气候环境和水利条件适宜于农耕，属于水稻产区。许多村庄交通便利，有一定的商业，但总体来看，地理位置偏僻，处于国家地域中的边缘地带。与南方区域的散村形态不同，宗族村庄通常为集居形态。这与宗族村庄大多因战乱迁移，特别注重整体安全有关。

"有分化更有整合"是宗族村庄的鲜明特征。宗族与氏族不同，它是以个体家庭为基本单位的。如果说宗族是"大家"，那么，个体家庭则是"小家"，只是"小家"是由以共同的祖宗为纽带的宗族"大家"分化出来的。"小家"尽管有相对独立性，但是与宗族"大家"有紧密的联系，宗族村庄通过共同的血缘关系、财产关系、社会关系、文化关系和治理关系将各个小家和个人结合或者整合在一起，形成以血缘关系为基础的共同体。这类村庄有"分"，但更有"合"，或者更强调"合"，并有促进

"合"的机制。因此,宗族村庄以宗族整体性为最高标准,其内部存在差异性,但更有将差异性抑制在整体性框架内的机制,从而形成宗族村庄秩序。

宗族村庄在对"因地"和"分类"的农村研究中具有重要价值。其核心是整体性与差异性、"分"与"合"的并存,特别是在如何"分"与"合"方面有诸多机制。如通过适度的"分"获得宗族竞争活力,通过公共财产形成维系宗族共同体的财产基础。中国农村改革权威杜润生就在论证"分田到户"的合理性时指出:"所有权和使用权的两权分离,过去在中国社会也曾存在过,但不是很普遍,比如村庄的祠堂地、村社土地一类。"[①] 当下,许多地方以行政村为基础的村民自治陷入困境,而在广东清远市农村的村民自治却十分活跃,其重要原因是以宗族为基础的自然村作为自治载体,并以自然村的自治推动着土地的整合。

正因为宗族村庄存在久远,至今仍然有很大影响,且内在机理仍然有重要价值,所以成为农村研究中的重要对象,产出的成果也较多。只是对这类村庄为何存在,如何存续还有许多未解之谜,也还存在许多问题需要通过调查进一步探讨。如研究中国宗族村庄的权威专家的弗里德曼将水稻种植作为宗族村庄存续的理由之一,但是我们如果进一步追问,同样是水稻区,为什么宗族村庄未能存续呢?显然,宗族村庄还有许多问题需要在充分调查基础上进行研究的必要。

2. "有分化缺整合"的长江家户村庄

"随水而居"是长江家户村庄的存在形态。气候与水对于农业具有至关重要的影响。以秦岭、淮河为界,中国形成南北两大区域,分别有两大水系,即南方的长江与北方的黄河,由此构成南北两大农村核心区域,并具有各自的特质。在长江流域,特别是长江中上游,即四川、重庆、湖北、湖南、江西、安徽等地,主要为平原与丘陵,主产水稻,属于稻作区,人们随水而居。自然村和散居村多,村名大多与水相关,如冲、湾、垸、岗、台等。一个个家户星罗棋布散落于平面形态的小块水田旁,形成最为典型的传统小农经济,即一家一户、农业与手工业结合、自给自足的自然经济。在自然经济形态占主导地位的传统社会,小农经济状态决定着

---

① 杜润生:《杜润生自述:中国农村体制变革重大决策》,人民出版社2005年版,第153页。

国家的兴衰,所谓"湖广熟,天下足"。长江中上游区域最为典型的特征是家户小农经济基础上的家户社会。家户社会以血缘关系为基础,以裂变的个体家庭为中心和本位,不同于宗族社会。

"有分化缺整合"是长江家户村庄的鲜明特征。如果将"聚族而居"的宗族村庄视之为大树的话,那么,"随水而居"的家户村庄则是大树的枝丫和树叶。只是与宗族村庄不同,家户村庄的个体家户与远祖缺乏内在的联系,犹如脱离了树干,散落在各地的枝叶。个体家户及其相近的亲族在日常生活中占主导地位,近亲愈近,远亲愈远,缺乏对共同祖宗崇拜、共同地域、共同财产、共同社会关系、共同价值、共同治理等机制将一个个个体家户联结起来,形成具有整体性的共同体。家户本位的私人性、差异性、竞争性强,村庄联系和合作的整体性、共同性弱。

家户村庄是最为典型的中国农村底色。毛泽东在 1940 年代就指出:"在农民群众方面,几千年来都是个体经济,一家一户就是一个生产单位,这种分散的个体生产,就是封建统治的经济基础,而使农民自己陷于永远的穷苦。克服这种状况的唯一办法,就是逐步地集体化;而达到集体化的唯一道路,依据列宁所说,就是经过合作社"。[①] 由分散的个体家户生产走向农民合作的集体生产,是中国农业社会主义改造的基本前提。只是这种改造带有很强的国家整合的特点,换言之,农村的"合"主要是外部力量推动,由此形成的人民公社统一经营体制缺乏必要的农村社会基础。而对公社统一经营最不适应且率先对这一经营体制挑战,探索包产到户(民间习称"分田单干")的则集中于长江中上游区域。民间一度流行"要吃粮,找紫阳;要吃米,找万里"[②] 的说法。邓小平就表示:以包产到户为主要内容的农村改革"开始的时候,有两个省带头。一个是赵紫阳同志主持的四川省,那是我的家乡;一个是万里同志主持的安徽省"。[③]

当然,家户村庄也有其限度。一家一户为单位的家户村庄将个体家户的私人性激发出来,分化带来了活力,但由于缺乏必要的横向机制将一家

---

[①] 《毛泽东选集》第 3 卷,人民出版社 1991 年版,第 931 页。

[②] 赵紫阳于 1975—1979 年间担任中共四川省委书记,万里于 1977—1979 年间担任安徽省主要领导。他们在任职期间都积极支持以家庭为生产经营单位的农村改革。

[③] 中共中央文献研究室:《十二大以来重要文献选编》(下),人民出版社 1988 年版,第 1443 页。

一户联接起来，形成有机的整体，只能依靠政府的纵向整合，而这种整合往往会进一步弱化家户村庄的公共性。在当下的新农村建设中，人们会经常发现，由于一家一户分散的原因，造成道路难修，水管难通等。因此，对于"有分化缺整合"的长江家户村庄而言，在私人性基础上发育和形成公共性，还有大量问题需要研究。而这对于全国也具有普遍性价值。

3. "弱分化强整合"的黄河村户村庄

"集村而居"是黄河村户村庄的存在形态。黄河区域主要指黄河中下游区域，包括陕西、山西、河南、河北、山东等地。这一区域本是中华农业文明的主要发源地。农业文明最早就是以人们群居的村庄聚落形态表现出来的。同时，黄河区域紧邻北方游牧区域，长期是国家的政治中心地带，受战乱的影响深远。黄河区域农耕的自然条件与长江区域截然不同，属于干旱区、主产小麦等旱作物，地势平坦。一个个村庄聚集在一大块农田麦田旁边。村庄大多以庄、寨、营、屯、卫等命名，属于人口集居村庄。本来，宗族社会最早起源于黄河区域，但因为战乱、灾害等原因，南移到华南。黄河区域由宗族社会而裂变为个体家户社会。但因为自然—社会—历史原因，黄河区域村庄的存在形态在于其集聚性、集体性，个体家户集聚、集中在一个空间领域，村庄群体与家户个体具有紧密的依赖关系，由此构成村户社会，与长江区域的分散性、个体性的家户村庄形成鲜明的差别。

"弱分化强整合"是黄河村户村庄的鲜明特征。由于自然条件、社会条件和历史境遇的同一性，使得黄河区域村庄内部的分化程度不高，或者分化比较简单。但是，黄河区域的农村社会成员的集聚度高，人与人之间的联系紧密，村民之间的横向联系较强，特别是由于外部自然条件恶劣（如缺水）和社会条件严酷（如经常性战乱）的强制性整合，造成村庄的集体依赖性和整体性强。如果说，在中国，少数民族进入中原地区后会"汉化"，那么，中原地区也会"胡化"。其游牧民族的部落群体对于中原，尤其是黄河区域有很大影响。这也是黄河区域村庄整体性强的重要原因。总体上看，黄河区域的村庄地域整体的地位高于血缘家户个体，集体意识和行动能力强。

黄河区域的村户村庄在中国农村社会变迁中有其特殊地位。在 20 世纪，中国共产党改造传统个体家户社会的依据是一家一户小农经济，通过集体合作的集体化，避免社会分化。但集体化最早起源于黄河区域。例如，山西的张庄早在1940年代后期土地改革刚结束时，就开始了集体互助。50年代农业集体化进程中的模范典型也大多产生于黄河区域。例如，山东的厉家寨就被视之为合作化的典范。人民公社最早发源于河南和河北。在人民公社化的进程中，最早实现人民公社化的9个省，有8个在黄河区域。[①] 到六七十年代，作为全国集体经营旗帜的大寨则位于山西。直到80年代后，黄河区域还有一些村庄仍然在坚持集体统一经营。

当然，黄河区域的集体化在相当程度是因为特定的自然—社会—历史条件造成的，具有强大外部整合的特点，村庄缺乏个体性和差异性，也缺乏竞争和活力。随着社会发展，家户在农村社会的地位愈益突出，社会分化、分离性增强。但是，其集体性、整体性、共同性的历史底色仍然存在，且还会发挥作用。如在黄河区域的山东、河南、山西、河北等地，以行政村为单位的农民股份合作、农村城镇化、农村社区建设、农村村民代表会议等发展较快。因此，对于"弱分化强整合"的黄河区域村庄来说，如何在社会分化日益突出的基础上，推进自愿基础上的社会联合、社会合作，具有重要价值，也具有普遍意义。

4."小分化大整合"的西北部落村庄

"逐草而居"是西北部落村庄的存在形态。中华文明是在农业文明与游牧文明互动中形成的。游牧文明主要发生和存在于西北区域。游牧是一种不同于农耕的生产方式，具有很强的流动性和不可控性。以游牧为生的人通过一个个部落群体组织起来，共同应对外部挑战。一个个部落逐草而居，分布于茫茫草原上。在农业文明与游牧文明互动中，游牧部落会受到农耕家户的影响，农耕家户也会受到游牧部落的影响。如黄河区域的集体性既有古典的宗族社会影响，也有游牧部落的影响。西北区域主要包括新疆、内蒙古、西藏、甘肃、青海、宁夏等牧区，其典型特征是部落村庄。

"小分化大整合"是西北部落村庄的鲜明特征。家庭是部落构成的微小单元，但家户寓于部落之中，部落的地位远高于家户，其内部的分化程度非常小。同时，为了应对恶劣的环境，部落之间还会形成联盟，由此形成大整合。这种整合不同于黄河区域以村庄为单位的整合，而经常会超越

---

[①] 参见《建国以来农业合作化史料汇编》，中共党史出版社1992年版，第501页。

一个个部落单位，从而获得更为强大的整体性和集体行动能力。传统游牧部落以"十户长、百户长、千户长"作为组织建制，便反映了大整合的特点。这也是游牧民族得以经常战胜农业民族的重要组织原因。

西北部落村庄在中国农村社会变迁中有其独特地位，并形成鲜明特色。农村村庄本来是固定在一个地域上的农民聚落。而部落村庄的特点是流动性，并在流动中形成整体性和共同性。长江区域家户村庄因"随水而居"产生的是分散性、个体性，西北区域部落村庄则因"逐草而居"产生的是集聚性和整体性。同时，西北部落村庄位于国家边陲的浩瀚草原中，流动性强，其特点突出，治理难度大。如何针对这一特点，"因地制宜"进行"分类指导"，是国家治理的重大问题。如在流动性的西北区域，实行与内地"包产到户"类似的农业政策，其难度就较大。

5. "低分化自整合"的西南村寨村庄

"靠山而居"是西南村寨村庄的存在形态。中华文明是在由核心向边缘不断扩展形成的。除了黄河、长江等核心区域以外，还有广阔的边缘区域。与茫茫草原和沙漠地带的西北边缘区域不同，处于崇山峻岭和山峰林立之中的西南边缘区域与核心区域的互动较少，相对封闭，主要包括广西、贵州、云南，以及四川、重庆、湖北与湖南部分被称之为少数民族的地区。这些区域远离政治中心，自然条件恶劣、文明发育程度较缓，有自己独特的自然、社会、文化与政治形态。为了应对环境，人们大多"靠山而居"，以山区村寨的小集居、大散居的方式居住、生活，村庄大多以"寨""屯"之类的集居聚落命名。尽管家庭是基本单元，但村寨共同体的地位高于个体家户。因此，西南区域村庄组织形态是村寨社会。

"低分化自整合"是西南村寨村庄的鲜明特征。由于自然、社会和历史条件的同一性，西南村寨的社会分化程度很低，人们世世代代过着相同的生活，与外部交往很少。正是在封闭的生活空间里，形成了独特的习俗，人们根据世代传承的习俗进行自我调节，其自我整合的自治性强。与此同时，由于位置偏远，中央政府对于这些地区实行"因俗而治"的政策，使得村庄自我调节得以长期存续。

与黄河区域村户村庄的集体性主要是外力推动不同，西南村寨的合作与集体性主要源于内在的动力与机制，是人们长期共同生活中获得的一种自我认同。这种基于村民自我认同的集体性比较容易达成一致，进行有效的自我治理。人民公社体制废除以后，中国在村一级实行村民自治，其制度来源于广西壮族自治区的合寨村。在西南区域，实行自治更多带来的是团结，而不像社会分化程度比较高的地方，实行自治往往带来的是进一步的分裂、分散。当然，西南区域村寨的"低分化自整合"与其地理位置和交通条件相关，随着交通和通讯条件的改善，其对外开放程度提高，"低分化自整合"的形态也在悄然发生变化。

6. "高分化高整合"的东南农工村庄

"逐市而居"是东南农工村庄的存在形态。文明可以分为原生、次生、再生等不同层次。再生即在原生文明基础上再生出一种新的文明形态。中国的东南区域，包括江苏、浙江、福建、广东等地本属于南方农耕区域，具有农业社会底色，且属于农业文明非常发达的地区，如长江三角洲和珠江三角洲，曾经有"苏常熟，天下足"之说，江苏和浙江更号称"天下粮仓"。但这些地方属于沿海地带。随着文明的进步，人们除了以农业获得生存资料以外，还试图通过工业和商业获取生存和发展，而东南沿海赋予这一地带优越的条件，使得这一区域的人们率先挣脱土地和农业的束缚，形成农业与工业、商业相结合的村庄。工商业与市场和城市相关。人们"逐市而居"，尽管仍然是农村聚落，但与城市和市场联系非常紧密。这与"小村庄小集市"的长江家户村庄形成明显的差异。

"高分化高整合"是东南农工村庄的鲜明特征。农工村庄的商品经济较为发达，开放度高，与市场和城市联系紧密，社会分化程度高。这种分化不再限于农业村庄，而是跨越村庄，与城市和市场相关。如1949年前，东南区域出现许多城居地主和工商业地主，这与其他区域主要是在村的"土地主"有所不同。伴随高分化的是高整合，这种整合也不再只是局限于村庄内部，而是跨城乡，以市场为中心的整合。人们之间的横向联系不仅仅限于乡土人情，更重要的是市场理性网络。村庄只是整个市场社会之中的一个环节。

东南农工村庄在整个中国农村变迁处于领先地位。除了领先于农业文明以外，也领先于工业文明。在中国由农业社会向工业社会转变中，率先崛起的就是东南农工村庄。费孝通先生在其著名的《江村经济》提出了通过"草根工业"解决中国农村农民问题的超前思路，得益于他在其家乡——江苏吴江的调查。改革开放以来领先于中国的"苏南模式""温州模式"和"珠三角模式"都位于东南区域。只是随着工业化、城镇化，这一区域的农业底色逐渐消退，但其底色却规制着这一区域的工业化和城镇化道路，如"小城镇大市场"。

7. "强分化弱整合"的东北大农村庄

"因垦而居"是东北大农村庄的存在形态。包括黑龙江、吉林、辽宁及部分内蒙古地方的东北区域，原属于非农耕区，且是满族圈禁的地带。只是在数百年前，这一地方因为地广人稀、土地肥沃，导致大量来自山海关内的农民迁移到那里开荒垦殖，将其变为农耕区，俗称"闯关东"。在金其铭看来，"东北的农村聚落实际上是华北聚落的一个分支"。[1] 这一地带是狩猎、游牧、农耕的混合文明区域，又属于边疆地区，具有晚开发、跳跃性、移动性特性，农耕文明的历史短暂，但地域辽阔，人少地多，与核心地带的"人多地少"形成鲜明的区别。广阔的大平原、广袤的大草原、广大的大森林，使这里以"大"为特（当地称"大"为"海"），并为"大农业""大农村""大农民"提供了基础，与长江地带的小农有着明显的区别。农村社会成员"因垦而居"，属于集村村庄，大多以"屯、堡"之类的集聚村落命名。

"强分化弱整合"是东北大农村庄的鲜明特征。开荒垦殖意味着原地荒无人烟，人们依靠强力获得土地而定居，并产生社会分化。这种分化不是长期历史自然形成的，而具有很显著的突然性、人为性和强力性。同时，由于国家治理的缺失，也造成了社会的强力占有和争夺，"匪气"和"匪患"严重。正因为如此，尽管东北村庄以集居方式存在，但相互间的横向联系纽带缺失，村庄犹如一个"拼盘"，人虽在一起，但缺乏共同财产和共同心理认同，村庄整合度弱。

由于优越的自然地理条件，东北可以在大农业发展方面发挥重要作用。如新中国建立以后，东北的"北大荒"成为"北大仓"。改革开放以来，东北成为村民自治"海选"的发源地。但是，"人心不齐"的弱整合也制约着东北大农村庄的发展。人们难以通过村庄提供大农业发展需要的社会服务。一家一户的生产经营方式仍然占主导地位。而东北的"海选"

---

[1] 金其铭：《中国农村聚落地理》，江苏科学技术出版社1989年版，第137页。

恰恰是因为缺乏村庄共同性而产生的不得已的行为，也正因为缺乏共同的心理基础，"海选"之后的治理仍然困难。

（原文刊载于《山东社会科学》2016年第7期。原文题目《"分"与"合"：质性研究视角下农村区域性村庄分类》）

# 第二十一章 历史延续性与中国农村社会形态的认识

当下中国正处于由传统农业社会向现代工业社会的重大转变中。工业化、城镇化将会对农业社会"连根拔起",传统农村社会正在迅速消逝,生长于传统社会的农民正在成为"最后的农民"。而人们对作为中华文明之根的传统农村社会的认识还相当有限,即将消逝的农村社会传统形态急待进行抢救性认识。而从现实政策层面看,延续数千年之久的传统农村社会因子,更简单地说,数千年的家户经济还能否在现代农业建设中发挥作用,被视之为"小农经济"的家户经营能否与现代农业兼容?这是既有的农村研究尚未给予很好总结和回答的。其重要原因是受时代所限。当今中国正处于一个崭新的历史高点上,可以从容不迫地展开中国农村研究,特别是在历史延续性的视角下对中国农村社会形态的全面深入认识。

## 一 20世纪农村研究主题与中国农村社会形态认识

人们对社会的认识总是与时代及其时代问题密切相关。而对问题的认识又受制于人们的认识视角。

20世纪是中国处于重大历史转变的世纪。翻天覆地的革命和现代化是这一历史转变的中心议题,包括对旧的统治制度和生产方式的革命性替代。正是在这时代背景下,农村研究主要围绕两个方面展开,其成果最多,并形成了核心研究范式。

一是农民反抗。传统农业社会是以农民为主体的社会。在由传统社会和现代社会的转变中,农民作为传统生产方式的承载体将会随着生产方式的转变而成为历史,农民作为传统农业社会形态的主体将会随着现代工业社会进程被新兴的社会群体所替代。且这一历史定论为英国美国等率先进入现代化的国家所证实。英国在进入现代化轨道之前，便由于农业商品经济的发展和城镇化消化了农村人口。美国作为移民国家更是不存在传统农民。正因为如此，19世纪的西方学界认为农民只是"历史的弃儿"，对于农民问题缺乏足够的关注。

进入20世纪后，现代化将所有国家卷入到以资本为主导的历史进程中。广大发展中国家在现代化进程中呈现出与西方不同的道路，重要特点是作为传统社会因子的农民在社会历史进程和制度造型中扮演着重要，甚至决定性角色。美国学者摩尔发现，在两大文明形态起承转合的历史关节点上，分崩离析的传统社会所遗留下来的大量阶级因子，会对未来历史的造型发生强烈影响。他在其名著《民主与专制的社会起源》一书中开宗明义说明，"本书力图揭示这个或那个农村阶层在什么样的历史条件下成为举足轻重的力量"。该书的副标题便是"现代世界诞生时的贵族与农民"。[①] 正是在此背景下，农民这一曾经被视之为"历史的弃儿"的群体进入到学术界，对农村和农民问题的研究成为"显学"。[②]

由于农村和农民在历史变革进程中扮演的积极角色，使得学界对农村和农民的研究主要集中于农民的反抗。在传统社会，农民处于社会底层，是被压迫者。进入20世纪后，这些底层社会的人是如何被动员和组织成为反抗力量，便成为学界所重点关注的领域，产出了大量成果，并形成相应的农民反抗的研究范式。相当多数的学者又将这一范式运用到20世纪革命前和之后对农村的研究。如美国学者裴宜理对传统中国农民反抗的区域性研究，欧博文基于20世纪末中国农民上访提出的"依法抗争"观点等。

中国是世界上农业文明历史悠久，农村人口最多，同时又是农民在20世纪革命中扮演角色最突出的国家。农民反抗自然成为中国学界的重要议题。1949年之后号称中国史学界的"五朵金花"之一的便是农民战争研究。20世纪末，"依法抗争"理论流入中国并演化成为诸多农民抗争

---

① 参见［美］巴林顿·摩尔《民主与专制的社会起源》，华夏出版社1987年版，第2、1页。

② 《农民学丛书》总序。引自 J. 米格代尔：《农民、政治与革命——第三世界政治与社会变革的压力》，中央编译出版社1996年版，第2页。

研究模式。①

二是小农经济。由一个家庭经营一小块土地的小农经济是传统农业社会生产方式。但在西欧国家，典型的小农经济产生的时间并不长。直到近代，伴随封建庄园制的瓦解，小农经济才成为主要生产方式。马克思在19世纪对小农经济的特征作了经典的概括，并认为小农经济最终会被新的生产方式所取代。只是到了20世纪，小农经济占重要地位的发展中国家纳入到学界的视野，小农经济得以成为学界重点关注的领域，并形成相应的研究范式。如黄宗智运用日本满铁资料对中国农村研究的两部重要著作，都是以小农经济为主题的。②

农民反抗与小农经济都存在于特定的社会形态之中，或者说是特定的社会形态的构成要素。除了农民反抗和小农经济的主题外，20世纪中国农村研究还涉及对中国农村社会形态的认识。

社会形态是社会政治经济文化性质的外在表现形式，它是社会各个构成要素通过一定关系的结合而形成的，规定与此社会与彼社会的质的差异。在20世纪的中国农村研究中，人们从不同的角度去认识和理解中国农村社会形态。主要表现为：

其一，马克思主义者从生产关系的角度的认识。社会形态是马克思主义的重要创造，且将生产关系作为认识社会形态的主要维度。在20世纪对中国农村的研究中，马克思主义者从生产关系的角度认识和定义中国农村社会形态，并为农民革命提供直接依据。

中国的马克思主义者最早是向苏联学习马克思主义理论的。1920年代末，共产国际内部对中国社会性质问题发生争论。当时主持国际农民运动研究所东方部工作的匈牙利人马季亚尔写了一本《中国农村经济》（1928年莫斯科出版），把争论引向高潮。马季亚尔认为：中国自原始社会解体后，既无奴隶社会，又无封建社会，而只是一种由亚细亚生产方式决定的"水利社会"。到20世纪初，西方资本主义传入中国后，中国也

---

① 基于"依法抗争"范式，中国学者提出了"依理抗争""依力抗争"等系列"抗争"模式。参见王军洋《"法"、"力"和"理"：当下抗争剧目研究的主要路径评析》，《湖北社会科学》2015年第8期。

② 黄宗智：《华北的小农经济与社会变迁》，中华书局1986年版；《长江三角洲的小农家庭与乡村发展》，中华书局1992年版。

就成了资本主义。因此，他认定中国农村也就是资本主义的农村。在苏联学习的陈翰笙不同意这种观点，认为马季亚尔讲的只是农产品商品化的问题，实际上农产品商品化，早在宋代就开始了，如烟草、丝、麻等，但这只是商业资本，而不是工业资本。中国农村基本上是自给自足的自然经济，是封建社会性质，不能说是资本主义社会。为了证明自己的观点，陈回国后主持了数次农村调查，创办了《中国农村》刊物，发表了大量农村调查报告和研究论文，从生产关系的角度揭示中国农村社会的性质。他们的调查和研究得出了中国社会半殖民地半封建性质的结论，认为农民受到地主、外国资本和本地官僚买办的三重剥削压榨，已经完全破产，除了造反别无出路，从而为农村革命提供了学理上的合法性依据。

一定的生产关系产生不同的利益，并构成不同的阶级和群体，产生矛盾和冲突。毛泽东等中国共产党人将马克思主义生产关系和阶级分析方法引入对中国农村社会的认识，进行了大量农村调查，得出了一系列论断。如中国数千年都是一家一户生产的小农经济，中国农民遭受国家政权和地主阶级的双重剥夺，中国农民具有反抗精神，无数次的农民反抗或多或少推动了中国的进步等。

其二，文化与社会学者从传统与现代的角度的认识。20世纪的中国正处于传统与现代的转换之中，面临现代西方与传统中国的碰撞问题。学人们从不同角度对中国农村社会形态进行了认识和定义。

一是"文明根基"。以梁漱溟为代表的乡村建设派认为，中国文明的根本在农村，如果模仿西方国家的城镇化，会使中国社会"失根"。中国社会没有阶级之分，对于农村重在建设，特别是以文化重建农村。

二是"乡土中国"。费孝通先生受到良好的社会学科训练，同时又因为重视调查，能够从中国本体的角度理解中国农村。他在《江村经济》一书便提出了发展乡村工业这一非西方化同时也非农本传统的思想。《乡土中国》一书更是建构起对中国农村社会的本土认识视角，强调传统中国是一个"乡土中国"，有自己的乡土逻辑，并据此提出了一系列本土概念，如熟人社会、差序结构等。

其三，外国学者从人与土地关系和技术角度的认识。在20世纪，外国学者比较早地开始研究中国农村，他们以西方国家为参照，主要从人与土地关系和技术的角度认识和定义中国农村社会形态。最有代表性的是美国学者卜凯。在卜凯看来，中国农村社会的重要特点是人地矛盾，农村生产主要依靠的是劳动力的投入，而劳动力又要消费农产品，由此陷入低效农业的陷阱。卜凯经过对中国农村的调查，认为：中国农业的问题，主要不在于农佃制度，而在于农业技术、田场管理的落后，完全可以通过农场管理的优化和农业技术的提高来解决。

农民反抗和小农经济两大主题无疑抓住了20世纪中国最重要的时代问题，取得的成果也是非常突出的。与此相关的对中国农村社会形态的认识也从不同侧面揭示了中国农村社会的特性。其研究价值无论作多高的评估都不为过。但是，任何研究都是特定时代的产物，并有其时代的局限性。

一是认识主题所限。20世纪中国处于危机与转机的变革时期，农业、农村和农民成为最为紧迫的时代问题。对中国农村的研究和对中国农村社会形态的认识都受到这一时代的紧迫问题所牵引。农民反抗与小农经济因此成为最重要的议题，对中国农村社会形态的认识和定义也与此相关。而中国农村其他方面的问题未能得到充分关注，丰富的社会关系被简化为生产关系和阶级关系，大量的社会事实被认识主题所遮蔽未能充分发现和展示。

二是认识思维所限。20世纪中国正处于传统向现代转换时期，为了彻底改变旧制度，形成否定性断裂性思维，即任何与传统社会相关的东西都应该受到抛弃。小农经济属于旧制度的重要组成部分，自然成为否定的对象。20世纪40年代，毛泽东就在《组织起来》一文中指出："在农民群众方面，几千年来都是个体经济，一家一户就是一个生产单位，这种分散的个体生产，就是封建统治的经济基础，而使农民自己陷于永远的穷苦。克服这种状况的唯一办法，就是逐步地集体化"。[①] 由于将个体生产作为封建统治的经济基础对待，那么个体经济就受到彻底否定，至于个体经济是否有其合理因素，其合理因素能否为新社会制度所吸纳，则未及考虑。其他相关小农经济的研究大多也限于对小农经济的否定方面。

三是认识方法所限。认识来源于调查。20世纪，为了认识中国农村社会，人们从不同的角度进行了调查，取得了大量成果。但这种调查有强

---

① 《毛泽东选集》第3卷，人民出版社1991年版，第931页。

烈的目的性。较多的是根据所要解决的紧迫问题有选择的进行调查。这种调查获得了某一方面的真知，但也容易遗漏其他方面的事实。如马克思主义者的调查关注的是生产关系方面的调查，西方学者侧重于生产力方面的调查，从而会得出不同结论。文化和社会学者对中国农村社会形态的定义更多的是一种天才式的直观判断，缺乏大型持续调查作为支撑。

正是由于以上限度，当旧的政治统治推翻以后，对于如何建设一个新的农村社会，缺乏足够的理论准备，也未能从传统农村社会中汲取有用的成分。其突出表现就是在否定了传统家户私有的同时也否定了传统的家户经营。在集体化过程中和人民公社体制建立后，以包产到户为特点的经营方式数次兴起又数次受到批判，直到1978年农村改革，家庭承包经营才成为长期稳定的生产经营方式。改革之初，有人对此不理解，认为家庭经营是"辛辛苦苦三十年，一夜回到解放前"。农村集体化没有能够承继传统生产方式的合理要素，使中国社会付出了沉重的代价。

## 二 历史延续性与中国农村社会形态认识的维度

总体上看，20世纪的中国是由传统农业社会向现代工业社会转变的重要历史时期，农业、农村和农民问题特别突出，为解决紧迫的时代问题，农村研究的主题相对集中，既取得了大量成果，又存在诸多局限。为解决紧迫问题，很容易产生政策上的急于求成，认识上的二元对立切割。这都是时代所然。

进入21世纪，中国农村正处在一个崭新的历史高点上。其根本特征就是国家进入到一个以工业反哺农业的新阶段。随着工业化和城镇化，农村人口迅速减少，从改革开放之初的全国85%以上下降为50%左右，且农村人口大多属于兼业人口。非农产业的产值已达85%以上。正是在此基础上，国家一举废除长期历史存在的农业税，并根据城乡一体化的思路，给予农村大量支持。这一举措从根本上消除了农民与国家对抗的主要基础。因为，在长期历史上，国家与农民的关系主要是税收关系。赋役沉重加上人多地少造成的民不聊生，激发起一次次大规模的农民起义。当农村人口减少并成为现代化成果的分享者而不是抛弃者时，由农民引发的社会危机就会大大降低。从世界历史进程的角度看，在城镇人口占大多数的国家里，基本没有发生过激烈的社会革命；而在发生激烈的社会革命的国家，基本上都是农村人口占多数的国家。从这一角度看，进入21世纪以后，中国农村正处在一个崭新的历史高点上，农业、农村和农民问题不再如20世纪那样具有影响整个历史进程的重大意义，不再像20世纪那样不加以解决就会引发大规模革命的紧迫性。处于这样一个历史高点上，就有条件以从容不迫、平心静气的心态进行农村研究，从而克服20世纪农村研究因为时代紧迫性造成的某些局限。

在21世纪，农业农村农民问题不具有20世纪那样的革命性意义，但是农业、农村和农民问题将长时间存在。中国要在21世纪中叶基本实现现代化。重要根据之一就是中国尚存在庞大的农民群体，城乡差距仍然突出，农业现代化程度还较低，农村发展仍然是国家现代化的短板，解决农业、农村和农民问题仍然是执政党工作的重中之重。那么，处在现代化中期的农村农民问题有什么特点，以什么方式推进农业农村发展，尚存在不同认识。最为突出的问题是，数千年以来传统家庭经营能否与现代农业兼容，如果不能兼容，将如何替代？近几年，这类问题正成为中国农村研究的热点。

21世纪是中华文明伟大复兴的时代。中华民族在世界之林中的文明底色是什么？是长期延续并辉煌千年的农业文明。这是中华民族文化自信的重要源泉，是中华民族宝贵的文化财富。早在20世纪，毛泽东就在《中国共产党在民族战争中的任务》一文中表示，"学习我们的历史遗产，用马克思主义的方法给以批判的总结，是我们学习的另一任务。我们这个民族有数千年的历史，有它的特点，有它的许多珍贵品。对于这些，我们还是小学生。今天的中国是历史的中国的一个发展；我们是马克思主义的历史主义者，我们不应当割断历史。我们马克思主义者，不应当割断历史。从孔夫子到孙中山，我们应当总结，继承一份珍贵遗产。"[①] 但在20世纪新旧替代思维及要解决最为紧迫问题的背景下，人们未及重视、挖掘、发现和总结珍贵的历史遗产，使得乡村文明传统正在迅速消逝。在21世纪的中国农村研究中，还需要完成20世纪留下的传承文明的时代课题，特别是抢救式发现和总结珍贵的历史遗产。

---

① 《毛泽东选集》第2卷，人民出版社1991年版，第533—534页。

21世纪崭新的历史高点为中国农村研究提供了新历史条件，也提出了新的历史任务。而要完成这一历史任务，除了学术自觉以外，就是要建立思维方法自觉。通过引入历史延续性的视角，对中国农村社会形态进行长时段、整体性、特质性、遗传性、微观性和多样性研究。

### （一）历史延续性视角下对中国农村社会形态的长时段认识

历史延续性是一种时间坐标。它强调长时段的视角。这在于人类社会历史是一个前后相继的时间过程。在马克思看来，"历史并不是作为'产生于精神的精神'消融在'自我意识'中，历史的每一阶段都遇到有一定的物质结果、一定数量的生产力总和，人和自然以及人与人之间在历史上形成的关系，都遇到有前一代传给后一代的大量生产力、资金和环境，尽管一方面这些生产力、资金和环境为新的一代所改变，但另一方面，它们也预先规定新的一代的生活条件，使它得到一定的发展和具有特殊的性质。"[1] 由此，"历史不外是各个世代的依次交替。每一代都利用以前各代遗留下来的材料、资金和生产力；由于这个缘故，每一代一方面在完全改变了的环境下继续从事所继承的活动，另一方面又通过完全改变了的活动来变更旧的环境。"[2] 历史条件将人类社会历史构成一个个相互连接的链条。只有通过长时段的认识，才能发现那些在历史过程中反复发生和作用的东西，从而建立起具有规律性的认识。

在过往对中国农村社会的认识中，短时段的现象比较多，未能将农村社会形态放在一个长时段下认识，从而妨碍了对构成"农村社会形态"的各个要素的准确判断。如就20世纪上半期的短时段看，小农经济的脆弱性在资本主义畸形发展的背景下暴露无遗，人们很容易得出小农经济非改变不可的结论。但是，如果从小农经济的产生及其之后的长时段看，就会发现，古代中国得以创造领先于世界的农业文明，难道与传统社会占主导地位的小农经济没有关系吗？为了克服小农经济的脆弱性，在集体化进程中实行集体统一经营，完全否定家庭经营，结果还是得通过农村改革肯定家庭经营的作用。由此可见，传统小农经济会随着时代的推移失去生命

---

[1] 《马克思恩格斯全集》第1卷，人民出版社1995年版，第92页。

[2] 同上书，第88页。

力，但与小农经济相关的家庭经营单位则是可以长期延续的。即使是在农业现代化程度愈来愈高的当今，家庭经营仍然占主导地位。所以，确立历史延续性的长时段视角有助于认识和发现中国农村社会内生的各种要素的价值与限度，从而给予了准确的判断。

### （二）历史延续性视角下对中国农村社会形态的整体性认识

历史延续性的视角强调整体性认识。社会形态是一个由不同侧面和局部构成的整体。只有从整体上把握，才能完整地认识和发现社会形态的运行过程。恩格斯《在马克思墓前的讲话》对马克思的贡献作了精辟的概括："正像达尔文发现有机界的发展规律一样，马克思发现了人类历史的发展规律，即历来为繁芜丛杂的意识形态所掩盖着的一个简单事实：人们首先必须吃、喝、住、穿，然后才能从事政治、科学、艺术、宗教等等；所以，直接的物质的生活资料的生产，从而一个民族或一个时代的一定的经济发展阶段，便构成基础，人们的国家设施、法的观点、艺术以至宗教观念，就是从这个基础上发展起来的，因而，也必须由这个基础来解释，而不是像过去那样做得相反。"[1] 从恩格斯的论述看，人类社会是一个由多个侧面构成的一个整体，起决定性因素的是物质生活及其满足物质生活的物质生产。这是理解人类社会形态运行的基本规律。

在长期历史上，受物质生产及其相应的生产关系的支配，中国农村社会是以"一治一乱"的方式运行的。20世纪则是中国农村社会矛盾表现最为激烈的时期。因此，20世纪对中国农村社会的认识和研究，更多的在"乱"，即民不聊生造成的矛盾尖锐、对抗的一面，对于中国农村社会的"治"的一面认识不足。这使得后人所了解的中国农村社会是不完整的，也妨碍了后人从中国农村社会长期延续中获得智慧和经验。如在传统社会，国家对经济社会没有直接干预，主要是依靠乡村内在的力量进行治理。这种治理无疑是一种低成本的治理。但是，20世纪以来，由于对传统的彻底否定形成的理性自负，过分强化外部力量对乡村的介入和改造，乡村治理的内在力量受到忽视，治理绩效受到制约。当下，执政者在推进国家治理体系与治理能力现代化进程中，十分注重满足人们的物质生活需

---

[1] 《马克思恩格斯选集》第3卷，人民出版社1995年版，第776页。

要，注重传统治理资源的挖掘和利用，如对新乡贤的重视，对良好家风家教家规的推崇，主要在于实现有效的治理，关注的是"治"的方面。而过往的农村研究在对中国农村社会的"治"的一面的认识和发现则是远远不够的。

### （三）历史延续性视角下对中国农村社会形态的特质性认识

历史延续性的视角强调人类社会发展是一个历史过程，但也十分重视这一过程中不同的形态。"社会形态"概念的提出，重要价值在于根据不同标准将人类社会分为不同的形态，关注其质的规定性和差异性。其核心标准是生产关系。马克思和恩格斯在《德意志意识形态》中指出，人们的生产"表现为双重关系：一方面是自然关系，另一方面是社会关系"。[①]前者指人与自然的关系，即生产力；后者指人与社会的关系，即生产关系。"人们在自己生活的社会生产中发生一定的、必然的、不以他们的意志为转移的关系，即同他们的物质生产力的一定发展阶段相适合的生产关系。这些生产关系的总和构成社会的经济结构，即有法律的和政治的上层建筑竖立其上并有一定的社会意识形式与之相适应的现实基础。"[②] 正是由于不同的生产关系，人类社会区分为不同特性的形态。

20世纪的中国农村处于一个大变革，特别是制度更替的时期。人们对于构成农村社会形态的生产关系方面关注较多，特别是马克思主义者作出了卓越贡献。如果没有对生产关系标准的引入，就无法建立阶级和阶级关系标准，从而确立依靠者、团结者和反对者。但是，构成社会形态的关系不仅仅是生产关系和阶级关系，还存在其他方面的诸多关系。就是高度重视生产关系的马克思也认为人们的生产表现为自然关系和社会关系。而在20世纪中国农村社会形态考察中，对自然关系，即生产力方面关注不够。尽管生产关系方面发生了不断的变革，但这种变革在相当程度上不是人与自然关系变革的结果。一直到20世纪后期，农村的生产力的特质尚没有发生根本性的变化。这种脱离人与自然关系特质的社会关系的变革最终还是要回到人与自然关系的规定性上。农村改革被认为是"辛辛苦苦

---

[①] 《马克思恩格斯全集》第1卷，人民出版社1995年版，第80页。
[②] 《马克思恩格斯选集》第3卷，人民出版社1995年版，第32页。

三十年，一夜回到解放前"，实质上是使生产关系适应生产力的性质。我国许多少数民族地区在新中国建立前还停留在"刀耕火种"和土地"定期重分"的原始生产力水平上。新中国建立后先后建立与内地一样的生产关系，号称为"一步跨千年"的"直接过渡"民族。从生产关系看，确实是超越了好几个社会形态，但由于生产力的特质没有发生变化，"定期重分"的生产关系延续下来，只是在新的宏观背景下。

从社会形态的完整性看，生产关系固然重要，但在人们的生活中还会结成大量的社会关系，这些关系也是一个社会形态正常运行不可缺少的。如人们在研究小农经济时，经常会引述马克思关于小农是一堆互不联系的马铃薯的论断。这一论断遮蔽了农民大量丰富的日常生产生活的关系。事实上，没有这些日常生产生活联系，小农经济一天也无法存续下去。而大量的日常生产生活关系及其特性的事实都还有待进一步认识和发现。

**（四）历史延续性视角下对中国农村社会形态的遗传性认识**

历史延续性的视角强调人类与其他物种一样都有其遗传性，即上一代的某种特质，犹如生物基因一样会遗传到下一代。人类社会形态尽管有本质的差异，但并不意味不同社会形态是互不相干的不同体。新社会里有旧因素，旧社会中也有新元素，由此才能构成新旧更替。马克思对新社会制度中的旧传统的影响有过深刻的认识。他指出："人们自己创造自己的历史，但是他们并不是随心所欲地创造，并不是在他们自己选定的条件下创造，而是在直接碰到的、既定的、从过去承继下来的条件下创造。一切已死的先辈们的传统，像梦魇一样纠缠着人们的头脑。"[①]

20 世纪是中国农村社会形态发生翻天覆地变革的世纪。人们通过"翻身""改造""移风易俗""破旧立新""破私立公"等方式力图与传统作"最彻底的决裂"，且确实有相当的成效。但人们没有意识到人类社会的变迁是在"直接碰到的、既定的、从过去承继下来的条件下创造"的，这些条件是难以"随心所欲地"加以改变的。同时对于"传统"也要加以分析，并非所有"传统"都需要抛弃，一切要从条件和需要考虑。如长期历史以来，中国农村社会是一种"人情社会"，即人们依照人情关

---

① 《马克思恩格斯全集》第 1 卷，人民出版社 1995 年版，第 585 页。

系支配自己的行为。这种"人情关系"是生产生活的社会化程度不高的产物，也是这一历史条件下人们为维持日常生活的需要。正如新中国建立后农民经常提到的"蒋介石打倒了，讲人情打不倒"。① 既然"传统"是无法规避的，就需要进行认识和分析。只有准确认识和把握传统，才能为现代社会寻找前进的根基和着力点。在 20 世纪反传统的背景下，对传统中国农村社会形态缺乏深入的理解，也未能从传统中寻求合理的元素，反而在改变传统中照搬了比本国传统形态还落后的他国农村模式。如农业集体化力求与传统家庭经济一刀两断，集体化形成的村社模式搬用了前苏联的集体农庄模式，前苏联的集体农庄模式又与其古老俄国村社制相关。废除人民公社体制的农村改革在一定程度上是向家庭经营传统的回归。因此，只有充分认识和把握中国农村社会形态的遗传性，才能准确认识和分析传统及其影响。

### （五）历史延续性视角下对中国农村社会形态的微观性认识

历史延续性在注重宏大人类社会形态中，特别注重构成一种社会形态特质的关键性微观元素，透过这种元素可以把握整个社会的基本特性。人们很难从整体上去认识和把握一个社会与另一个社会的不同，但可以通过构成宏观社会的微观组织要素去反观宏观社会。马克思通过人类历史进程的研究，发现了人类社会发展基本规律。但他并没有就此止步。在认识具体的社会形态时，他非常善于抓住理解一个社会的关键性微观要素。18 世纪中叶，英国依靠东印度公司的力量将作为东方大国的印度完全殖民化。这一人类进入"世界历史"后的大事件引起马克思高度关注。马克思在阅读大量第一手材料后，发现在印度存在久远的村社制传统塑造了消极顺从的印度民性，并造成了被殖民的结果。在马克思晚年，其他西欧国家早已消逝而俄国还保留完整的久远的农村村社制引起他深厚的兴趣。在马克思看来，这种古老的村社公有制形式可以为未来的社会主义所继承，"使俄国可以不通过资本主义制度的卡夫丁峡谷，而把资本主义制度所创

---

① 蒋介石是新中国建立前旧政权的代表。农民这句话表示，旧的政权可以推翻，但人情关系是日常生活需要，难以因为旧政权的推翻而改变。

造的一切积极的成果用到公社中来。"① 马克思将村社制作为理解印度和俄国社会及其命运的一把钥匙,也是关键性微观要素。摩尔根也高度重视构成人类社会的基本组织单元,在他看来,"基本单元的性质决定了由它所组成的上层体系的性质,只有通过基本单元的性质,才能阐明整个的社会体系。"②

在 20 世纪对中国农村社会形态的认识中,人们也注意到影响和制约宏观社会形态的关键性要素,特别是对小农经济的认识。但是,由于受否定性思维的影响,未能从历史和比较的角度认识和把握构成宏观社会形态的基本元素,并加以合理性分析。如中国创造了世界最为灿烂的农业文明,但在理论上一直没有产生一种成型的微观组织体制的认识。世界上流行的是部落制、村社制和庄园制。20 世纪,人们在中国农村社会形态的认识中,注意到了家户在中国的特殊意义和地位,甚至认为是理解中国农村社会形态的一把钥匙。如费正清认为:"中国是家庭制度的坚强堡垒,并由此汲取了力量和染上了惰性。"③ 但是,由于对以家庭为单位的小农经济的否定,有关家户的研究未能深入展开,更没有形成一种家户制理论。正因为如此,人们对家户的"惰性"方面关注过多,对家户的"力量"方面注意不够。从历史上看,中国正是由于率先从古老的村社制脱颖而出,形成了以家户为基本单元的家户制,才为中国农业文明创造了微观基础。家户制才是中国特色的农村基本组织制度,也是理解中国农村社会形态的一把钥匙。④ 只是对于其认识和研究还远远不如部落制、村社制和庄园制那么全面和深入。

### (六)历史延续性视角下对中国农村社会形态的多样性认识

历史延续性的视角强调人类社会形态发展有基本规律可遵循的同时,也特别注意由于历史条件不同,人类社会形态的构成样式及其变化的多样性、丰富性和复杂性。不仅不同国家,就是一个国家内部的社会形态也可

---

① 《马克思恩格斯全集》第 19 卷,人民出版社 1993 年版,第 437 页。
② [美]路易斯·亨利·摩尔根:《古代社会》(下册),商务印书馆 1977 年版,第 234 页。
③ [美]费正清:《美国与中国》,世界知识出版社 1999 年版,第 21 页。
④ 参见徐勇:《中国家户制传统与农村发展道路——以俄国、印度的村社传统为参照》,《中国社会科学》2013 年第 8 期。

能不一样。马克思终身探索人类社会发展的基本规律,与此同时他也高度关注人类社会形态及其发展的多样性。除了从生产关系以外,他还从不同角度认识社会形态。如在他看来:"人的依赖关系(起初完全是自然发生的),是最初的社会形态,在这种形态下,人的生产能力只是在狭窄的范围内和孤立的地点上发展着。以物的依赖性为基础的人的独立性,是第二大形态,在这种形态下,才形成普遍的社会特质交换,全面的关系,多方面的需求以及全面的能力的体系。建立在个人全面发展和他们共同的社会生产能力成为他们的社会财富这一基础上自由个性,是第三阶段。"① 无论是从度量人类社会形态的不同标准,还是从具体时空下人类社会形态的构成及其演变看,人类社会形态都表现出多样性的势态。

在20世纪对中国农村社会形态的认识中,尽管人们从不同的标准认识中国农村,但影响较大的还是生产关系标准。与此同时,为了解决紧迫的农村农民问题,或者认识中国农村的特质,人们更多的是将中国作为一个无差异的整体加以认识。对中国这样一个地域辽阔、人口众多、文明进程不一的大国的多样性缺乏认识自觉。人们所认识的中国农村主要是汉族核心区域,并以此得出相应的结论。如费孝通的《乡土中国》,将乡土性作为中国的表征无疑是正确的,但中国还有大量游牧区域与农耕区域有很大差别,《乡土中国》的许多概括并不适用于非农耕区域。这种对社会形态差异性的认识欠缺对于20世纪下半期国家决策产生了相当程度的制约。由于1950年代到1970年代国家的农村治理采取"一刀切"的政策产生消极后果,从1980年代开始,国家农村决策非常强调"因地制宜",注意到不同区域的差异性。但是,由于对中国农村社会多样性和差异性缺乏认识,对作为施策基础的"地"的属性缺乏了解,"因地制宜"的国家政策也缺乏足够的依据,很难施展。因此,对中国农村社会形态多样性的认识是新的历史高点上中国农村研究有待努力的任务。

(本文刊载于澳门大学《南国学术》2017年第4期,原文题目《历史延续性与中国农村社会形态的认识——一论站在新的历史高点上的中国农村研究》)

---

① 《马克思恩格斯全集》(第46卷上册),人民出版社1979年版,第104页。

# 第二十二章　历史延续性与中国农村
　　　　　　调查回眸与走向

认识是改变的前提，调查是认识的前提。习近平总书记在中共十九届一中全会上就调查作为决策的基础作出了深刻的阐述。他指出："调查研究是谋事之基、成事之道，没有调查就没有发言权，没有调查就没有决策权。调查研究是我们做好工作的基本功。"① 这一论断是在总结我们党的决策历程经验教训基础上提出来的，有非常重要的意义。在世界上，没有哪一个国家在一百多年时间里经历了中国这样巨大而复杂的变化。在20世纪，中国经历了从一个最大最古老的农业国家向最大的工业国家的转变；进入21世纪，中国经历着一个最大的地区性大国向一个世界性大国的转变。中国的历史大跨越，不是大断裂，而是历史的大延续。其重要纽带就是古老农业文明及其伴随的农业、农村、农民的延续。如何认识和处理好农业、农村和农民问题成为历史转变中的焦点问题。由此伴随着各种农村调查，同时也要求有大型的农村调查与之相配合。中国的进步与挫折、荣耀与悲剧都无不与此相关。本文试图从历史延续性的角度对上个世纪中国农村调查作一回顾，并对本世纪的中国农村调查作一展望，从而将中国农村研究置于一个新的历史高点上。

## 一　历史断裂边缘的 20 世纪中国农村调查

1900 年中国发生了一场震撼世界的变动，即义和团运动。这一运动的失败，标志着中国这样的一个庞大的农业帝国无论如何都难以应对工业

---

① "习近平在党的十九届一中全会上的讲话"，人民网 2017 年 10 月 25 日。

文明兴起后"世界历史"的挑战。这一事件也说明制度与文明愈是悠久，其黏性就愈厚重，变革就愈困难，以至于中华民族只有到了最危险的时刻才"起来"。

进入20世纪后，起来的中国内忧外患，最基本的出发点则是一个农业农村农民国家的"家底"。这一家底是无法对抗工业文明的进入的，历史面临着"断裂"的危险，"保种保国""救亡图存"成为仁人志士的共识。唯一出路是顺应世界大势，由农业大国向工业大国的转变。但这一转变首先受到冲击的是农村和农民。以认识中国农村为基点，进而解释中国，解决中国问题的农村调查因此应运而生。

中国是一个古老的农业文明国家，但历史上从未有过专门的农村调查。进入20世纪以后，农村调查得到广泛关注，调查者之多和内容之丰富，是前所未有的，在世界上也是少见的，其成就十分突出。据不完全统计，仅仅在1925—1935年间，中国农村社会经济调查便达9000次。总体上看，20世纪的中国农村调查有如下特点：

其一，有很强烈的问题意识，即意识到农业、农村和农民是一个迫切需要解决的时代问题，不能按照原样继续下去了。而土地是农村的主要生产资料和农民的主要生活保障，在农业、农村与农民问题中具有至关重要的地位。20世纪调查最多的是与土地相关的问题。土地调查可以说是20世纪中国农村调查的一根主线，贯穿于整个世纪。

民国时期，一些教会学校中的外籍教授为指导学生实习，主持了具有现代意义的农村调查研究，最有代表性的是1920年起担任金陵大学农学院农业经济系教授，并兼任农业经济系主任的美国学者卜凯。他开启和主持了两次大规模的农村经济调查。第一次是1921—1925年间，共对7省17县的2866户农家进行调查，出版《中国农家经济》。第二次是1929—1933年，组织对中国22省168个地区的16786个农场和38256户农家的调查，在此基础上编写了《中国土地利用》一书。

孙中山先生作为先知先觉者，早在20世纪初就提出了"平均地权"的主张，后来又将"耕者有其田"作为政策。由孙中山先生缔造的国民党取得国家政权以后，也意识到农村问题的紧迫性，并专门成立了农村复兴委员会，进行了大量农村调查。特别是农村人口与土地调查。

中国共产党是以马克思主义理论为指导的政党。面对的是农村和农民国家这一基本国情。经过探索，逐步认识到农村和农民问题的极端重要性。毛泽东指出："谁赢得了农民，谁就会赢得中国；谁解决了土地问题，谁就会赢得农民。"[①] 因此，由中国共产党所从事的农村调查主要是围绕土地问题展开。中国共产党早期领导的革命为土地革命，即围绕土地展开的革命，所从事的农村调查与土地密切相关。最有代表性的是毛泽东所做的农村实地调查。

1941年，中共中央专门做出《关于调查研究的决定》，推动了农村调查，取得了不少成果。最有代表性的是张闻天等四人进行的"杨家沟调查"。如果说以往的调查主要是一般农户，那么这一调查集中调查一个马姓地主，主要内容是土地、高利贷和商业剥削三者的结合。

由于中国共产党深刻认识到土地问题的极端重要性，获得政权与土地改革相伴随，围绕土地改革进行了一些调查。1960年代初，由于指导思想的过快过急，造成经济严重困难，毛泽东特别强调调查，并要求中央领导人亲自去农村进行调查。在这一过程中，产生了一些调查报告。有代表性是陈云的"青浦农村调查"关于自留地的调查。

1978年，一些地方出现土地包产到户和包干到户的做法，并得到中央主要领导人的支持。但是对这一做法存在很大争议。中央的农村政策研究机构专门组织人员进行农村调查，写出多份有价值的调查报告。其代表人物是号称"农村改革之父"的杜润生及其"九号院"团队。

其二，在农村调查中建立起"民族自觉"和"调查自觉"。20世纪的中国农村调查的主题是围绕中华民族自强而展开的。因为农村问题关系到国家兴衰，促使人们从民族自强的角度认识和解决农村问题，萌生出"民族自觉"意识，并形成了"调查自觉"。

对中国的研究和农村调查最早是外国人做的。这种现象也强烈刺激中国人的自我意识和"调查自觉"。1920年代末，共产国际农民运动研究所东方部工作的匈牙利人马季亚尔写了一本《中国农村经济》认为：中国自原始社会解体后，是一种由亚细亚生产方式决定的"水利社会"。在苏联留学的陈翰笙不同意这种观点，但因为缺乏对中国农村经济的广泛深入调查，没有确切有力的材料足以说服对方，从而萌生出要对中国农村经济

---

[①]《斯诺眼中的中国》，中国学术出版社1982年版，第47页。

进行实地调查研究的责任感。从1920年代末到1930年代，在陈翰笙主持下进行了一系列农村经济调查，并专门出版了《中国农村》刊物。

20世纪30年代，中国社会学家们有了学术自觉。杨开道为瞿同祖所著《中国封建社会》一书作序时，曾指出："中国社会科学的毛病，是只用国外的材料，而不用本国的材料。尤其社会学一门，因为目下研究的朋友，大半归自美国，熟于美国社会情形，美洲实地研究。所以美国色彩甚浓，几乎成为一个只用美国材料，而不用中国材料、欧洲材料的趋势。这种非常状态，自然会引起相当反感的。"[1] 他们积极行动起来，开始从对于"西学""国外材料"的兴趣，转向将社会学的理论和方法与中国的社会实际结合起来，对中国农村进行调查，以自觉地倡导本土社会的研究取向。

在中共党内，毛泽东是最有调查自觉意识的。毛泽东早在1930年就指出："一切结论产生于调查情况的末尾，而不是在它的先头"。"没有调查，没有发言权"。"调查就象'十月怀胎'，解决问题就象'一朝分娩'。调查就是解决问题"。[2] 毛泽东是在反对主观主义和本本主义的过程中，建立起高度的"调查自觉"的。1941年8月1日，毛泽东在《关于调查研究的决定》中指出："20年来，我党对于中国历史、中国社会与国际情况的研究，虽然是逐渐进步的，逐渐增加其知识的，但仍然是非常不足；粗枝大叶、不求甚解、自以为是、主观主义、形式主义的作风，仍然在党内严重地存在着……党内许多同志，还不了解没有调查就没有发言权这一真理。还不了解系统周密的社会调查，是决定政策的基础。还不知道领导机关的基本任务，就在于了解情况和掌握政策。而情况如不了解，则政策势必错误。还不知道，不但日本帝国主义对中国的调查研究，是如何的无微不至，就是国民党对国内外情况，亦比我党所了解的丰富得多。"[3]

其三，产生了专门的调查机构和人员，采用多种调查方法，出现了多种不同的观点。在20世纪，为推进农村调查，建立了专门的调查机构，有专门的人员进行调查。卜凯的调查培养了大批专门的调查人员。陈翰笙

---

[1] 转引自张丽梅、胡鸿保：《引进与再造——social anthropology 在中国》，《思想战线》2015年第5期。

[2] 《毛泽东农村调查文集》，人民出版社1982年版，第1—3页。

[3] 《毛泽东文集》第2卷，人民出版社1993年版，第360—361页。

发起成立中国农村经济研究会将实地调查作为研究会的重要工作。李景汉被誉为中国农村专家,先后任职的中华教育文化基金会社会调查部、中华平民教育促进会定县试验区调查部、中国人民大学调查研究室都是专门的调查机构。陆学艺先生长期担任中国社会科学院社会学研究所工作,专门建立有农村调查机构。

在农村调查中形成多种方法,既有西方的"洋办法",也有自己在实践中创设的"土办法"。总体上看,包括三类:

一是完全运用西方的社会学科及其方法,如卜凯。卜凯特别强调运用调查方法研究中国的农村问题能否取得良好的效果,关键在于:调查表的性质、调查员的能力,与农人的自身三者……前二者尤居首要。

二是在吸收西方社会科学方法基础上进行再创设,如费孝通。费孝通的调查有两个突出特点:一是典型调查,二是跟踪调查。对"江村"进行为期数十年的跟踪调查,对"云南三村"进行了50年后的重访,以持续不断解剖"麻雀"。

三是在实践自己探索和掌握的方法,如毛泽东。毛泽东没有受到专门系统的调查训练,但在调查中自创了不少"土方法"。

由于立场、出发点和重点不同,农村调查中产生的观点丰富多彩。大体上可分为:一是以卜凯为代表的"技术学派",认为中国农村落后是技术落后,改良技术即可;二是乡村建设者的"文化学派",认为中国农村问题主要是"文化失调"和农民愚昧;三是费孝通为代表的"产业学派",认为中国农村落后在于单一的农业,土地改革只能解决生存不能解决富裕问题;四是以中国共产党为代表的"制度学派",认为是生产关系,特别是土地制度造成农村落后,改变农村当从改变制度入手。

其四,在调查过程中产生和强化本土意识,开始建立起本土化理论。中国作为一个传统的农业国家,依靠的是长期历史形成的规则自我运行,没有专门研究社会发展的社会科学,知识者高于乡村社会之上。近代以来,由于传统帝国无力应对"世界历史"的挑战,只有全面"向西方学习",当西方人的"学生"。来自外国的思想文化为中国注入了前所未有的新思想新观念,但中国的主体性会日益失去。造成中国只有引进和照搬,缺乏消化、吸收和提升。而调查是一种立足于当地实际对实际状况进行认识的行为。它必然促进调查者从所调查的对象出发。调查过程本身就是不断产生和强化本土意识的过程，也是能够建立起本土理论的过程。

卜凯是纯粹的西方学者。从事农村经济研究的卜凯来到中国后最为困难的是不了解中国农村。在中国大学教学中完全照搬美国不可行，并为之苦恼不已。他的妻子在中国多年，深感从中国实际出发的重要性，鼓励卜凯从调查着手。正是通过调查，不仅划时代地收集了中国近代农业经济的一套最完善的调查资料，并且对中国农业经济的看法长期影响着后来的学者。

陈翰笙在苏联留学时就对国际权威的论点提出质疑，回国后又不满卜凯的见解。他从马克思主义的观点出发，批评卜凯"自封于社会现象的一种表面，不会企图去了解社会结构的本身"，"着重研究生产力而不研究生产关系"。他们的调查得出了中国社会半殖民地半封建性质的结论，并认为农民受到地主、外国资本和本地官僚买办的三重剥削压榨，已经完全破产，除了造反别无出路，从而为农村革命提供了学理上的合法性依据。

费孝通师从国际人类学大师，但并非老师的"跟班"，在开展以中国农村为对象的调查中，逐步产生和强化本土意识，并建立起具有本土性的理论，提出许多经典性的观点，如"差序格局"，最集中反映于《乡土中国》一书。

中国共产党是以马克思主义为指导的政党，而毛泽东则是将马克思主义与中国实际相结合的典范。重要原因就是毛泽东从中国实际出发，而不是从本本出发，在调查中不断产生和强化从实际出发的意识。新中国建立后，对于如何建设社会主义缺乏经验，出现了照抄照搬苏联模式的倾向，如人民公社。农村改革促使中国重新思考自己的发展道路，而农村改革的成功增强了走中国特色社会主义道路的自信。其中，围绕家庭承包开展的农村调查功不可没。

20世纪的中国农村调查取得的成就无疑十分辉煌，但由于时代限度，也存在相当大的局限性。这种局限性构成了中国在由农业国家向工业国家转变中受到重大挫折的重要原因之一。

1. "调查自觉"及其调查缺乏连贯性

20世纪中国农村调查主要集中于20世纪20、30年代。进入50年代，中国全面深刻地改造传统农村，最需要也最有条件开展大规模的农村调查，在此基础上做出改变农村的决策。但是，由于多种原因，农村调查的自觉意识大为淡化，甚至连以调查为主要基础的社会学科也被取消。1950年代作出改造农村的重大决策缺乏严格科学的调查，更多的是一种主观认识，由此导致重大挫折。直到 1960 年代初，面临严重的经济困难，毛泽东才强调实际调查。但是，这时的调查主要依靠的是领导人，包括毛泽东身边的工作人员到农村了解情况。即使是根据实际情况调查提出的独立见解，也因为不符合某种理想标准而未能对决策产生影响。

2. 缺乏大型深度的基础性和战略性调查

20 世纪是中国从一个传统农业大国向现代工业大国转变的历史时期，是重大的历史性转变，涉及诸多基础性和战略性问题。但 20 世纪的中国农村调查在基础性和战略性调查方面相当欠缺。

一是广度不够。因为紧迫实用的需要，农村调查主要是围绕土地问题，土地问题又主要围绕分配问题。农村其他方面调查严重不足。同时，调查主要是采用的典型调查。对于中国这样一个地域辽阔发展不均衡的国家的全面调查几乎没有，特别是中西部农村的调查较欠缺。这种典型调查很容易造成以"点"概"面"。

二是深度不够。农村调查主要是现象和实际状态调查，在一个地方的调查时间不长，访谈式的步步深入挖掘的调查不够。

三是厚度不够。由于强烈的反传统精神和"经世致用"意识，农村调查未能对影响和制约中国农村发展走向的根部和底色进行调查，并寻求规律性认识。如印度和俄国调查中发现的"村社制"根基。正因为如此，土地改革后盲目照搬照抄苏联的集体农庄制。

## 二 历史延续和文明再生中的 21 世纪中国农村调查

经过艰苦卓绝的努力，中国以全新的面貌走向 21 世纪，这就是由一个传统农业大国转变为一个现代工业大国。同时，中国也开启了一个新的征程，这就是由一个地区大国向世界大国的历史性变革。

21 世纪中国的农村调查面临双重任务：一是上个世纪未完成而新世纪又需要完成的任务。作为世界大国首先是真正成为现代化强国，将自己的事情做好。20 世纪，中国取得了巨大成就，但也经历了重大挫折，付出了沉重代价,承受代价最大的是农村和农民。而要完全成为世界大国,还需要完全解决农业农村问题。这一任务至少到 21 世纪中叶才能完成。这一历史过程为中国提出了一系列重大命题,需要通过调查才能加以破解。二是上个世纪末提出而新世纪很快面临的任务。上个世纪,中国面临的时代课题是"站起来""富起来"的问题,更多的是向世界先进国家学习。进入 21 世纪新时代以来,中国正在"强起来",与世界的联系更为紧密,对世界事务的参与愈来愈多,并呼唤为全球治理和人类文明提供"中国智慧"和"中国方案"。而在国家"走出去"的过程中,必须加强对外部世界的了解、认识,条件也是持续不断的大规模调查。正因为如此,习近平总书记在十九大一结束,就特别指出:"党的十九大明确了坚持和发展新时代中国特色社会主义的大政方针,作出了一系列重大工作部署,提出了一系列重大举措,关键是抓好贯彻落实。正确的决策离不开调查研究,正确的贯彻落实同样也离不开调查研究。"[①]

历史总是在过往基础上前进的。站在新的历史高点上,21 世纪的农村调查既要充分汲取 20 世纪调查的经验,又要努力弥补过往的不足,将中国农村调查提升到与时代相匹配的高度。

### (一) 基础性调查

从历史延续性的角度看,人类文明是长期历史积累的。在长期积累中形成一个国家成长变化的基础。这一基础构成社会变迁的起点和底色。任何社会变迁都无法摆脱这一基础条件的制约。马克思在分析法国由传统社会向现代社会转型时特别指出:"人们自己创造自己的历史,但是他们并不是随心所欲地创造,并不是在他们自己选定的条件下创造,而是在直接碰到的、既定的、从过去承继下来的条件下创造。"[②] 因此,要改变现实,必须认识基础条件。认识基础条件的重要方式就是大型调查。俄国与中国的国情和历史有些类似,近代以来都面临着由传统农业国家向现代工业国家转变的历史任务。19 世纪下半期,俄国的知识分子通过地方自治局等方式对俄国存在久远的农村村社进行了大规模调查,持续数十年,参与人

---

[①] "习近平在党的十九届一中全会上的讲话",人民网 2017 年 10 月 25 日。
[②] 《马克思恩格斯全集》第 1 卷,人民出版社 1995 年版,第 585 页。

数不计其数。通过大规模调查，村社制被视之为俄国社会的根基。村社制的命运被认为直接关系到整个俄国社会变革的走向。这一大规模调查通过数据资料统计反映出来，"是当时世界上最庞大的农民研究资料库"。[①] 列宁正是利用这些资料写下《俄国资本主义发展》等重要著作，为俄国革命制定战略和策略提供了重要依据。

中国比俄国的农业文明更为悠久，并有着与俄国完全不同的基础性条件。这就是中国核心区域自秦朝开始就超越了村社制，其经济社会形态是由家户构成的，并形成了家户制度。但是，20世纪的中国面临着比俄国更为严峻的挑战，有着更为紧迫的任务，未来，也很难组织类似于俄国那样的大规模调查，由此制约了对中国传统根基的深度认识。特别是在20世纪上半期的中国，以家户制为特点的小农经济正处于危机之中。人们的调查更多是如何拯救小农于水火，未能对中国农村社会形态进行基础性调查，以从总体上认识中国的根基。正因为缺乏对中国之根的认识，使得20世纪下半期在农业社会主义改造中，模仿苏联集体农庄制（村社制的特性），将人民公社这种类村社制组织嵌入到数千年中国农村社会之中，结果造成水土不服，付出沉重代价。[②] 废除人民公社体制以后，实行家庭承包，与中国的根基相衔接。在这一历史转变中，决策部门也进行了一些实地调查，但更多的是论证性，没有将家户视之为中国农村社会的根基，导致政策取向摇摆性强。直到2017年中共十九大报告才给予"小农户"以应有的历史地位。[③] 但对于为什么历经曲折，还是得到高度重视的家户单位，仍然缺乏足够充分的事实和理论依据，需要加强相关的基础性调查。正是基于此，华中师范大学中国农村研究院2015年启动的"深度中国调查"将家户调查作为重要内容之一。

### （二）学理性调查

从历史延续性的角度看，人类社会总会依据一定规则运行，并会形成

---

① 参见 A. 恰亚诺夫：《农民经济组织》，中央编译出版社1996年版，序言。

② 参见徐勇《中国家户制传统与农村发展道路——以俄国、印度的村社传统为参照》，《中国社会科学》2013年第8期。

③ 习近平：《决胜全面建成小康社会 夺取新时代中国特色社会主义伟大胜利——在中国共产党第十九次代表大会上的报告》。本书编写组：《党的十九大报告学习辅导百问》，党建读物出版社、学习出版社2017年版，第26页。

某种反复出现的规律性。这种规律会制约和影响着人类社会的向前发展。由此便需要借助某种理论知识和认识视角从不同角度进行调查,揭示人类社会发展的内在规律性。这种调查具有学理性关怀,不一定能够直接为现实决策提供服务,但有助于理解社会运行的内在规定性。近代以来,日本对中国进行了大规模调查,最开始直接为决策服务。1930—1940年代,日本学者介入中国农村调查。他们在调查前做了大量准备,明确了自己的调查目的,"不是获得立法乃至行政的参考资料",而是了解"中国人民怎样在惯行的社会下生活。"① 所谓惯行,就是"活的法律。"② 正是在有学术目的的调查方针指导下,调查员受到调查专门训练,使得调查能够不断深入、精细,连毛泽东也感叹其调查"是如何的无微不至,"人们能够从中发现支配广大农民生活和行为的依据。

在20世纪中国人的农村调查中,费孝通先生等人有一定的学术关怀,但所做的调查范围有限,缺乏有学术关怀的大规模农村调查。这种状况造成中国农村研究的被动性。直到20世纪末,学界流行着"中国农村在中国,中国农村调查在日本;中国农村在中国,中国农村研究在美国"。美国学者运用日本满铁惯行调查资料撰写了一批有分量的专著,使得中国学者在研究中国农村时要读美国学者的论著,并受其影响。进入21世纪,中国学者的主体性和理论自觉愈来愈强,但是如果没有学理关怀的大规模农村调查作为支撑,就难以从第一手资料中提炼发现新的理论,以超越前人。如费孝通先生根据其调查和感悟,提出了"乡土中国"这一概念,但这一概念还缺乏丰富的事实加以证明。特别是乡土中国正在发生急剧的变化,取代传统乡土中国的可能是"城乡中国"。但这都需要通过大规模的调查作为依据。特别是通过大规模的调查发现支配和影响乡土中国或城乡中国的内在依据和具有普遍解释力的新理论和新观点。如过往中国学者经常会引用马克思关于小农的经典论断定义小农,得出的结论更多是否定性的。但通过华中师范大学中国农村研究院的传统农村家户调查,可以发现,小农并不是完全孤立存在的,它也要依靠各种各样的人际关系才能存

---

① 参见徐勇、邓大才主编《满铁农村调查》总第1卷·惯行类第1卷,李俄宪主译,中国社会科学出版社2016年版,(末弘博士的调查方针)第4页。
② 同上书,第5页。

续，只是这种关系不是广泛的社会联系而已。①

### （三）区域性调查

从历史延续的角度看，人类社会有不同的起点，也会有不同的行进路径。在 20 世纪，农业、农村和农民问题是一个国家总体性问题，具有同质性。人们对中国，对中国农村的认识都是将中国作为一个整体加以认识，进行相关调查，并得出结论的。费孝通先生的《乡土中国》无疑是重要代表作，将"乡土性"视为中国的特性也具有相当的概括力。但是，中国是一个地域辽阔、人口众多，文明进程极不相同的巨大国家，各个区域的特性和发展极不平衡。除了"乡土中国"以外，还有"游牧中国"，就是乡土中国内部也有很大差异性。20 世纪的中国农村调查主要集中于东部和中部地区的少量地方，直到 1949 年后才有因识别西部少数民族的西部调查。但以上调查缺乏区域分类的自觉，可以为了解不同区域的农村提供资料，但难以进行整合挖掘不同地方的底色和特性。新中国建立以后，考虑到地域辽阔的国情，决策者一再强调农村政策要"因地制宜"，但更多的则是"一刀切"。除了统一的民族中国建构和中央集中统一体制的制约以外，也与对不同区域的基本特性缺乏认识相关。如华北地区率先实行集体统一经营，但在南方更习惯于家庭经营，以致南方地区率先在人民公社体制内自发兴起家庭经营。②

进入 21 世纪以后，随着农业税的废除和工业化、城镇化的推进，农业、农村和农民问题的区域性更为突出，不同区域的表现形式差异性更大。强化区域社会的农村调查自觉，可以为分类施策提供依据，也有助于从不同区域的角度认识中国文明进程和国家成长路径。华中师范大学中国农村研究院 2015 年启动的"深度中国调查"的重要内容之一就是将全国划分七大区域进行分区域调查。③

---

① 参见徐勇《"关系权"：关系与权力的双重视角——源于实证调查的政治社会学分析》，《探索与争鸣》2017 年第 7 期。

② 参见徐勇《区域社会视角下农村集体经营与家庭经营的根基与机理》，《中共党史研究》2016 年第 4 期。

③ 参见徐勇《"分"与"合"：质性研究视角下农村区域性村庄分类》，《山东社会科学》2016 年第 7 期。

### （四）系统性调查

从历史延续的角度看，人类社会是一个由多种要素构成并相互联系和不断变化的社会系统。由此既需要从多个角度的调查来认识，也需要通过将各个要素联系起来的系统性持续性调查进行整体把握。20世纪上半期的中国农村调查中，调查角度的多样性较强，但对农村社会的整体性持续性调查不够。费孝通先生早年对自己的家乡进行了解剖麻雀式的调查，写下《江村经济》一书，之后又多次访问该村，时间延续数十年。可以说是20世纪对一个村庄进行持续跟踪时间最长的案例。但是后来的调查更多的是重新访问，而不是最初调查的持续。20世纪80年代以后，中国学者开展了广泛的农村调查，取得了不少成果。但总体上看，调查主要围绕研究项目设置的，即为了完成某个项目而进行调查，项目结束后调查也结束了，未能系统并持续不断地进行全面跟踪调查。调查成果严重碎片化、零散化，难以通过持续不断的系统性调查发现农村社会变化的内在规律和特点。正是基于此，华中师范大学中国农村研究院于2006年启动了"百村十年观察计划"，选择了300多个村5000多个农户进行定点定内容的持续性跟踪观察。通过10多年持续不断的观察，对中国农村社会的变迁与特点有了较为系统的把握。

### （五）主体性调查

从历史延续性的角度看，人类社会的变迁，在客观历史条件变化的同时，也是作为历史主体的人的变化。人存在于具体的历史条件和进程之中。每个人的生活命运和主体体验都不同。在长期历史上，农民只是作为客观历史条件的一部分存在，缺乏主体的自觉。如马克思所说："他们不能代表自己，一定要别人来代表他们。"[①] 进入20世纪以后最大的变化就是，农民的主体性突显。也正因为如此，才有各种以农民为对象的农村调查。但是，在20世纪的农村调查中，农民更多的只是调查对象，并按照调查者的目的回答问题。尽管这种调查也能发现许多事实，但是农民未能作为历史进程的主体进行自我叙述，这也使得调查的丰富性、多样性、复

---

[①] 《马克思恩格斯选集》第1卷，人民出版社1995年版，第678页。

杂性、细节性有所欠缺。毕竟每个人的生活条件和主观意识都有所不同。人们经常说，人民是历史的创造者。但在历史叙述中，农民作为主体是缺位的。农民创造了历史而未能自我表达历史，而他人的表达并不一定完整准确。20世纪至21世纪是中国发生巨大历史变革的世纪，广大农民的生活波澜起伏，他们的命运、行为和心理都是历史巨大财富，但有待通过大型调查加以开发和记录。农民口述因此成为华中师范大学中国农村研究院2015年启动的"深度中国调查"的重要内容之一。

### （六）传承性调查

从历史延续的角度看，人类社会是一个不断进化的过程。在进化中会淘汰一些劣质要素，也会传承一些优质要素。对于有着古老农业文明传统的中国来说，农业文明构成了丰富的历史底色，也是宝贵的文明遗产。早在20世纪上半叶，毛泽东就提出，"今天的中国是历史的中国的一个发展；我们是马克思主义的历史主义者，我们不应当割断历史。我们马克思主义者，不应当割断历史。从孔夫子到孙中山，我们应当总结，继承一份珍贵遗产。"[①] 但是，在20世纪，传统农业文明处于被现代工业文明的更替过程之中，人们不仅对于传统农业文明持否定态度，关注的是以现代工业文明实现国家自强，而且也缺乏足够的精力去进行大规模调查，并通过调查全面总结传统农业文明传承下来的珍贵遗产。人们对农民的认识更多的是负面的。但中国农村改革恰恰是来自于农民的自发探索。连西方学者韦伯都认为中国农民是世界最为勤劳的。但因为缺乏充分的调查，不能通过事实加以展示，也无法通过事实去探寻为什么农民最为勤劳的动因。

进入21世纪，一方面，国家日益强大；另一方面，传统农村和农民正在迅速消逝，成为"最后的农民"和"消逝的农村"。这一巨大历史变化强烈期待通过抢救式的农村调查，全面了解传统文明底色，以总结挖掘继承珍贵的农业文明遗产，使得优秀的传统农业文明得以传承。华中师范大学中国农村研究院2015年启动的"深度中国调查"，首先从传统农村底色着手，目的之一就是迅速抢救丰富的传统文明遗产。

---

[①] 《毛泽东选集》第2卷，人民出版社1991年版，第533—534页。

### （七）比较性调查

从历史延续性的角度看，人类社会不仅是自我发展的过程，也是一个不同国家的交往日益扩大的过程。近代以来，人类社会进入一个"世界历史"进程。20世纪，处于历史断裂边缘的中国的主要任务是"睁开眼睛看世界"，向先进文明学习。在此进程中，由于缺乏对外国的深度调查，其认识受到极大限制，无法在比较中认识他者并建构自主性。进入21世纪，中国由一个农业文明大国转变为工业文明大国，与此同时也开启了由地区大国向世界大国的转变。只是后一个转变更为艰难，面对的不知道、不了解、不确定的因素更多，特别需要通过对他国的调查来实现战略目标，为新的历史巨大转变做足功课。英国是世界上第一个现代工业文明，并是"世界历史"的开启者。在英国由西方走向东方时，面对不可知的世界进行广泛的实地考察，为国家决策提供了重要依据。英国仅仅依靠东印度公司便将一个版图相当于欧洲的印度殖民化了。马克思通过东印度公司的调查资料，发现英国得以殖民化印度的重要原因是通过调查掌握了开启"印度之门"的钥匙——村社制度。[①]

中国走向世界不能重复殖民者的老路，所秉持的是"人类命运共同体"的崭新理念。这需要不同国家和文明之间的尊重和包容。而尊重和包容的前提是了解和认识。调查则是了解和认识的重要条件。因此，伴随中国走向世界，并日益靠近世界舞台的中央，中国的农村调查也要走向世界，并通过调查在比较中寻找开启世界之门的钥匙。

（原文刊载于《吉林大学学报》2018年第3期，原文题目《历史延续性视角下中国农村调查回眸与走向——再论站在新的历史高点上的中国农村研究》）

---

[①] 马克思：《不列颠在印度的统治》，《马克思恩格斯选集》第1卷，人民出版社1995年版，第760—766页。